中国社会科学院创新工程学术出版资助项目

娄峰◎著

中国科技动态可计算一般均衡模型

理论及应用

中国社会科学出版社

图书在版编目（CIP）数据

中国科技动态可计算一般均衡模型理论及应用／娄峰著．
—北京：中国社会科学出版社，2017.10
ISBN 978－7－5203－1267－7

Ⅰ.①中…　Ⅱ.①娄…　Ⅲ.①均衡模型—研究　Ⅳ.①F224.0

中国版本图书馆 CIP 数据核字(2017)第 260989 号

出 版 人　赵剑英
责任编辑　喻　苗
责任校对　李　莉
责任印制　王　超

出　　版　中国社会科学出版社
社　　址　北京鼓楼西大街甲 158 号
邮　　编　100720
网　　址　http://www.csspw.cn
发 行 部　010－84083685
门 市 部　010－84029450
经　　销　新华书店及其他书店

印　　刷　北京君升印刷有限公司
装　　订　廊坊市广阳区广增装订厂
版　　次　2017 年 10 月第 1 版
印　　次　2017 年 10 月第 1 次印刷

开　　本　710×1000　1/16
印　　张　15.5
字　　数　231 千字
定　　价　68.00 元

目　　录

第一章

引　言

第一节　研究背景

新中国成立特别是改革开放以来，我国在经济建设、政治建设、文化建设、社会建设、生态文明建设发展上均取得了重大成就。2010年我国经济总量超越日本，成为世界第二大经济体，人均国内生产总值有了实质性增加，人民民主不断扩大，依法治国开启新征程，国家文化软实力不断增强，新增就业持续增加，贫困人口持续下降，公共服务体系不断扩大，生态文明建设有序进行。科技发展也获得了众多重大突破，一批科技成果甚至达到了世界先进水平。但当前，我国仍处于社会主义初级阶段，众多问题依然突出。发展不平衡、不协调、不可持续，经济发展方式粗放，经济增长过度依赖能源资源消耗，部分行业产能过剩严重，生态环境恶化严重；经济结构不合理，农业基础薄弱，现代服务业与高新技术产业发展不足，创新能力不强；企业核心竞争力弱，效益不佳。目前，我国经济已进入速度变化、结构优化、动力转换的新常态，欲解决这一系列问题，必须依靠科学技术，加快转变经济发展方式。党的十八大明确提出了两个一百年奋斗目标，即在中国共产党成立100周年时全面建成小康社会，在新中国成立100周年时建成富强、民主、文明、和谐的社会主义现代化国家。欲实现两个一百年奋斗目标，全面建成小康社会，我们必须紧紧依靠科技进步和创新，提高生产力，推动经济社会持续健康发展。

我们已步入知识经济时代，随着全球一体化进程的加深，各大经济体对科学技术与创新的重视程度也日益加深。因为科学技术是第一生产力，当科学技术运用于生产实践时，其可以推动和促进生产力的发展。其还是历次社会大发展的根本推动力量，具有革命性的意义。中国作为世界第二大经济体，对科学技术与创新亦同样重视。新中国成立60多年来，我国科技事业取得了举世瞩目的巨大成就。尤其是两弹一星、杂交水稻、载人航天、探月工程、深海潜器、超级计算、北斗导航等一大批重大科技成就的出现，极大地增强了我国的综合国力，提升了我国的国际影响力。

对于经济发展而言，科学技术有重要的变革作用。现代科学技术广泛应用于社会生产的各个环节，进而影响到经济活动的各个环节，这就使得科学技术成为推动经济发展的决定因素。科学技术是最重要的生产要素，且通过作用于其他生产要素，提高劳动者素质，增加劳动对象来源及种类，促进生产工具和生产工艺的进步，使社会生产力极大提高，进而使经济增长发生根本性的变革。而科学技术与创新，无疑离不开科技研发的投入支持，巧妇难为无米之炊，只有雄厚的科技研发投入做后盾，科学技术才能不断创新，使经济在规模和速度上迅速增长。

第二节　研究意义

“十三五”是实施创新驱动发展战略的关键时期，也是建设创新型国家的决战阶段。我国科技创新面临的国内外形势在不断发生变化。“十三五”期间，以信息、生物、新材料、新能源技术为代表的新一轮科技革命将加速发展，社会的生产、生活方式及人类的思考方式也将因新科技革命的变革而发生改变。同时，世界各国均在寻求依托科技创新的经济发展模式，而我国经济也进入了速度变化、结构优化、动力转换的新常态，亦亟须依靠创新打造经济发展新动力，推动经济与社会发展。“十三五”规划纲要提出，我们要以深入实施创新驱动发展战略为主线，把发展作为第一要务，把创新作为引领发展的第一动力，把科技创新摆在国家工作全局的核心位置，聚焦实体经济，聚焦产业升级，聚焦民生改善，充分激发创新潜力，全面完成中长期规划纲要的任务部署，实现进入创新型国家行列的奋斗目标，为两个百年目标和中华民族伟大复兴中国梦提供强大的科技支撑。要聚焦国家战略，推动重点领域跨越发展；提高原始创新能力，增强创新驱动源头供给；突破重大技术瓶颈制约，强化支撑引领作用；提高企业创新能力，培育具有国际竞争力的企业群体；改革人才集聚发展机制，形成创新型人才队伍；深化科技体制改革，增强创新治理能力；完善市场竞争秩序，激发市场主体创新动力；加强区域科技创新布局，打造区域创新增长极；融入全球创新网络，统筹国内外两种创新资源；完善创新政策环境，推动大众创新创业。并特别强调要加大对科技研发的投入，加强基础研究，强化原始创新、集成创新和引进消化吸收再创新，加强科技创新引领全面创新的带动力。在企业上，鼓励企业开展前沿性基础性创新研究，尤其重视突破性技术创新，支持科技型中小企业健康发展，争取形成一批具有国际竞争力与影响力的企业。在高校及科研院所上，扩大高校和科研院所自主权，鼓励建设一批国家技术创新中心，形成若干具有强大带动力的创新型城市和区域创新中心。实施一批国家重大科技项目，在重大创新领域组建一批国家实验室。积极提出并牵头组织国际大科学计划和大科学工程。在政府上，推动政府职能从研发管理向创新服务转变，加大对普惠性创新支持力度，加大金融支持和税收优惠力度。

科技创新，必然要依托科技研发投入，科技研发投入是科技创新的物质基础，是科技持续发展的重要前提和根本保障。科技研发投入是对未来国家竞争力的投资。放眼世界，许多国家已把强化科技创新作为国家战略，将科技投资作为战略性投资，提前部署创新技术产业，不断修订实施重大科研计划，增加科技研发投入，着力增强国家创新能力和国际竞争力。改革开放后，为了迅速提高我国科技实力，增加经济活力，我国从国外引进了大量技术装备，用以提高产业技术水平、促进经济发展。但是，需保持清醒的头脑，若一味地引进技术装备，停留于依赖他人的阶段，而不发挥主观能动性，不了解吸收再创新，则自主研究开发的能力必然处于劣势地位，与先进国家的技术水平差距亦必然逐步增大，经济发展程度亦会处于落后地位。历史的经验表明，在关系国民经济命脉和国家安全的关键领域，核心技术无法引进。我国若想在激烈的国际竞争中争得一席之地，让世界听到自己的声音，则必须提高自主创新能力，不再完全依赖他人，掌握重要领域的核心技术，拥有自主知识产权，造就具有国际竞争力的企业。总之，科技研发投入需不断增加，自主创新力的重视程度应逐步增强，进而增强国家竞争力。虽然我国科技研发投入不断增长，但与我国科技事业的大发展和全面建成小康社会的重大需求相比，与发达国家和新兴工业化国家相比，我国科技投入的总量和强度仍显不足，投入结构不尽合理，科技基础条件仍显薄弱。我国需基于中国基本国情，审时度势，增加科技研发投入，增强国家自主创新能力与科学技术核心竞争力，加强科技基础条件平台建设。当前国际竞争激烈，各国对先进技术采取严密保护政策，因此我国需不断增强自主研发能力。将科技进步作为经济社会发展的首要推动力量，将自主创新能力的提高作为调整经济结构、转变增长方式的重要支撑，全面转变经济发展方式，建设创新型国家。

第二章

文献综述

第一节 研究与试验发展（R&D）与全要素生产率关系

研究与试验发展（R&D）活动是全要素生产率的重要影响因素，国内外已有许多文献对此予以了论证。20 世纪 80 年代后新增长理论兴起，R&D 投入与生产率增长关系的理论研究框架初步形成。Griliches 和 Klette（1998）① 运用经济内生增长理论，以美国企业数据为样本，评估了 60 年代末到 70 年代初科研投入对全要素生产率增长下降的影响。其认为全要素生产率增长下降主要有两方面原因，即，能源材料价格的上涨与技术进步源泉的枯竭，而在研究样本时期，主要能源价格的上涨并未导致工业能源使用量的显著下降，技术水平也未因能源价格上涨发生显著变化。因此作者认为此时一国全要素生产率增长下降主要是由国际技术水平变化引起的。Atella Vincezo② 以意大利 R&D 投入数据及相关及经济数据为基础，进行实证分析，分析结果表明，R&D 对全要素生产率的作用主要受生产函数的定义、对索洛残值估计的假设限制以及数据的整合水平等影响。

---

① Griliches. Productivity Puzzles and R&D：Another Non-explanation [J]. Journal of Economic erspectives，1998，2：9－21.

② Atella Vincenzo，Quintieri Beniamino. Do R&D Expenditures Really Matter for TPF [J]. Applied Economics. U. S. 2001，(33)：1385－1389.

国内关于 R&D 与全要素生产率研究也较多。李胜文、李大胜（2006）[①] 基于我国 27 省市人均人力资本存量、外贸依存度和 R&D 投入增长率 Panel Data 的实证检验并结合其变化趋势，得出人均人力资本、R&D 投入的增长率下降是导致我国全要素生产率 TFP 增长缓慢的主要原因，而进出口量增长对 TFP 增长影响不显著。王英伟、成邦文（2005）[②] 按国际统计标准选取了我国 R&D 数据及相关数据，对影响我国 TFP 增长的 R&D 因素、经济因素以及其他因素的作用进行了实证分析和研究，对 R&D 经费的作用给出了合理的估计。作者首先从定性的角度对 TFP 的影响因素进行分析，继而在此基础上对我国 1978—2002 年的 TFP 进行了计算，再对 TFP 影响因素的作用进行定量测算并进行了讨论。刘建翠[③]以高技术产业中大中型企业为研究对象，基于 1996—2005 年的时间序列数据，运用 C-D 生产函数，定量测算高技术产业大中型企业全要素生产率，分析高技术产业全要素生产率（TFP）的增长和影响 TFP 的主要因素，并估算了这些因素对 TFP 增长的作用。研究结果表明，高技术产业大中型企业的 TFP 对产出增长起主要作用，公共部门的研究与发展投入是促进 TFP 增长的重要因素。曹泽[④]依据 1995—2007 年中国东、中、西部三大区域的相关数据，采用面板数据模型进行计量经济分析表明：不同类型的 R&D 投入对全要素生产率（TFP）的增长均有正向促进作用，但 R&D 活动的溢出效果不同。区域之外的 R&D 累计投入带来的 TFP 增长效应最大；企业 R&D 累计投入对 TFP 增长作用的效果居其次；高等院校与科研院所 R&D 累计投入对 TFP 增长效应最小。区域自主创新对东部地区 TFP 的作用大于中、西部；技术引进对西部地区 TFP 的作用大于中部，对中部地区的作用大于东部。同时不同类型的 R&D 活动彼此影响的程度和方向

① 李胜文：《我国全要素生产率增长的区域差异》，《数量经济技术经济研究》2006 年第 9 期，第 12—21 页。

② 王英伟、成邦文：《我国研究与发展对全要素生产率影响的定量分析》，《科技管理研究》2005 年第 6 期，第 39—42 页。

③ 刘建翠：《R&D 和全要素生产率——基于高技术产业的实证分析》，《华东经济管理》2007 年第 9 期，第 45—49 页。

④ 曹泽、李东：《R&D 投入对全要素生产率的溢出效应》2010 年第 2 期，第 18—25 页。

不同，这给科技政策的制定提供了参考的依据。

第二节　研究与试验发展（R&D）的投入产出弹性研究

在对 R&D 和 TFP 增长之间的密切关系进行论证后，R&D 活动效率的度量和测算就需要进行深入研究。

企业方面，Griliches（1980）① 基于美国 1959—1977 年 39 个制造产业数据，探讨了美国制造业企业全要素生产率的下降是否由科研投入下降所引起。其认为产出的测算不能仅采用投入予以度量，作者认为应采用科研投入对产出的影响来予以度量，作者测算 R&D 产出弹性，弹性值为 0.03—0.07。Dilling-Hansen（2000）② 基于丹麦 259 个制造业企业数据，运用道格拉斯生产函数，分析了科研投入与生产率之间的关系。并基于合理假设，估算了 R&D 投入产出弹性，估算值约为 0.12。此外，研究结果还表明，相较于国内企业而言，外资企业的科研投入回报率更高。Harhoff（1998）③ 以 1979—1989 年德国制造企业数据为基础，研究探索了科研投入与生产率的关系，并测算了这些制造业企业的 R&D 产出弹性，估算值为 0.13。Hall（1996）④ 以 19 世纪 80 年代法国制造业企业数据集为基础，估算了科研投入 R&D 的投入回报率，并测算了 R&D 产出弹性，测算值为 0.09。其研究结果发现，企业从事科研投入的时间越久，其科研投入 R&D 的产出弹性越大，而科研投入 R&D 资本折旧率的变化不会改变 R&D 的产出弹性。

---

① Griliches Z., R&D and the Productivity Slowdown, American Economic Review, 1980 (70), 343 - 348.

② Dilling-Hansen M., Eriksson T., and Madsen E. S, The Impact of R&D on Productivity: Evidence from Danish Firm-Level Data, International Advances in Economic Research, 2006, 6 (2).

③ Harhoff D., R&D and Productivity in German Manufacturing Firms, Economics of Innovation and New Technology, 1998 (6), 28 - 49.

④ Hall B. H. and Mairesse J., Exploring the Relationship between R&D and Productivity in French Manufacturing Firms, Journal of Econometrics, 1995 (65), 263 - 293.

在产业层面，Sveikauskas 等[①]（1982）以美国 1959—1969 年 144 个制造产业数据为样本，评估了企业主要指标如企业规模，工会化程度及科研投入数额等对企业生产力增长的影响。作者同时考虑了影响企业生产力增长的直接因素与间接因素，并测算了 R&D 产出弹性值，估算值为 0.22—0.25。Mansfield[②] 对美国与日本的制造业产业科研投入予以了比较分析。相较于美国而言，日本的应用研究投入有更高的收益率。这是由于日本在引进西方先进技术后，会积极地消化吸收，并以较低的成本推广，使得新技术能够在商业项目中获得收益。美国企业为了获得更加丰厚的利润，就不得不增加科研投入进行研发。且作者对日本产业 R&D 产出弹性值进行了测算，估算值为 0.42。

吴延兵[③]（2006）运用中国四位数制造产业数据对 R&D 与生产率之间的关系进行了实证检验。通过估计两种不同的生产函数模型，发现 R&D 对生产率有显著正影响。在控制了市场因素和产权因素的影响后，R&D 与生产率之间仍旧表现出显著的正相关关系。同时还发现，R&D 对生产率的促进作用也依赖于产业技术机会，高科技产业的 R&D 产出弹性显著大于非高科技产业的 R&D 产出弹性。潘文卿、李子奈等[④]利用中国 1997 年、2002 年、2007 年投入产出表，测算了 35 个工业部门 1997—2008 年历年的产业相似度矩阵，并以此为权数构建了衡量产业间技术溢出的指标。通过将产业间技术溢出指标引入到产业部门的生产函数当中，分析了产业间技术溢出对中国工业部门劳动生产率的影响。结果表明：产业部门间的技术溢出对工业各部门劳动生产率有着显著的正面影响，产业间技术溢出的

---

① Sveikauskas C. D. and Sveikauskas L. , Industry Characteristics and Productivity Growth, Southern Economic Journal, 1982, 48 (3).

② Mansfield E. , Industrial R&D in Japan and the United States: A Comparative Study, American Economic Review, 1988, 78 (2).

③ 吴延兵：《R&D 与生产率——基于中国制造业的实证研究》，《经济研究》2006 年第 11 期，第 60—71 页。

④ 潘文卿、李子奈、刘强：《中国产业间的技术溢出效应：基于 35 个工业部门的经验研究》，《经济研究》2011 年第 7 期，第 18—29 页。

生产率弹性值约为0.348，高出各产业直接R&D投入的影响。估计表明，随着时间的推移，35个工业部门的产业间技术溢出效应呈扩大趋势；而对相似性聚类后的4大类产业的进一步分析表明，同一相似类内部产业之间技术溢出效应比4类之间的技术溢出效应平均说来更加显著一些。

中国R&D投入呈现出规模递减的生产特征。对R&D投入产出弹性进行测算时，因投入产出指标选取的不同，测算所得的弹性值也不尽相同。古利平等[①]（2006）采用专利与科研资源等指标对中国创新的投入产出进行回归量化分析，发现中国的创新投入产出弹性很高，专利对科研资金的产出弹性为0.465，而我国专利对科学家和工程师的产出弹性甚至高达1.201。王玲[②]使用永续盘存法估算了资本存量和R&D存量，估计了R&D存量和其他知识存量的产出弹性系数，估算得R&D存量产出弹性系数为0.127，国内购买知识存量的产出弹性系数为0.084，说明在各类技术投入中，自主研发对中国高技术产业技术进步和生产率提高的作用是绝对领先的。Hu等[③]（2005）指出发展中国家欲缩小与发达国家的技术水平差距，需通过国内研发、技术转让与外国直接投资进行技术水平的提高。作者运用中国1995—1999年每年约10000个大中型制造企业数据，分别估算了国内研发、技术转让与外国直接投资对生产率的影响，并测算了R&D产出弹性值，估算值为0.027—0.029。把所有企业划分为高科技企业和非高科技企业两个样本后，高科技企业的R&D产出弹性为0.064，非高科技企业中R&D对生产率并没有显著影响。

---

① 古利平、张宗益、康继军：《专利与R&D资源：中国创新的投入产出分析》，《管理工程学报》2006年第1期，第147—151页。

② 王玲：《高技术产业技术投入和生产率增长之间关系的研究》，《经济学》2008年第3期，第913—933页。

③ Hu. Albert，Jefferson. G. H. and Qian Jinchang，R&D and Technology Transfer：Firm-Level Evidence from Chinese Industry，Review of Economics and Statistics，2005（87），780 - 786.

第三节　研究与试验发展（R&D）绩效评价

国外学者对 R&D 投入绩效评价相关的研究主要包括：Gold①（1989）通过分析回顾传统投入产出式的 R&D 绩效评价方法的不足后，提出了 R&D 绩效评价全面分析的一个新基准。并定义了 R&D 项目所能带来的六种优势，并评估了这六种优势对绩效评价的影响，以及 R&D 整体投入对企业的影响。通过比较单独 R&D 绩效、R&D 对公司绩效的贡献，以及特定公司与竞争对手比较的 R&D 绩效，阐述了 R&D 绩效评价的重要意义。并最终使 R&D 绩效评价能够在企业管理中发挥突出作用。Kerssens D. 和 Cook A. ②（1997）认为 R&D 绩效评价对于商业管理至关重要。并提出了 R&D 评价体系的设计原理，此外还讨论了 R&D 绩效评价系统的主要参数，假设前提以及评价体系的设计原则。同时作者指出评价体系的设计原则对于绩效评价者有重要参考作用。Wang E. C. ③（2007）构建了一个多国相对效率评价模型。以 1998—2002 年，30 多个国家的数据为样本，运用随机前沿的分析方法，以 R&D 资本存量与人力资本作为投入，专利数量与学术出版物数量作为输出，同时也考虑了环境对 R&D 的影响。最后估计得出，当未考虑环境对 R&D 影响时，多国相对效率评价得分为 0. 65；当考虑环境对 R&D 影响时，多国相对效率评价得分提高到 0. 85。研究结果表明 R&D 指标与收入水平具有正相关性。最后作者分析了政策对 R&D 资源配置的影响。Tipping 等（1995）着眼于对 R&D 工作的整体价值的测评，构造了一个技术价值金字塔（Technology Value Pyramid）的层次化模型，确定了描述企业创新能力的五个管理要素：（1）价值创

---

① Gold B. , Some key problems in evaluating R&D performance [J]. Journal of Engineering and Technology Management, 1989, 6 (1): 59 -70.

② Kerssens-van Drongelen I. C. , Cooke A. , Design principles for the development of measurement systems for research and development processes [J]. R&D Management, 1997, 27 (4): 345 -357.

③ Wang E. C. , R&D efficiency and economic performance: A cross-country analysis using the stochastic frontier approach [J]. Journal of Policy Modeling, 2007, 29 (2): 345 -360.

造；（2）资产组合的评价；（3）与商业经营的一体化；（4）技术的资产价值；（5）支持创新的 R&D 的过程实践。与各个管理要素相联系的是 33 个具体标准，组成了一个综合的测量菜单，用于考察 R&D 组织在不同层次上对企业创新的贡献，分析 R&D 过去和未来的绩效。

国内学者借鉴国外的评价理论和评价方法，以地区、产业、研发主体等角度，展开了 R&D 投入绩效评价的研究。许庆瑞等①（2002）简单回顾了我国 R&D 评价的发展历程，然后详细总结归纳了在实践中常用的 R&D 绩效测度理论与方法，并对各种理论与方法的优缺点和评价设计的误区进行分析和评论。最后，作者在借鉴国内有关 R&D 绩效评价的最新理论与实践进展的基础上，对我国今后的 R&D 绩效评价的发展趋势进行了描述和预测。莫燕②（2004）运用数据包络分析法，以 2001 年中国部分地区为样本，对 R&D 投入绩效评价进行了实证研究，研究结果发现我国主要发达地区的 R&D 投入的 DEA 效率无效。许晓雯、蔡虹③（2004）针对 R&D 活动绩效评价中大多没有将 R&D 投入作为成本看待的做法，引入经济效率概念，指出在 R&D 投入绩效评价中应贯彻产出/投入分析的思想，并尝试运用数据包络分析（DEA）方法着重分析了东、中、西部三大地区 R&D 投入绩效的差异。通过对构建我国区域 R&D 投入绩效测度体系的研究，指出目前在许多测度指标体系的建立过程中，采用计算简单相关系数的方法来进行指标筛选存在误区，进而通过理论概念和实证结果阐述了采用偏相关系数来进行测度指标筛选的正确性。钟卫④（2011）运用 DEA 模型，以第二次全国经济普查资料中 30 个省份的工业企业为样本，基于 R&D 投入产出数据进行了效率评估，研究结果表明，中国工业企业的

---

① 许庆瑞、郑刚、徐操志、刘景江：《研究与开发绩效评价在中国：实践与趋势》，《科研管理》2002 年第 23 卷第 1 期，第 46—53 页。

② 莫燕：《区域 R&D 绩效评价》，《科研管理》2004 年第 25 卷第 1 期，第 114—117 页。

③ 许晓雯、蔡虹：《区域 R&D 投入绩效评价测度体系研究》，《科学学与科学技术管理》2004 年第 24 卷第 12 期，第 5—8 页。

④ 钟卫：《中国区域 R&D 投入绩效的统计评价》，《统计与决策》2011 年第 7 期，第 91—93 页。

R&D 投入绩效不高。樊维等[①]（2011）以 2003—2008 年科研机构、高等院校和企业三大研发主体为样本，运用 DEA 研究方法，比较分析了这三大主体的 R&D 投资结构与效率，分析结果表明，高等院校 R&D 效率最高，企业于 2008 年达到 R&D 效率的有效水平，而科研机构的 R&D 效率却始终处于无效状态。蔡翔等[②]（2013）基于“科研产出—成果转化”视角，以 2000—2008 年的面板数据为基础，运用随机前沿分析方法对我国各地区 R&D 效率及其影响因素的研究表明，东部地区科研产出和成果转化效率均高于中西部地区，中部地区科研产出效率高于西部地区，成果转化效率低于西部地区；科研产出的提高呈明显的资金推动型；对科研产出效率提高而言，外资吸纳能力具有显著促进作用，政府支持力度和企业 R&D 投入力度有促进作用但不显著，高新技术产业规模具有抑制其提高的作用；对于科研成果转化率提高而言，政府支持力度、高新技术产业规模以及企业 R&D 投入力度具有显著促进作用，外资吸纳能力具有抑制作用但不显著。

第四节　研究与试验发展（R&D）主要影响因素

国内外学者对影响 R&D 投入因素的研究众多。主要有三方面，分别是宏观因素、微观因素及产业因素对 R&D 投入的影响。宏观方面，Koga[③] 基于 1989—1998 年 904 家日本制造企业数据，充分考虑公司规模后，分析了税收抵扣政策对这些企业研发活动的影响。评估所有企业的税收弹性约为 -0.68，但仅评估大型企业，其税收价格弹性则约为 -1.03，这就表明了 R&D 税收抵免政策可以促进科研投入的增加，

---

① 樊维、王新红、冯套柱：《三大研发主体 R&D 投资结构效率比较分析》，《西安科技大学学报》2011 年第 31 卷第 2 期，第 241—247 页。

② 蔡翔、崔晓兰、熊静等：《我国地区 R&D 效率及其影响因素探究——基于“科研产出—成果转化”视角》，《软科学》2013 年第 27 卷第 3 期，第 80—84 页。

③ Tadahisa，Koga. Firm size and R&D tax incentives [J]. Technovation，2003 (23)：643 - 648.

尤其可以促进大型企业增加科研投入。Bebczuk[①] 以 19 世纪 80 年代到 19 世纪 90 年代的 88 个国家的数据作为研究样本，探讨了宏观因素对 R&D 投入的影响，以及政府政策对 R&D 投入的影响。研究结果发现，（1）贸易开放度与研发投入 R&D 负相关，但随着人均 GDP 与 OECD 国家贸易的增加，贸易开放度对科研投入的影响逐渐减弱；（2）实物资本量与 R&D 投入负相关；（3）R&D 投入中，政府所占份额越大，R&D 投入后所带来的效果越差，而企业 R&D 投入则不同。Canto 和 Gonza' lez[②] 选取了西班牙 100 家企业作为研究样本，分析企业内部的实物资本、无形资本及金融资源对研发活动的影响，分析结果表明，企业的实物资本规模、无形资本与研发活动存在相关关系，而金融资源（杠杆率、权益比率）与研发活动的相关关系则不显著。Rothwell[③] 指出工业技术不断变革，企业为了追求丰厚利润，应对市场变革，不得不建立联盟。且在新产品研发方面，小规模企业比大规模企业更有优势，也更有效率，研究结果表明小规模企业的技术创新效率优于大规模企业。

国内学者对 R&D 投入影响因素的研究，主要集中在宏观因素、微观因素及产业因素方面。宏观方面，徐伟民[④]利用 1996—2004 年上海市 125 个高新技术企业的面板数据，从实证的角度研究了上海市科技政策对高新技术企业 R&D 投入影响与效果。研究发现，政府的资金资助和税收减免都对上海市高新技术企业提高自身 R&D 投入强度的决定有一定的促进作用，政府政策的稳定有助于增强政策的效果，但政策工具之间可能存在系统失灵的问题。刘笑霞、李明辉[⑤]

---

① Bebczuk, R. N., R&D expenditure and the role of government around the world [J]. Estudios de Economia, 2002, 29 (1): 109 - 121.

② Canto, J. G. D., Gonza' lez, I. S. A resource-based analysis of the factors determining a firm's R&D activities [J]. Research Policy, 1999, 28: 891 - 905.

③ Roy Rothwell. Towards the Fifth-generation Innovation Process [J]. International Marketing Review, 1994, 11 (1): 7 - 31.

④ 徐伟民：《科技政策与高新技术企业的 R&D 投入决策：来自上海的微观实证分析》，《上海经济研究》2009 年第 5 期，第 57—64 页。

⑤ 刘笑霞、李明辉：《企业研发投入的影响因素：基于我国制造企业调查数据的研究》，《科技政策与管理》2009 年第 3 期，第 17—23 页。

利用我国制造企业2005年的调查数据，研究发现，地区经济发展水平、所在省份人均GDP及是否有外商投资企业与研发支出的绝对值和强度之间均呈显著的正向关系，出口导向与研发支出间呈不显著的正向关系，与研发强度之间则呈显著负向关系。周彩霞[①]对2000—2003年各年度中国除北京、西藏外29个省市截面数据进行回归分析，分析结果表明省际产业结构差异与R&D强度差异之间存在较显著的正相关关系。并指出省际之间的产业结构应该是互补而非完全趋同，因此省际R&D强度存在差别是客观必然。各级地方政府如果忽视产业结构的客观差别，片面强调提高R&D强度到某一水平或相互赶超，必将导致资源的错误、低效率配置并有可能造成产业结构的扭曲。

微观方面，王任飞[②]研究了企业规模、盈利能力、出口导向三种因素对企业R&D支出的实际影响。分析结果表明：企业规模、盈利能力都与企业R&D支出正相关；而出口导向则与企业R&D投入负相关。柴俊武和万迪（2003）以西安市约800家企业为研究对象，应用结构方程模型，对企业规模与企业R&D投入强度的关系进行了实证分析，结果表明：企业规模与企业R&D投入强度呈倒U形曲线关系，当企业规模较小时，与企业R&D投入强度正相关；当企业规模较大时，与企业R&D投入强度负相关。实证分析结果显示：企业被评为高新技术企业对R&D投入强度有正面的影响；企业经营者才有助于增加企业进入高新技术行列的可能性，并进而促进R&D投入强度的增大。牛立全[③]分析了研发投入要素及各要素转化的过程，提出了研发资金投入的合理性、研发成果转化机制、研发人员激励机制及装备（或设备）开发利用机制是影响企业研发投入产出效率重

---

① 周彩霞：《R&D强度差异：基于产业结构的分析》，《南京大学学报：哲学·人文科学·社会科学》2006年第43卷第3期，第26—34页。

② 王任飞：《企业R&D支出的内部影响因素研究：基于中国电子信息百强企业之实证》，《科学学研究》2005年第4期，第225—231页。

③ 牛立全：《影响企业研发投入产出效率的因素分析》，《石油科技论坛》2009年第28卷第6期，第8—9页。

要因素的见解。这些观点对分析科技投入产出效率方面存在的问题，制定相应的配套措施，有一定的参考价值。

产业方面，陈仲常、余翔①基于对产业层面的面板数据分析，研究了影响我国企业研发投入的外部因素。研究认为：第一，新产品市场需求对企业各方面的研发投入均存在积极影响，但是这种影响还不够强大；第二，行业竞争在总体上还没有产生显著的促进企业研发投入的作用；第三，外部筹资环境的影响还未达到理想的水平。张小蒂、王中兴②对中国 R&D 存量与中国高技术产业各个产出指标进行了相关检验及回归分析，研究发现，1995—2005 年中国 R&D 资本存量与该行业专利申请受理数量、销售收入、利润和新产品销售收入等指标都存在显著的正线性相关关系；高技术产业三资企业专利申请受理数量、销售收入、利润指标和新产品销售收入与中国 R&D 资本存量呈现线性正相关关系；国有控股企业的利润指标与 R&D 资本存量的相关性没有通过显著性检验。通过 spearman 等级相关分析，高新技术产业国有企业专利申请受理数量、销售收入和新产品销售收入同 R&D 资本正相关，但相关系数远不如三资企业。谢伟等③运用 DEA 方法对我国各省的高新技术产业研发效率、技术效率和规模效率进行了测算，并利用计量方法考察了市场竞争度、研发投入等对各效率的影响效应。实证结果表明，我国高新技术产业研发效率整体水平偏低，各地差异显著，且大多数省份都呈现规模报酬递减；研发投入冗余以及各因素的非协调发展是造成非有效的主要原因。

---

① 陈仲常、余翔：《企业研发投入的外部环境影响因素研究：基于产业层面的面板数据分析》，《科研管理》2009 年第 3 期，第 78—84 页。

② 张小蒂、王中兴：《中国 R&D 投入与高技术产业研发产出的相关性分析》，《科学学研究》2008 年第 3 期，第 526—529 页。

③ 谢伟、胡玮、夏绍模：《中国高新技术产业研发效率及其影响因素分析》，《科学学与科学技术管理》2008 年第 3 期，第 144—150 页。

第五节 研究与试验发展（R&D）与经济增长

国外学者对于 R&D 投入与经济增长的研究也较多。罗默[①]，Aghion、Howitt[②]，Grossman[③] 等基于内生增长理论与模型，提出 R&D 投入水平的提高将加快经济增长。Lichtenberg[④] 研究发现企业 R&D 投入比政府 R&D 投入更有效率，且研究结果还表明 R&D 投入回报率远高于固定成本投入回报率，故增加 R&D 投入可以促进经济增长。Inekwe、John[⑤] 以 2000—2009 年 66 个发展中国家数据为研究样本，运用混合均群估计法（pooled mean group）、动态广义最小二乘法（dynamic system GMM）与三阶段最小二乘估计法研究了 R&D 支出对经济增长的影响。研究结果表明，R&D 支出与经济增长正相关。若将 66 个发展中国家按收入进行分类，则对于中上等经济体而言，R&D 支出对经济增长的影响更为显著。同时作者指出 R&D 支出对经济增长的长期影响与短期影响有一定的差异。Angus C. Chu[⑥] 则以一个独特的视角分析了 R&D 投入对于预付经济体（CASH-IN-ADVANCE ECONOMY）的经济增长作用。作者认为在预付经济体中，R&D 支出会对经济体的流动性产生一定的影响。同时分析了在具有预付现金特点的熊彼特增长模型中，货币政策对经济增长和社会福利的影响。分析结果表明，在预付经济体中，名义利率的上涨会减少 R&D 支出，也会使经济增长速度放缓。

---

① Romer P. M. , Endogenous technological change [J]. National Bureau of Economic Research, 1991.

② Aghion P. , Howitt P. A model of growth through creative destruction [R]. National Bureau of Economic Research, 1990.

③ Grossman G. M. , Innovation and growth in the global economy [M]. MIT press, 1993.

④ Lichtenberg F. R. , R&D investment and international productivity differences [R]. National Bureau of Economic Research, 1993.

⑤ Inekwe, John. , The Contribution of R&D Expenditure to Economic Growth in Developing Economis [J]. Social Indicators Research, 2015 (3), 727 -745.

⑥ Angus C. Chu, R&D and economic growth in a cash-in-advance ecomnomy, International Economic Review, 2014 (2), 507 -524.

国内学者对于 R&D 投入与经济增长关系的研究也较多。卢方元、靳丹丹①以 2000—2009 年全国 30 个省区市的 R&D 投入和经济增长的有关数据为基础，通过单位根检验和协整检验，建立面板数据模型，对 R&D 投入与经济增长之间的长期均衡关系进行实证分析。研究结果表明：R&D 投入对经济发展具有明显的促进作用，R&D 人员投入的产出弹性大于 R&D 经费投入的产出弹性；在两种 R&D 投入要素的弹性系数中，北京、四川、吉林、广东呈现双高特征，青海、宁夏和新疆则呈现双低特征，其他省份则表现为 R&D 经费投入和 R&D 人员投入的弹性系数此高彼低的特点。面板误差修正模型（PVECM）的实证结果表明：R&D 投入的短期波动对经济增长的短期波动有正的影响。米传民、刘思峰等②根据江苏省 1997—2002 年的 R&D 经费支出、科技人员投入和 GDP 数据，通过灰色相对关联度分析了科技投入与经济增长的相关关系。其研究结果表明：R&D 经费支出和科技人员投入均与经济增长有正相关关系，且科技人员投入对经济增长有着更为显著的促进作用。朱春奎③以上海 1985—2001 年的 R&D 投入及相关经济数据为基础，进行协整分析与因果关系检验，建立了 R&D 投入与经济增长的误差修正模型，揭示了上海 R&D 投入与经济增长的动态均衡关系。研究结果表明上海全社会 R&D 投入与经济增长之间存在着较强的相关关系，尽管各自的增长是非稳定的，但就长期而言，它们之间却构成了长期稳定的均衡关系。短期内滞后一年的经济增长变量、滞后两年的 R&D 投入对实际 GDP 的变动影响显著，GDP 和 R&D 投入之间的均衡关系对当期非均衡误差调整的自身修正能力不是很强。从总体来看，上海全社会 R&D 投入构成其经济增长的充分而非必要条件，即全社会 R&D 投入是经济增长的原因，而经济增长并未构成 R&D 投入变化的原因。

---

① 卢方元、靳丹丹：《我国 R&D 投入对经济增长的影响：基于面板数据的实证分析》，《中国工业经济》2011 年第 3 期，第 149—157 页。

② 米传民、刘思峰、杨菊：《江苏省科技投入与经济增长的灰色关联研究》，《科学学与科学技术管理》2004 年第 1 期，第 34—36 页。

③ 朱春奎：《上海 R&D 投入与经济增长关系的协整分析》，《中国科技论坛》2004 年第 6 期，第 79—83 页。

第三章

中国科研投入发展历程及现状

未来将以知识密集型经济体为主导，世界各国将在科技领域不断增加科技投入，进而增加人力资本与技术资本，为科技创新奠定基础，为持续的经济增长提供动力。在过去的10年里（2003—2013年），世界科研经费总投入不断增加，将近翻了一番，中国为此贡献了重要的力量。我国在科技领域的科研经费投入不断增加，并于2009年突破1500亿美元，超越日本，成为科技领域投入第二大国，随后一直稳居世界第二位。

第一节　中国科技投入规模分析

研究与试验发展（R&D）规模反映了一国的科技实力和核心竞争力，也体现了一国的政治经济实力。

2014年，中国研究与试验发展（R&D）经费支出为13015.63亿元，而1995年仅为348.69亿元。20年间，研究与试验发展经费支出增加了12666.94亿元，若以1995年不变价[①]计，也增加了1978.56亿元，翻了两番多。1995—2014年，中国研究与试验发展（R&D）经费支出的现价年均增长率为21.13%，不变价年平均增长率为10.62%，

① 本章不变价R&D经费支出，是以《中国统计年鉴》公布的GDP指数为基础，对R&D经费支出予以剔除通货膨胀因素。

高于同期年均9.5%的GDP增长率。

20年间，我国科技投入总量保持持续快速增长，如下图3—1所示。这与中国改革开放的政策密切相关，改革开放后，我国经济迅猛发展，科技投入力度亦随之逐年加大。

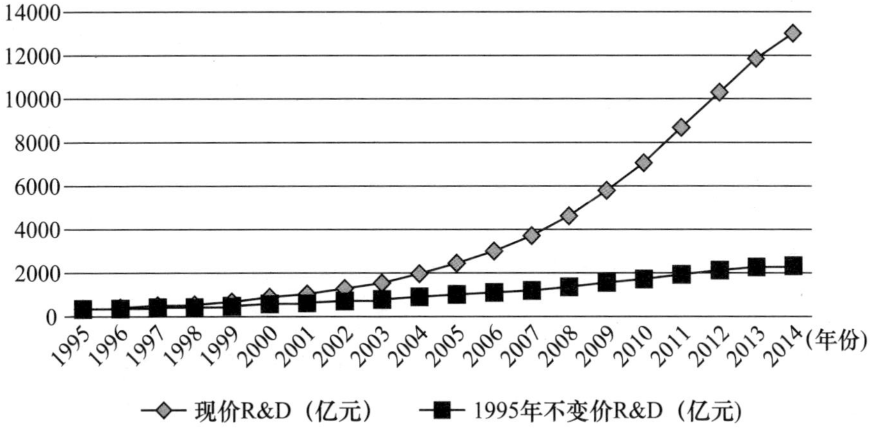

图3—1　中国研究与试验发展经费支出（1995—2014年）

数据来源：《中国科技统计年鉴》《中国统计年鉴》。

中国研究与试验发展经费内部支出增长率波动较大。如表3—1所示，1995—2014年，前10年的年均增长率高于后10年的年均增长率，但相差不大。5年平均增长率，经历了先上升后下降的变化，2005—2009年与2010—2014年的中国研究与试验发展经费内部支出的年均增长率低于同期实际GDP增长率。这是因为在经济技术发展的早期，常常伴随着高速的研究与试验发展经费支出增长率，但随着社会的成熟与经济的发展，研究与试验发展经费内部支出增长率会逐渐下降。

表3—1 中国研究与试验发展经费内部支出增长率长期趋势 单位:%

趋势	增长率	时期	R&D 增长率（现价）	实际 R&D 增长率	实际 GDP 增长率
长期趋势	平均10年增长率	1995—2004 年	20.64	10.54	9.15
		2005—2014 年	20.9	9.91	9.99
	平均5年增长率	1995—1999 年	17.45	7.65	9.12
		2000—2004 年	23.82	13.41	9.18
		2005—2009 年	24.17	11.48	11.42
		2010—2014 年	17.64	8.33	8.56

数据来源:《中国科技统计年鉴》《中国统计年鉴》。

20年间，中国研究与试验发展经费内部支出增长率的最低点为1998年，不变价增长率仅为0.36%。这是由于1997年泰国宣布放弃固定汇率制，实行浮动汇率制，引发了一场遍及亚洲的金融风暴，随后中国受到波及，政府不得不予以更多精力维持国内的经济稳定，企业不得不更加注重企业的生存，科技发展地位有所减弱，科技投入也随之下降。2000年，中国研究与试验发展经费内部支出增长率达到峰值，这是由于2000年，我国国内生产总值首次突破1万亿美元，且在

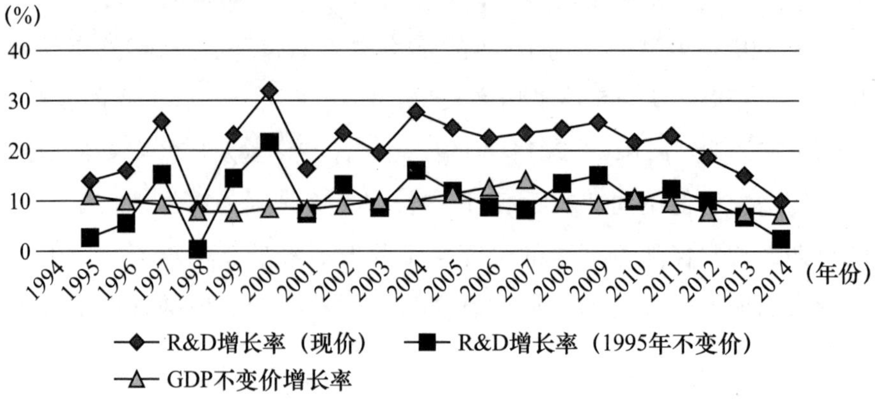

图3—2 中国研究与试验发展经费内部支出增长率（1995—2014年）

数据来源:《中国科技统计年鉴》《中国统计年鉴》。

1999 年 8 月，中共中央、国务院作出《关于加强技术创新，发展高科技、实现产业化的决定》，决定要求加强技术创新，发展高科技，实现产业化，增加科技投入。2008 年，美国发生了次贷危机，随后波及全球，引发了全球金融危机，中国也受到影响。又由于中国进入了经济转型时期，2009 年后中国研究与试验发展经费内部支出增长率缓慢下降。

第二节　中国科技投入强度分析

科技投入强度，即研究与试验发展经费内部支出（R&D）占 GDP 的比率，常常被用来衡量国家的整体研发强度以及创新能力。一般认为一国研究与试验发展经费投入强度超过 2% 时为创新型国家。20 年间，中国的科技投入强度稳步增加，从 1995 年的 0.57% 增加到了 2014 年的 2.05%，增加了 1.48 个百分点。1995 年比 1994 年略有下降，1996 年与 1995 年持平，此外，中国科技投入强度逐年增加，并在 2013 年，首次超过 2%，迈入创新型国家行列。说明中国对科技投入越来越重视，但总体上仍有待进一步提升。

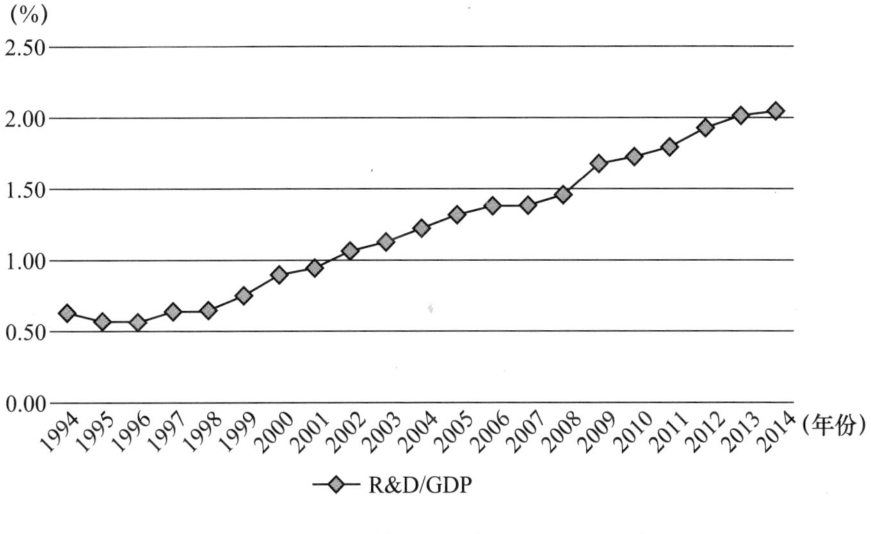

图 3—3　中国科技投入强度（1994—2014 年）

数据来源：《中国科技统计年鉴》。

第三节　东中西部地区科技投入规模及强度比较

我国东中西部地区经济水平、经济结构、区域政策及发展模式差异较大，区域发展不平衡的问题一直存在。故不同地区的科技投入规模与强度变化差异也较大。如图 3—4 所示，2002—2013 年，东中西部地区研究与试验发展经费均呈增长趋势，但东部地区的研究与试验发展经费支出增加更加迅速。这是由于东部地区经济发展水平较高，其主要产业为第三产业，高新技术企业大都聚集于东部地区，而研究与试验发展经费支出的大部分来源于企业。故东部地区的研究与试验发展经费支出较高，高于中西部地区。

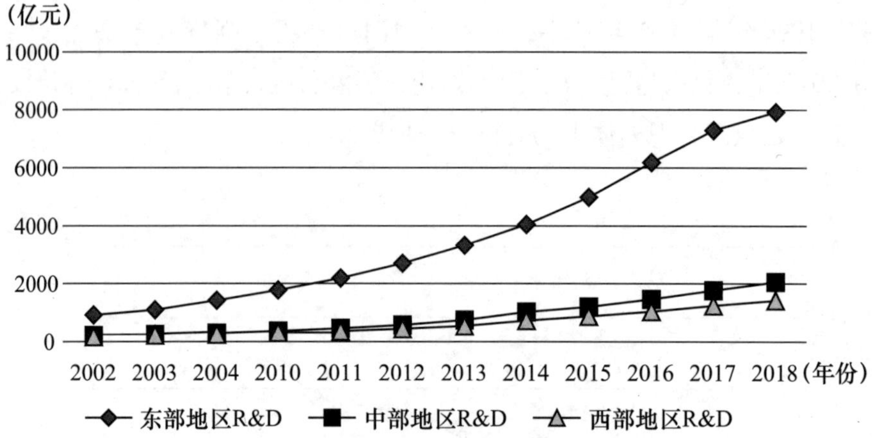

图 3—4　东中西部研究与试验发展经费支出（2002—2018 年）

注：1. 数据由《中国科技统计年鉴》、《中国统计年鉴》整理而得。

2. 2002 年以前的各省市 R&D 数据缺失。

如图 3—5 所示，东部地区的研究与试验发展经费支出占全国研究与试验发展经费支出的比重一直保持在 70% 左右。东部研究与试验发展经费支出强度呈增长趋势，且增长较快。而西部地区的主要产业为第一和第二产业，经济发展水平较低，研究与试验发展活动较少，故占全国研究与试验发展经费支出的比重较低，维持在13%左右。西部研究与试验发展经费支出强度也呈增长趋势，但增长较为缓慢。中部地区的主要产业为第二产业，研究与试验发展经费支出逐年增长，但增长较慢，占全国研究与试验发展经费支出比重维持在17%左右。中部研究与试验发展经费支出强度增长较快，尤其在2005年，增长最为迅速，从0.03%增加到了0.78%。由此可以看出，中部地区对研究与试验发展的支持力度正在逐步增加。

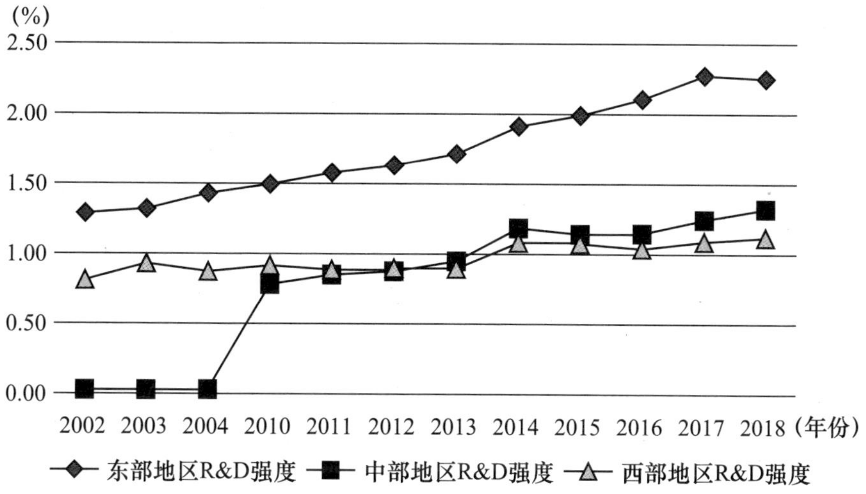

图3—5　东中西部研究与试验发展经费支出强度（2002—2018年）

注：1. 数据由《中国科技统计年鉴》、《中国统计年鉴》整理而得。

2. 2002年以前的各省市R&D数据缺失。

第四节　中国研究与试验发展经费支出组成结构

一　按执行者分类的R&D分析

中国研究与试验发展（R&D）经费内部支出按执行部门分组分为企业、特定规模以上工业企业、大中型工业企业、研究与开发机构、高等院校及其他。如表3—2所示，按执行部门分组，各部门的研究与试验发展经费内部支出大都逐年增加。

表3—2　　按执行者占比分类的R&D支出　　单位：亿元

年份	R&D	企业	特定规模以上工业企业	大中型工业企业	研究与开发机构	高等院校	其他
1995	348.7	—	—	141.7	146.4	42.3	—
1996	404.5	—	—	160.5	172.9	47.8	—
1997	509.2	—	—	188.3	206.4	57.7	—
1998	551.1	—	—	197.1	234.3	57.3	—
1999	678.9	—	—	249.9	260.5	63.5	—
2000	895.7	537.0	—	353.4	258.0	76.7	24.0
2001	1042.5	630.0	—	442.3	288.5	102.4	21.6
2002	1287.6	787.8	—	560.2	351.3	130.5	18.0
2003	1539.6	960.2	—	720.8	399.0	162.3	18.1
2004	1966.3	1314.0	1104.5	954.4	431.7	200.9	19.7
2005	2450.0	1673.8	—	1250.3	513.1	242.3	20.8
2006	3003.1	2134.5	—	1630.2	567.3	276.8	24.5
2007	3710.2	2681.9	—	2112.5	687.9	314.7	25.7
2008	16.0	3381.7	3073.1	2681.3	811.3	390.2	32.9
2009	5802.1	4248.6	3775.7	3210.2	995.9	468.2	89.4
2010	7062.6	5185.5	—	4015.4	1186.4	597.3	93.4
2011	8687.0	6579.3	5993.8	5030.7	1306.7	688.9	112.1
2012	10298.4	7842.2	7200.6	5992.3	1548.9	780.6	126.7
2013	11846.6	9075.8	8318.4	6744.1	1781.4	856.7	132.6

注：1. "—"表示数据缺失；2. 数据来源于《中国科技统计年鉴》。

在过去的10多年里，企业部门是研究与试验发展经费内部支出投入最多的执行部门。其研究与试验发展经费投入从2000年的537亿元增加到了2013年的9075.8亿元，平均年增长率13%。企业部门研究与试验发展经费内部支出占研究与试验发展经费内部总支出的比例也从1998年的44.8%上升到了2013年的76.6%，上升了31.8个百分点。

研究机构部门①是研究与试验发展经费内部支出投入次数多的执行部门。研究与试验发展经费投入从 1995 年的 146.4 亿元增加到了 2013 年的 1781.4 亿元，平均年增长率为 4.82%。但研究机构部门研究与试验发展经费支出占总研究与试验发展经费支出的比例却逐年下降，从 1995 年的 41.98% 下降到了 2013 年的 15.04%，下降了 26.94 个百分点。

高等院校研究与试验发展经费投入也逐年增多，仅在 1998 年有稍许减少。其从 1995 年的 42.3 亿元增加到了 2013 年的 856.7 亿元，平均年增长率 7.83%。但高等院校部门的研究与试验发展经费支出占研究与试验发展经费总支出的比例却呈现缓慢下降趋势，从 1995 年的 12.13% 下降到了 2013 年的 7.23%，下降了 4.9 个百分点，2000—2003 年，占比还有所增加。

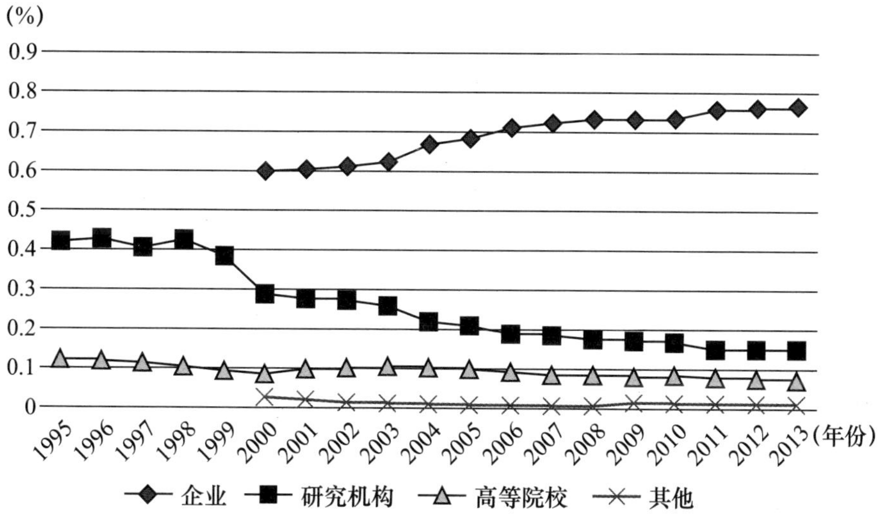

图 3—6　按执行者占比分类的 R&D 支出占比

注：数据由《中国科技统计年鉴》整理而得。

---

① 在国际比较中，常将研究机构执行部门作为政府执行部门。

二　按资金来源分类的 R&D 分析

中国研究与试验发展（R&D）经费的来源主要有政府资金、企业资金、国外资金与其他资金。

企业资金指源于企业的自有资金与接受其他企业委托而所获资金，以及科研院所、高校等事业单位从企业所获资金。企业资金为中国研究与试验发展（R&D）经费内部支出的最主要来源。企业资金主要支持企业科技研究与发展，也有一部分会用于支持高等院校研究与试验发展。如表 3—3 所示，2003—2013 年，企业资金逐年增加，从 925.4 亿元增加到 8837.7 亿元，翻了三番多，年均增长率 13.66%。政府资金是研究与试验发展（R&D）经费的第二大来源。它是研究机构与高等院校研究经费的主要来源。2003—2013 年，政府资金从 460.6 亿元增加到 2500.6 亿元，增加了 2040 亿元，年均增长率为 7.42%。

表 3—3　按资金来源分组的研究与试验发展（R&D）经费内部支出　　单位：亿元

年份	R&D	政府资金	企业资金	国外资金	其他资金
2003	1539.6	460.6	925.4	30	123.8
2004	1966.3	523.6	1291.3	25.2	126.2
2005	2450	645.4	1642.5	22.7	139.4
2006	3003.1	742.1	2073.7	48.4	138.9
2007	3710.2	913.5	2611	50	135.8
2008	4616	1088.9	3311.5	57.2	158.4
2009	5802.1	1358.3	4162.7	78.1	203
2010	7062.6	1696.3	5063.1	92.1	211
2011	8687	1883	6420.6	116.2	267.2
2012	10298.4	2221.4	7625	100.4	351.6
2013	11846.6	2500.6	8837.7	105.9	402.5

数据来源：《中国科技统计年鉴》。

如图 3—7 所示，企业研究与试验发展经费内部支出资金来源占研究与试验发展经费内部总支出资金来源的比例逐年稳定增长，从 60.11% 增长到了 74.6%。政府研究与试验发展经费内部支出资金来源占研究与试验发展经费内部总支出资金的比例逐年下降，从 29.92% 下降到了 21.11%。

由此可以看出我国科技投入机制在不断完善，企业在科技投入中的主体地位不断加强，政府资金在科技资金投入中的重要性逐渐减弱，角色有所转变，这与我国科技创新活动发展要求相符。充分发挥企业在科技创新中的主导作用，以及政府在科技创新中的引导作用。

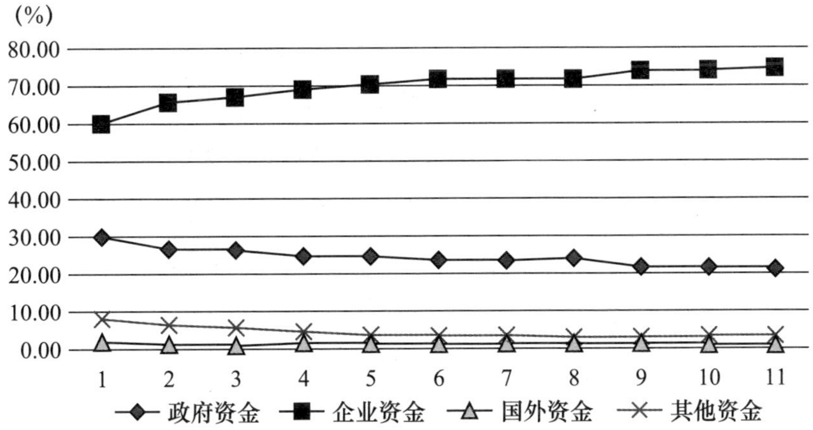

图 3—7　按资金来源分组的研究与试验发展（R&D）经费内部支出占比

注：数据由《中国科技统计年鉴》整理而得。

三　按支出用途分类的 R&D 分析

在科学技术领域，研究与发展包含的科研活动范围广阔。其不仅包括自然科学与社会科学的基础知识及理论研究，还包括为解决实际社会问题等应用性研究，甚至还包括为提高产品或服务等发展性研究。通常情况下，将研究与试验发展（R&D）经费内部支出按用途分为基础研究、应用研究与试验发展。

如图 3—8 所示，1995—2014 年，研究与试验发展（R&D）基础研究、应用研究与试验发展经费支出均有所增加。但研究与试验发展基础研究、应用研究经费支出增长缓慢，研究与试验发展经费总支出增加迅速。

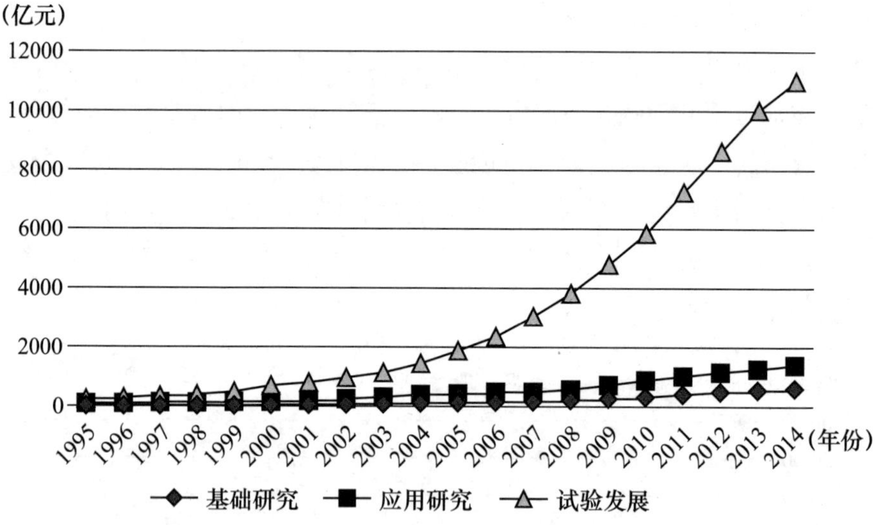

图3—8　按用途分组的研究与试验发展（R&D）经费内部支出

数据来源：《中国科技统计年鉴》。

20年间，研究与试验发展基础研究经费从18.06亿元增加到613.54亿元，年均增长率9.96%。研究与试验发展基础研究经费支出占研究与试验发展经费总支出的比例一直较低，介于4.59%—6%，且于2004年，占比达到最高点，为5.96%。研究与试验发展基础研究主要由研究开发机构与高等院校来完成，企业所进行的基础研究较少，为之投入的科研经费也很少。

1995—2014年，研究与试验发展应用研究经费从92.02亿元增加到1398.53亿元，年均增长率5.4%。研究与试验发展应用研究经费支出占研究与试验发展经费总支出的比例呈缓慢下降趋势，从26.39%下降到10.75%。研究与试验发展应用研究主要由研究开发机构与高等院校来完成，企业所进行的应用研究也较少。

试验发展是基于基础研究和应用研究的成果所进行的产品、性能、材料等升级优化工作，研究周期短于基础研究和应用研究，成功率较高，增加对试验发展的投入更容易在短期内获得高额经济收益，因此，研究与试验发展经费总支出是最多的。1995—2014 年，研究与试验发展经费从 238. 6 亿元增加到 11003. 56 亿元，翻了 5 番多，年均增长率高达 11. 74% 。研究与试验发展经费支出占研究与试验发展经费总支出的比例最高，且占比迅速增长，从 68. 43% 增长到 84. 54% 。研究与试验发展应用研究主要由企业来完成，研究开发机构也会作一定的试验发展研究，高等院校对试验发展研究较少。

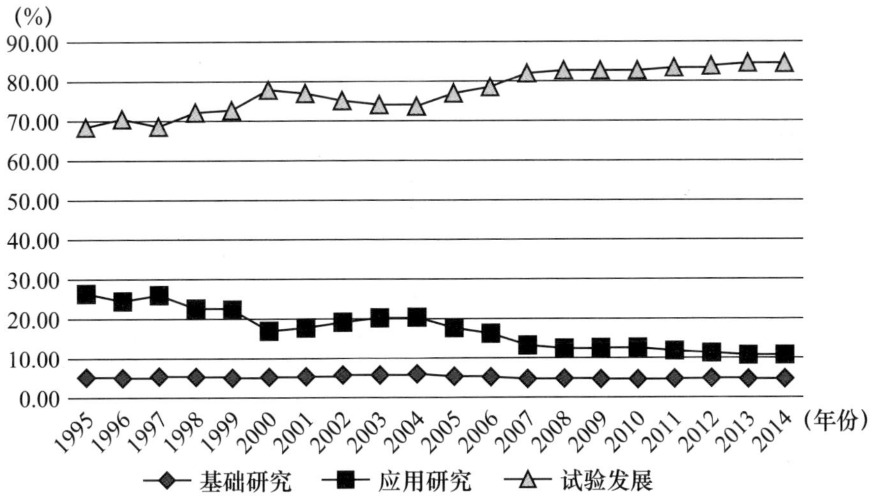

图 3—9　按用途分组的研究与试验发展（R&D）经费内部支出占比

注：数据由《中国科技统计年鉴》整理而得。

综上，我们可以发现，长期以来我国基础研究、应用研究与试验发展的经费支出比例不太合理。基础研究所占比重严重偏低，基础研究经费投入明显不足；应用研究所占的比重较低，还呈现下降趋势，应用研究经费投入有待增加；而试验发展所占的比重偏高，还呈现不断增加趋势。虽然试验发展研究能够在短期内获得高额回报，但基础研究、应用研究与试验发展应保持合理配比。因为只有提高对基础研究和应用研究的重视，并加大对基础研究与应用研究的投入，才可以提高国家的创新力，为经济前行提供驱动力。

第五节　中国科研人员投入分析

进入21世纪后，人才的重要性愈加突出，其成为科技创新的源泉。各国均在增强对人才培养的重视程度，因为人才直接决定了国家创新的高度，也决定了一国的经济竞争力。欲增强我国科技创新能力，人力资本的投入必不可少。随着我国经济的腾飞，我国对科技活动的重视程度也日益增强，研究与试验发展的经费支出的大量投入促使科研人员的投入亦在不断增加。科研人员的投入从另一个角度反映了一国科研活动的规模以及技术创新潜力。

一　全国科研人员规模与学历分布结构

2009—2013年，我国科研人员总人数呈逐年递增趋势。2013年全国科研总人数为501.82万人，与2009年相比增加了183.45万人，年均增长率12.05%。我国科研人员学历结构在不断完善，本科、硕士、博士学历的科研人员数量均呈逐年递增趋势。2013年全国本科、硕士、博士学历科研人员分别为138.82万人、66.13万人、28.75万人，较2009年分别增加了44.31万人、22.87万人、10.87万人，年均增长率分别为10.09%、11.19%、12.6%。博士学历科研人员的年均增长率最高，可见我国科研人员的学历水平在不断提高。

表3—4　　全国科研人员学历分布结构（2009—2013）　　单位：万人

	2009年	2010年	2011年	2012年	2013年
科研总人数	318.37	354.22	401.76	461.71	501.82
博士毕业	17.88	20.17	23.17	26.42	28.75
硕士毕业	43.26	49.51	56.64	63.87	66.13
本科毕业	94.51	109.13	127.91	141.80	138.82

数据来源：《中国科技统计年鉴》，2009年前数据缺失。

二　全国科研人员全时当量及分布结构

我国科研人员全时当量呈现波动上升趋势，与研究与试验发展经费支出变化情况基本一致。1992—2013 年，科研人员全时当量从 67. 43 万人年增加到 353. 28 万人年，共增加了 285. 85 万人年，年均增长率 30. 91%。

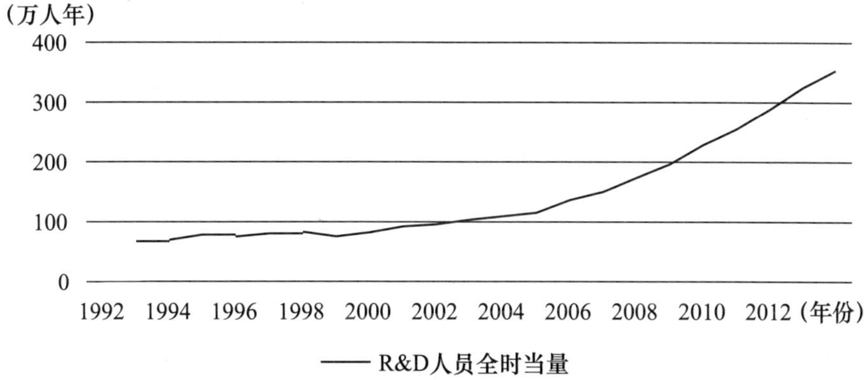

图 3—10　全国科研人员全时当量

数据来源：《中国科技统计年鉴》。

中国科研人员主要分布在企业、研究机构与高等院校中。2000—2013 年，企业科研人员全时当量呈快速上升趋势，从 48. 08 万人年增长到 274. 06 万人年，年均增长率 14. 33%。企业科研人员占全国科研人员的比例从 52. 14% 增长到 77. 58%，呈逐步增长趋势。1995—2013 年，研究机构科研人员全时当量从 24. 46 万人年增加到 36. 37 万人年，年均增长率 3. 63%。研究机构科研人员占全国科研人员的比例从 32. 54% 下降到 10. 29%，呈波动下降趋势。高等院校科研人员全时当量从 14. 42 万人年增加到 32. 49 万人年，年均增长率 5. 64%，亦呈波动下降趋势。

表 3—5　　中国执行部门科研人员全时当量　　单位：万人年

年份	企业	研究机构	高校	其他
1995		24. 46	14. 42	
1996		23. 04	14. 81	

续表

年份	企业	研究机构	高校	其他
1997		25. 37	16. 58	
1998		22. 66	16. 88	
1999		23. 33	17. 6	
2000	48. 08	22. 88	15. 92	5. 33
2001	53. 21	20. 5	17. 11	4. 83
2002	60. 13	20. 59	18. 15	4. 63
2003	65. 61	20. 39	18. 93	4. 56
2004	69. 68	20. 33	21. 21	4. 04
2005	88. 31	21. 53	22. 72	3. 92
2006	98. 78	23. 19	24. 25	4. 02
2007	118. 68	25. 55	25. 39	4
2008	139. 59	26. 01	26. 68	4. 25
2009	164. 75	27. 72	27. 52	9. 14
2010	187. 39	29. 35	28. 97	9. 68
2011	216. 93	31. 57	29. 93	9. 86
2012	248. 64	34. 35	31. 35	10. 34
2013	274. 06	36. 37	32. 49	10. 36

数据来源：《中国科技统计年鉴》。

如图3—11 所示，企业科研人员占全国科研人员的比例从52. 14%增长到77. 58%，呈逐步增长趋势。研究机构科研人员占全国科研人员的比例从32. 54%下降到10. 29%，呈波动下降趋势。高等院校科研人员占全国科研人员的比例从19. 18%下降到9. 2%，亦呈波动下降趋势。

科研人员在各种类研究中，主要分布于试验发展研究领域。1992—2013 年，基础研究、应用研究与试验发展研究科研人员全时当量均有所增长，但试验发展研究科研人员全时当量增长速度远远高于基础研究与应用研究科研人员全时当量增长速度。1992—2013 年，我国基础研究科研人员全时当量从5. 84 万人年增长到22. 34 万人年，年均增长率6. 59%。基础研究科研人员全时当量占全国科研人员全时当

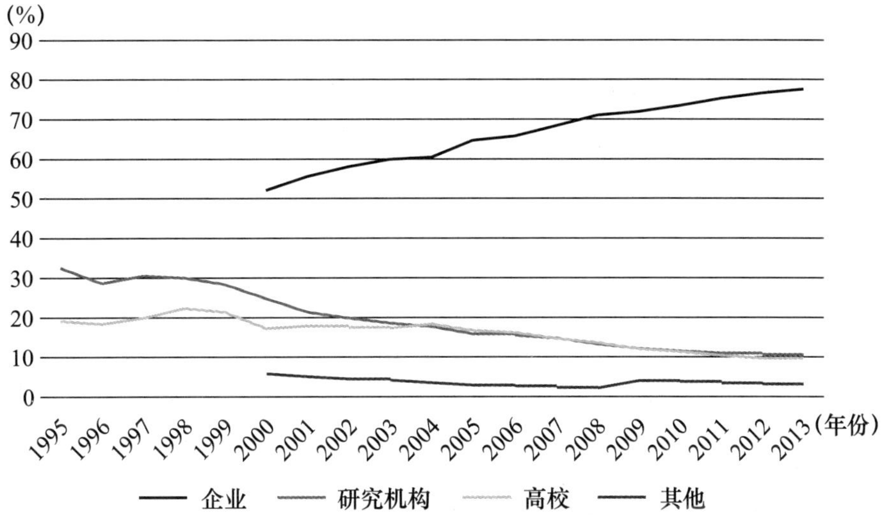

图3—11　中国执行部门科研人员全时当量占比

注：数据由《中国科技统计年鉴》整理所得。

量比例从8.66%下降到6.32%，略有下降。我国应用研究科研人员全时当量从20.9万人年增长到39.56万人年，年均增长率3.09%。应用研究科研人员全时当量占全国科研人员全时当量比例从31%下降到11.2%，呈现大幅度下降趋势。试验发展研究科研人员全时当量从40.7万人年增长到291.4万人年，年均增长率9.83%。试验发展研究科研人员全时当量占全国科研人员全时当量比例从60.36%增长到82.48%，呈现迅速增长趋势。

第六节　东中西部科研人员投入分析

2002—2013年，东部、中部、西部科研人员全时当量均呈增长趋势。东部地区科研人员全时当量从61.89万人年增长到238.03万人年，年均增长率13.03%，占全国科研人员全时当量呈缓慢上升趋势，2013年占比达到67.38%。中部地区科研人员全时当量从24.5万人年增长到71.13万人年，年均增长率10.18%，占全国科研人员全时当量

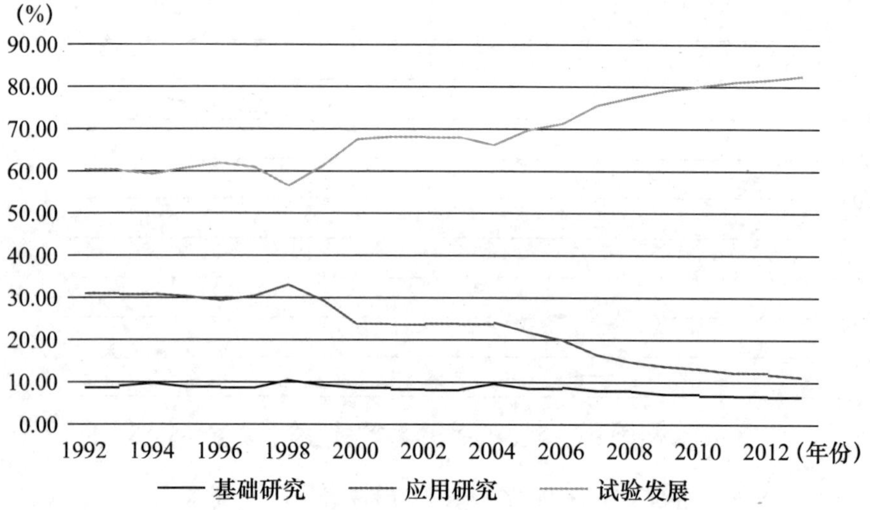

图3—12　各研究类型科研人员全时当量占比

注：数据由《中国科技统计年鉴》整理所得。

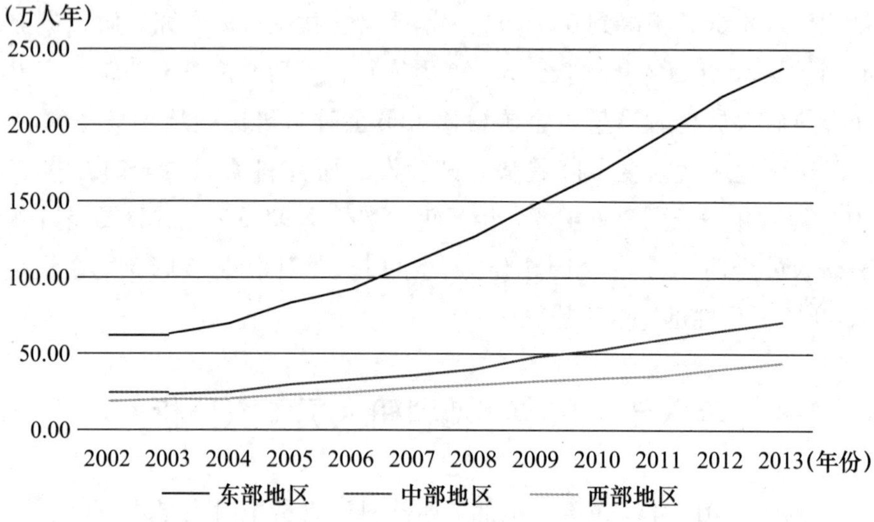

图3—13　东中西部地区科研人员全时当量

注：数据由《中国科技统计年鉴》整理所得。

呈缓慢下降趋势，2013 年占比降为 20.13%。西部地区科研人员全时当量从 18.79 万人年增长到 44.12 万人年，年均增长率 8.07%，占全国科研人员全时当量呈缓慢下降趋势，2013 年占比降为 12.49%。东部地区科研人员全时当量年均增长率明显高于中部和西部地区的科研人员全时当量年均增长率，且高于全国科研人员全时当量年均增长率。

第四章

研究与试验发展(R&D)经费支出的国际比较

第一节 全球研究与试验发展（R&D）经费支出规模比较

一国的研究与试验发展（R&D）经费支出变化情况，反映了该国科技研发能力的变化。欲进行国际研究与试验发展（R&D）经费支出变化比较，首先需要对各国研究与试验发展（R&D）经费支出采用货币转换。本章依据购买力平价原则，将各国研究与试验发展（R&D）经费支出转换为美元表示。

1996—2013 年，全球研究与试验发展（R&D）经费总支出一直呈现增长趋势（如图 4—1 所示）。研发支出较多的为美洲、欧洲与亚洲。亚洲研究与试验发展（R&D）经费支出增长最为显著。

全球研发性能较强的国家集中在北美、欧洲、东亚和南亚地区。其中，1996—2013 年，包含美国、加拿大和墨西哥的北美地区的研究与试验发展（R&D）经费支出占全球研究与试验发展（R&D）经费总支出的比例从 38% 下降到 28. 9%。包含欧盟在内的欧洲地区的研究与试验发展（R&D）经费支出占全球研究与试验发展（R&D）经费总支出的比例从 30. 5% 下降到 22. 7%。但包含中国、日本、韩国、印度和中国台湾的东亚与南亚地区的研究与试验发展（R&D）经费支出占全球研究与试验发展（R&D）经费总支出的比例却从 24. 1% 增加到了 40. 3%。亚洲地区的研究与试验发展（R&D）经费支出增长较为迅速。

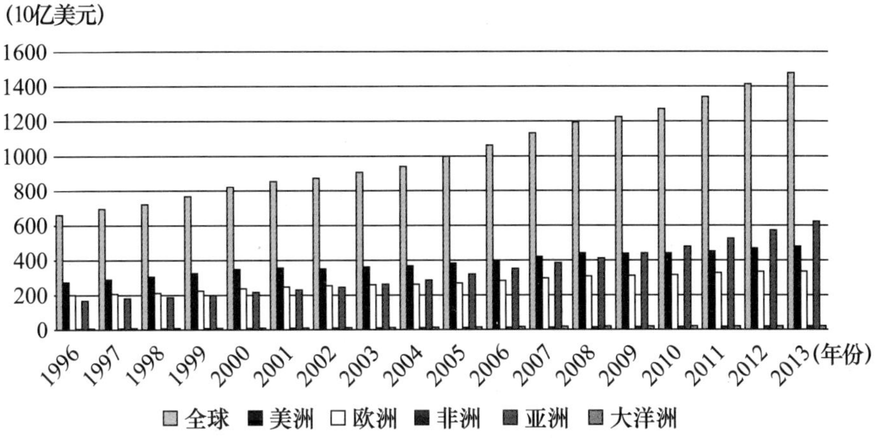

图4—1　各大洲研究与试验发展（R&D）经费支出（1996—2013年）

注：1. 数据来源于 UNESCO Institute for Statistics（UIS）estimations，2015年7月。

2. 数据基于购买力平价原则（PPP）折算。

3. 数据为2005年不变价。

2003—2013年，全球研究与试验发展（R&D）经费总支出从0.836万亿美元增加到1.671万亿美元①，翻了一番，年均增长率为7.2%。其中，中国研究与试验发展（R&D）经费支出增加了0.28万亿美元，占全球研究与试验发展（R&D）经费支出总增长的34%。美国研究与试验发展（R&D）经费支出增加了0.163万亿美元，占全球研究与试验发展（R&D）经费支出总增长的20%。欧盟研究与试验发展（R&D）经费支出增加了0.134万亿美元，占全球研究与试验发展（R&D）经费支出总增长的16%。日本和韩国研究与试验发展（R&D）经费支出分别增加了0.048万亿美元和0.045万亿美元，分别占全球研究与试验发展（R&D）经费支出总增长的6%和5%。

① 数据来源于 NSF。

第二节　国际研究与试验发展（R&D）经费支出规模比较

如图 4—2 所示，选取 2013 年研究与试验发展（R&D）经费支出规模排名前 8 的国家。1991—2013 年，各国研究与试验发展（R&D）经费支出均呈现增长趋势。其中，美国一直是研究与试验发展（R&D）经费支出最多的国家，其研究与试验发展（R&D）经费支出从 1614 亿美元增加到 4570 亿美元，年均增长 2.77%。中国的研究与发展（R&D）经费支出增加迅速，其研究与试验发展（R&D）经费支出从 75 亿美元增加到 3365 亿美元，年均增长 16.62%。并于 2009 年突破 1500 亿美元，超越日本，成为科技领域投入第二大国。法国、德国、英国、日本、韩国的研究与试验发展（R&D）经费支出均呈现波动上涨趋势，年均增长率分别为 1.46%、2.2%、1.39%、1.69%、9.27%。俄罗斯的研究与试验发展（R&D）经费支出亦呈波动上涨趋势。但 1991 年 12 月 25 日，苏联最高领导人戈尔巴乔夫宣布辞职，将国家权力移交给俄罗斯总统叶利钦，苏联宣告解体。1992 年俄罗斯的研究与试验发展（R&D）经费支出迅猛下降，从 167 亿美元降为 75 亿美元。1992—2013 年，俄罗斯的研究与试验发展（R&D）经费支出年均增长率为 3.86%。欧盟 1991—1994 年数据缺失，1995—2013 年，其研究与试验发展（R&D）经费支出从 1381 亿美元增加到 3424 亿美元，年均增长率为 2.71%。

1996—2013 年①，美国是全球研究与试验发展（R&D）经费支出最多的国家，占全球研究与试验发展（R&D）经费支出份额最高，2000 年，占全球研究与试验发展（R&D）经费支出份额达到最高值，为 36.8%；2013 年，占全球研究与试验发展（R&D）经费支出份额为 27%。随着中国对科研重视程度的增加，中国研究与试验发展（R&D）经费支出占全球研究与试验发展（R&D）经费支出份额增加

① 1996 年以前，全球研究与试验发展（R&D）经费支出数据缺失。

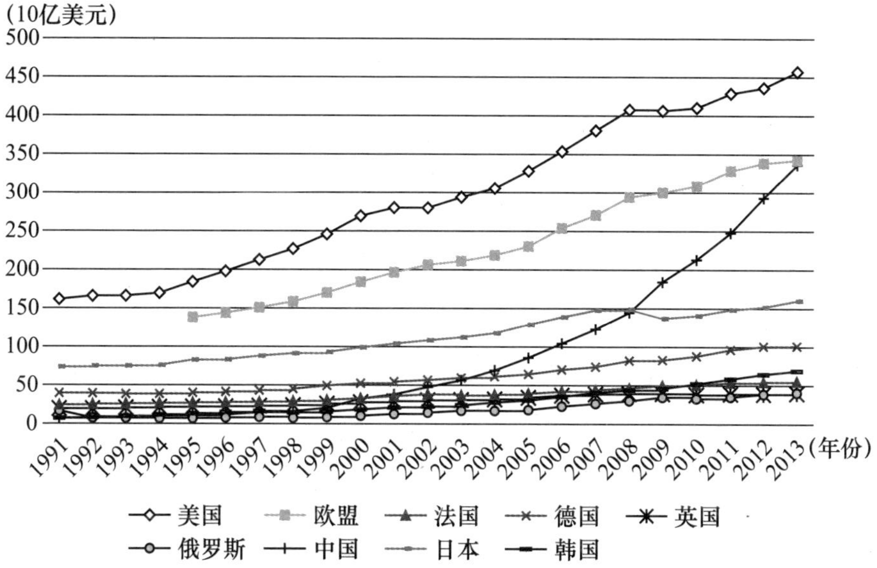

图4—2　中国、美国等国家 R&D 支出比较（1991—2013 年）

注：1. 数据来源于 *Science and Engineering Indicators 2016*。

2. 根据购买力平价原则，将各国货币转换为美元。

3. 欧盟 1991—1994 年数据缺失。

迅速，其占全球研究与试验发展（R&D）经费支出份额从 2.10% 增加到 19.93%，增加了 17.83%。2009 年，超越日本，研究与试验发展（R&D）经费支出额仅次于美国，成为全球第二高的国家。欧盟、法国、德国、英国、日本研究与试验发展（R&D）经费支出占全球研究与试验发展（R&D）经费支出份额均呈现波动下降趋势。其中欧盟与日本下降较为迅速，欧盟所占份额从 26.39% 降为 19.25%，下降了 7.14 个百分点；日本所占份额从 15.1% 降为 9.58%，下降了 5.52 个百分点。而法国、德国、英国下降较为缓慢。俄罗斯与韩国研究与试验发展（R&D）经费支出占全球研究与试验发展（R&D）经费支出份额则呈波动缓慢上升趋势。2013 年，仅中国与美国的研究与试验发展（R&D）经费支出就占全球份额的 46.59%，将近占据了全球研究与试验发展（R&D）经费支出的一半。

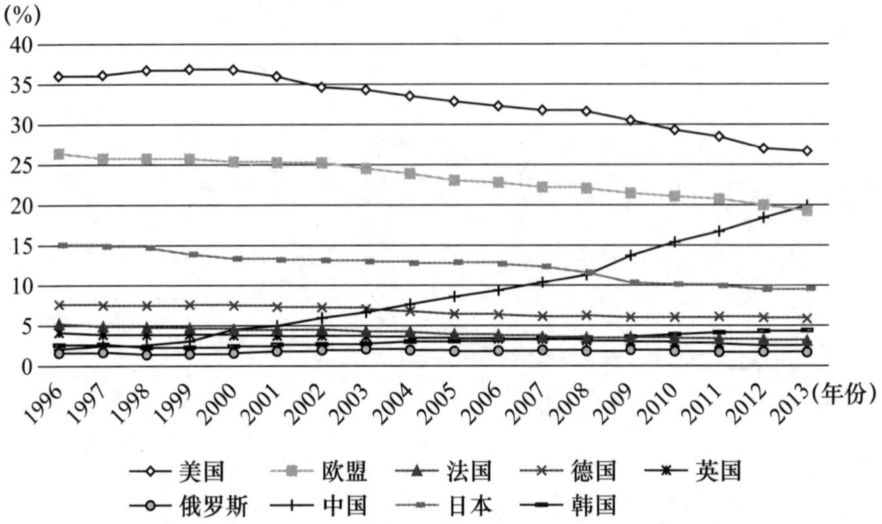

图4—3　中国、美国等国R&D支出占全球R&D支出比例

数据来源：联合国教科文组织统计研究所2015年7月估计整理数据及*Science and Engineering Indicators 2016*数据。

第三节　研究与试验发展（R&D）经费支出强度的国际比较

1991—2013年，中国研究与试验发展（R&D）经费支出强度（即研究与试验发展经费支出/GDP）呈现波动上升趋势，但在世界排名中仍排在较后的位置。2013年，首次突破2%，位居世界排名第14位，可见中国与发达国家的差距仍十分显著。以色列研究与试验发展（R&D）经费支出（不包含国防研发支出）强度自1999年超越日本后，一直位居榜首，2007年达到峰值，为4.48%。韩国研究与试验发展（R&D）经费支出（包含国防研发支出）强度增加最为迅速，1991—2013年，从1.8%增加到了4.15%。2013年其研究与试验发展经费支出强度逼近以色列，与以色列几乎持平。美国研究与试验发展（R&D）经费支出强度波动较大，2009年达到历史峰值，为2.82%，随后缓慢下降，2013年降为2.73%，位居世界排名第11位。欧盟作为一个整体，其研究与试验发展（R&D）经费支出强度呈现波动上升的趋势，1995—2013年，从1.66%增加到了1.91%。成员国中德国研究与试验发展（R&D）经费支出强度增长最为迅速，法国与英国的研究与试验发展（R&D）经费支出强度增长较少。1991—2013年，日本研究与试验发展（R&D）经费支出强度呈现波动缓慢上升趋势，从2.89%增加到了3.47%，但这主要是由日本国民生产总值（GDP）增长缓慢引起的。1991年12月25日苏联解体后，俄罗斯研究与试验发展（R&D）经费支出强度增长就极其缓慢，在1.07%附近上下浮动。

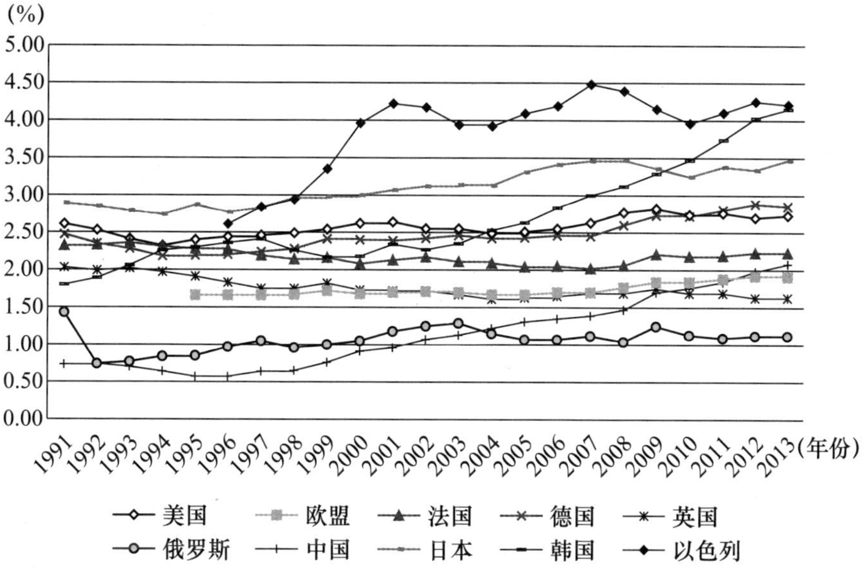

图4—3　中国、美国等国家R&D强度比较（1991—2013年）

注：1. 数据来源于联合国教科文组织统计研究所2015年7月估计整理数据及*Science and Engineering Indicators 2016*。

2. 图中选取了2013年研究与试验发展经费支出排名前8的国家以及研究与试验发展经费支出强度排名榜首的以色列。

3. 欧盟1991—1994年部分成员国数据缺失，以色列1991—1995年数据缺失。

第四节　研究与试验发展（R&D）经费支出组成结构的国际比较

一　按执行者占比分类的 R&D 支出国际比较

1996—2013 年，在研究与试验发展（R&D）经费支出排名前 8 的国家中，企业部门均是研究与试验发展（R&D）经费支出占比最高的部门。除中国外，其余 7 个国家历年企业部门研究与试验发展（R&D）经费支出占比绝大多数超过了 60%。

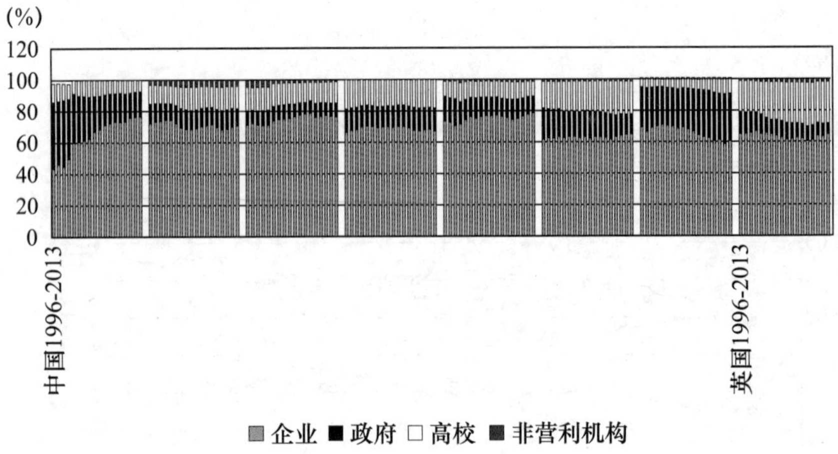

图 4—4　按执行者占比分类的 R&D 支出国际比较（1996—2013 年）

数据来源：联合国教科文组织统计研究所 2015 年 7 月估计整理数据。

对于中国而言，自 1996 年起，企业部门研究与试验发展（R&D）经费支出占比逐年增加，并于 2000 年占比突破 60%，2013 年达到 76.6%。中国政府部门研究与试验发展（R&D）经费支出占比逐年下降，从 42.8% 下降到 16.2%。对于美国而言，各个部门的占比相对稳定，波动较小。美国企业部门研究与试验发展（R&D）经费支出占比维持在 70% 左右，2000 年达到历史高点 74.2%。美国政府部门研究与试验发展（R&D）经费支出占比维持在 12% 左右，高校研究与试验发展（R&D）经费支出占比维持在13%左右。日本的企业部门研究与试验发展经费支出占比较高，历年均高于70%，而政府部门研究与试验发展（R&D）经费支出占比较低，历年均低于10%。韩国的企业部门研究与试验发展（R&D）经费支出占比也较高，且呈现波动上升趋势，2013年高达78.5%。韩国政府部门研究与试验发展（R&D）经费支出占比呈现波动下降趋势，2013年为10.9%。德国、法国与英国的各部门研究与试验发展（R&D）经费支出占比也较为稳定，且高校部门研究与试验发展（R&D）经费支出占比明显高于其他国家。俄罗斯的企业部门研究与试验发展（R&D）经费支出占比呈现波动下降的趋势。俄罗斯政府部门研究与试验发展（R&D）经费支出占比呈现波动上涨趋势，2013年为30.3%，年均占比为27.48%，明显高于其他国家。

综上可以看出，依据执行者占比分类的研究与试验发展经费支出中，中国在稳步提升企业在研究与试验发展中的作用，企业在研究与试验发展中的主体地位逐渐体现，部门占比分配更加科学合理。

二　按资金来源占比分类的R&D支出国际比较

1996—2013年，在研究与试验发展（R&D）经费支出排名前8的国家中，除俄罗斯外，企业是研究与试验发展（R&D）经费的主要资金来源。除俄罗斯与英国外，其余6个国家历年企业部门对研究与试验发展（R&D）经费的资金支持占比均超过了50%。

对于中国而言，自1996年起，来自企业部门的研究与试验发展（R&D）经费支出占比逐年增加，并于2007年占比突破70%，2013年达到74.6%。来自中国政府部门的研究与试验发展（R&D）经费支出占比逐年下降。对于美国而言，各个部门的占比较稳定，波动较小。来自美国企业部门的研究与试验发展（R&D）经费支出年均占比为63.22%，2000年达到历史高点69%。来自美国政府部门的研究与试验发展（R&D）经费支出年均占比为30.26%。对于日本而言，来自企业部门的研究与试验发展经费支出占比较高，历年均高于70%，而来自政府部门的研究与试验发展（R&D）经费支出占比较低，历年均

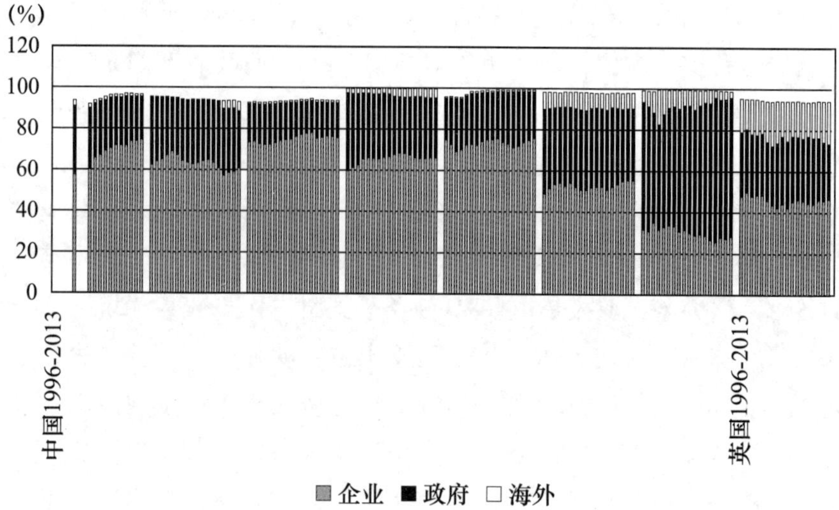

图4—5　按资金来源占比分类的R&D支出国际比较（1996—2013年）

注：1. 数据来源于联合国教科文组织统计研究所2015年7月估计整理数据。

2. 中国1996—1999年、2001—2002年数据缺失。

低于20%。对于韩国而言，来自企业部门的研究与试验发展（R&D）经费支出占比也较高，历年也均高于70%。来自韩国政府部门研究与试验发展（R&D）经费支出占比维持在25%左右。相较于其他国家而言，法国与英国的政府部门对研究与试验发展（R&D）经费的投入占比较高，年均占比分别为37.83%、30.66%。且高校部门研究与试验发展（R&D）经费支出占比明显高于其他国家。俄罗斯的企业部门研究与试验发展（R&D）经费支出占比呈现波动下降的趋势。俄罗斯政府部门研究与试验发展（R&D）经费支出占比呈现波动上涨趋势，2013年为30.3%，年均占比为27.48%，明显高于其他国家。

三　按支出用途分类的R&D支出国际比较

1996—2013年，在研究与试验发展（R&D）经费支出排名前8的国家中，试验发展经费支出均远远高于基础研究与应用研究的经费支出。

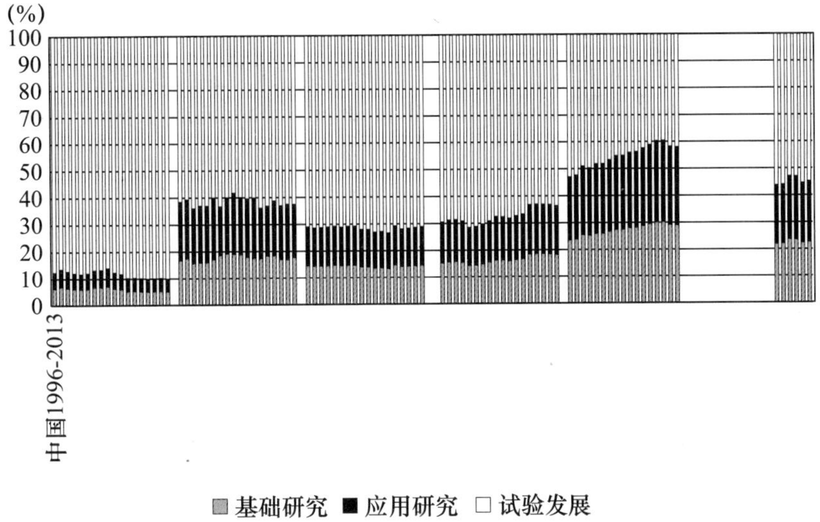

图4—6　中国、美国等国家按支出用途分类的R&D支出比较（1996—2013年）

注：1. 数据来源于联合国教科文组织统计研究所2015年7月估计整理数据。

2. 德国、俄罗斯数据缺失，英国1996—2006年数据缺失。

对于中国而言，自1996年起，试验发展研究经费支出呈现波动上升趋势，1997年最低，占68.6%，2013年占比高达84.6%。而基础研究与应用研究的经费支出占比呈现波动下降趋势，且基础研究与应用研究的经费支出占比均较低，历年占比均不超过6%。对于美国而言，基础研究、应用研究与试验发展支出占比均较为稳定，波动较小。基础研究经费支出年均占比为17.5%；应用研究经费支出年均占比为20.9%；试验发展经费支出年均占比为61.7%。对于日本而言，基础研究、应用研究与试验发展支出占比也均较为稳定，波动较小。基础研究经费支出年均占比为12.16%；应用研究经费支出年均占比为12.16%；试验发展经费支出年均占比为61.1%。对于韩国而言，基础研究与应用研究经费支出占比呈现波动上升趋势，基础研究与应用研究经费支出占比均从13.2%增长到18%，2012年达到最高点为18.3%。而试验发展经费支出占比波动较小，年均占比为62.57%。相较于其他国家而言，法国的基础研究与应用研究经费支出占比明显高于其他国家，且呈现波动上升趋势，历年占比均高于22%。试验发展经费支出占比呈现波动下降趋势，从49.5%下降到35%。

第五章

可计算一般均衡(CGE)模型理论基础

一般均衡理论始于瓦尔拉斯 1874 年的专著《纯粹经济学要义》，其中，瓦尔拉斯将经济系统看作一个整体，详细论述了经济系统各要素之间复杂的相互作用和相互依存关系，论证的核心：对于经济系统整体而言，是否存在一组商品价格，能够实现市场各要素（劳动力、资本等）和各商品的供给等于需求的均衡状态。由于最初的一般均衡理论具有较高的抽象性，难以理解和验证，因此，在较长的一段时间内都没有能够在应用经济学领域得到快速发展和应用。直到 20 世纪 50 年代开始，当模型方程形式、计算方法和计算机性能等若干个实际可操作性困难均得到克服和解决之后，一般均衡模型才逐步发展到可计算的一般均衡（Computable General Equilibrium，CGE）模型实用阶段，从而使一般均衡理论在各领域得到快速发展和应用。

第一节　瓦尔拉斯一般均衡概念和原理

一　经济主体、行为和市场

总体而言，经济学理论围绕着如何生产、生产什么和如何分配等问题，这些问题都发生在一个特定的机构，即市场；而市场的运作又取决于经济主体的行为特征以及市场交换机制，它们都服从于供给和需求定律。通常情况下，我们都会将经济主体分为两大类——家庭和企业，它们通过特定类型的商品交易在市场和整个经济系统中都发挥着重要的作用。

企业主要是组织生产、生产商品和服务，然后提供给市场进行销售，同时企业也是生产资料（中间投入品）和生产要素（资本和劳动力）的需求者和购买者。假设企业行为服从利润最大化目标：在所有的可能的生产计划中，选择一种能够实现企业收益最大化的生产计划。而对于具体生产行为方式选择，不同企业之间可以存在差异，其原因就在于并不是所有企业都采用相同的生产技术，而即使企业采用相同的技术，其利用效率也会有差异。比如电力企业，虽然电力企业的目标均是利润最大化，但实现这样的目标有很多的技术选择，一些企业选择核电站来发电，而一些企业会选择煤炭、水能、太阳能或者是风力发电。

家庭在市场中购买商品，以满足他们的消费需求；同时家庭向企业提供生产所需的劳动和资本，以获得收入或收益。这样，家庭会在商品需求和提供资本以及劳动力之间进行权衡，根据其提供的劳动力和资产数量，来衡量商品消费所能带来的好处是多少，这种权衡取决于家庭的内部价值体系，称其为偏好或者效应。倘若假定家庭做出的这种权衡都是最符合其价值体系的，这时我们就称其为偏好或效应最大化。类似企业，家庭这个群体中也会以多种方式来实现同一个目标：偏好效应最大化，这主要取决于个人偏好或者更简单地说取决于其效应水平。不同的家庭具体的偏好选择也是不同的，比如有的人自我放松时选择外出旅游，而有的人喜欢在家里看电影、阅读科幻小说，或者是欣赏古典音乐等。即使是有相同的偏好，不同资本禀赋的家庭或个人对同一种商品的消费数量也可能是不同的。

为分析市场中企业和家庭是相互影响机理，我们将所有的经济主体分成两类：需求方和供给方。家庭和企业可能既是需求方，又是供给方，需求和供给相互影响和转化。以市场基本生产要素为例，企业需要劳动和资本，家庭正是劳动和资本的供给者；而对于中间商品而言，一些企业扮演着需求者的角色，而另一些企业则扮演着中间商品供给者的角色；对于市场的最终产品和服务，家庭通过商品消费成为需求者，而企业则是产品和服务的供给者。在这种相互影响和转化中，一个核心的问题是：需求和供给双方能否在互相兼容的价格条件下达成“贸易协定”？换句话说，在一个什么样的价格条件下，特定的需求数量恰好等于特定的供给数量？这种恰好发生的情况是供给和需求之间的相互匹配，我们称其为市场均衡。事实上，所谓的市场均衡就是找到这样的一个价格，使得市场上的供给和需求双方能够达成一种贸易协定。

从理论上讲，完全竞争市场是一种有效而理想的市场，事实证明，在社会福利问题上完全竞争市场表现出很多优良的特征；在完全竞争市场中的凸性偏好和凸性选择条件下，商品价格等于边际产出率成为得到最优解的必要和充分条件。所以说，完全竞争市场中均衡价格依赖于一种有效的机制，而这种机制要求在生产集合中不能表现出非凸性特征（瓦尔拉斯，1996）。完全竞争市场中的均衡产出又被称为瓦尔拉斯均衡，是为了纪念法国数学经济学家里昂·瓦尔拉斯（1834—1910）。

里昂·瓦尔拉斯是19世纪的经济学家，从事于研究经济中各个市场之间的相互联系，特别是致力于研究当每一个市场中供给数量等于需求数量的时候，是否同时也存在一组相应的均衡价格这个问题。他形成的理论——一般均衡模型，更像我们现在所研究的标准的“瓦尔拉斯”CGE模型。其共同特征在于：（1）生产者是利益最大化的，他们在完全竞争的市场中卖掉自己的商品，获得的经济利润为零；（2）消费者是效应最大化的，他们花掉了生产和销售中所得的收入来实现这种效应最大化；（3）每一种商品的价格是不断地调整的，直到需求等于供给为止。基于这些假设以及市场出清的条件，瓦尔拉斯定律指出，对于整个经济体而言，经济中总的过剩供给与总的过剩需求一定是相等的。这主要是因为生产者所出售的商品的价值应该能保证他们有能力购买自己想要的商品的价值。所以实际减少的销量（过剩的供给）一定等于实际消费低于预期消费的数量（过剩的需求）。对于一个特定的竞争市场的均衡产出，可以从两个方面对其进行分析，即从局部均衡的角度或者是从一般均衡的角度分析。局部均衡意味着将部分产品或要素从整个市场中拿出来进行单独分析，只考虑直接影响，而忽略其他相关要素或市场变化所导致的间接性的和诱发性的影响，即需要使用其他条件不变的假设来保证其成立。而一般均衡的方法是将整个经济体看作是一个封闭的、相互依存的市场系统，均衡价格和均衡数量正是各种经济主体在市场中相互作用的结果，也就是说，在一般均衡中包括了所有直接地、间接地以及诱发性的因素所起的作用。

二　瓦尔拉斯一般均衡概念和原理

经济学理论中，商品的交换机制是核心问题之一，下面以一种最简单的纯交换经济为例，对这种市场机制下的瓦尔拉斯原理进行阐述。在这种纯粹的交换经济中，假定不同商品的数量 N 是有限的，不同消费者或者家庭，或者更一般化的经济主体 h 的数量也是有限的（$h = 1,2,\cdots,H$）。向量 $x = (x_1,\cdots,x_i,\cdots,x_N) \in R^N$ 表示商品 N 的数量。每一种商品的价值均表示为非负的单位市场价值，即通常所说的价格，用 $p = (p_1,\cdots,p_i,\cdots,p_N) \in R^N_+$ 表示。由于在这种纯交换经济不考虑生产，而经济主体要消费商品，必须在拥有要素禀赋的情况下才能实现消费，所以假定经济主体存在着初始禀赋，即每一个经济主体 h 最初都拥有自己的禀赋，即 $e_h \in R^N_+$，其大小取决于该经济主体所拥有的最初财富、预算约束及相应的价格变化。

由于商品价格的存在，经济主体的消费行为就会反映出经济主体的偏好。假设对于每一个经济主体 h 而言，其对商品 i 消费的偏好可以通过一个非负的连续的需求函数 $\chi_{ih}(p,e_h)$ 来表示。为求解经济主体对商品需求的最优解，通常的做法是将偏好以效用的方式来表示，这样就可以通过经济主体效用最大化来推导出需求函数的最优解，当然最优化问题的求解是要受到经济主体预算约束的限制。

为了分析这种纯粹的交换经济下的一般均衡分析，即瓦尔拉斯一般均衡，所以需要提出一些假设，使得该经济变成一个封闭式的却又相互依存的体系，首先给出了以下的约束条件：

$$\sum_{i=1}^{N} p_i \cdot \chi_{ih}(p,e_h) = \sum_{i=1}^{N} p_i \cdot e_{ih} \quad \forall h = 1,\cdots,H \qquad (5—1)$$

式（5—1）表明，对于每一个经济主体而言，其消费的总价值应该等于其自身所拥有的财富总价值，也即自身禀赋。所以在整个经济中，将所有经济主体加总，就可以验证这种约束：

$$\sum_{h=1}^{H}\sum_{i=1}^{N} p_i \cdot \chi_{ih}(p,e_h) = \sum_{h=1}^{H}\sum_{i=1}^{N} p_i \cdot e_{ih} \qquad (5\text{—}2a)$$

用代数方法将其重新表示：

$$\begin{aligned}\sum_{i=1}^{N} p_i \sum_{h=1}^{H} (\chi_{ih}(p,e_h) - e_{ih}) &= \sum_{i=1}^{N} p_i \Big(\sum_{h=1}^{H} \chi_{ih}(p,e_h) - \sum_{a=1}^{H} e_{ih} \Big) \\ &= \sum_{i=1}^{N} p_i \cdot (\chi_i(p) - e_i) = 0 \end{aligned} \qquad (5\text{—}2b)$$

将所有个体的需求和禀赋相加，并引入市场需求 $\chi_i(p)$ 和市场供给 e_i ，或者是说每一种商品 i 的总禀赋。进一步引入市场超额需求函数并将其作为商品的差额，即 $\zeta_i(p) = \chi_i(p) - e_i$ 。这样，瓦尔拉斯定律最简洁的表示方式为：

$$\sum_{i=1}^{N} p_i \cdot \zeta_i(p) = 0 \qquad (5\text{—}2c)$$

式（5—2c）要表达的意思是：对于所有的价格来说，不论这种价格是否为均衡价格，市场超额需求值都是为零的。所以说，对于市场均衡而言，瓦尔拉斯定律是一个很必要的条件，但仅仅有这一个条件还是不够的。

在这样一种封闭的、各经济系统之间相互依存的经济系统中，要想达到一种均衡的价格，需要运用供给和需求市场作为充分条件，即：

$$\zeta_i(p^*) = \chi_i(p^*) - e_i = 0 \qquad (5\text{—}3)$$

其中，对于所有的市场 $i = 1,2,\cdots\cdots,N$, $p^* > 0$ 都是成立的。

这样，瓦尔拉斯定律的含义可以表述为：对现有商品的一种分配，并且要求商品价格的设定满足条件式（5—3），这种分配是以需求方程处于均衡价格为前提的。需要注意的是，式（5—3）是由 N 个方程组成的系统（每一个方程代表一种产品），这样就包含 N 个未知数（每一个方程中的产品价格）。式（5—3）对供给和需求施加完全相等的约束条件，并要求所有商品价格为非负，这就意味着要求消费者偏好存在某种类型的单调性。

瓦尔拉斯定律的一个核心推论就是“如果除了一个市场之外所有的市场都是出清的，那么剩下的这一个市场也一定是出清的”。所以说，要决定经济中的均衡价格，只需从式（5—3）中找出 $N-1$ 个方程，并找到一种方法来简化规模系统就可以解决问题。这种推论还有一种表示方法：如果某一个市场 $i(\zeta_i(p)>0)$ 中存在超额需求，那么另一个市场 $j(\zeta_j(p)<0)$ 就一定存在超额供给，反过来也是一样。

推而广之，对于非纯粹的交换经济，即一般的市场经济，瓦尔拉斯定理可以表述为：对于任何一组价格，市场需求总值等于市场供给禀赋值，用函数表达为：

$$\sum_{i}^{n} P_i(Q_i^d - Q_i^s) + \sum_{j}^{m} w_j(x_j^d - x_j^s) = 1 \qquad (5—4)$$

其中，P_i、w_j 分别是各种商品或要素的价格，Q_i 为产品的需求或供给，x_j 为要素的需求或供给。瓦尔拉斯法则比较广义，即使经济不处于一般均衡，只要消费者效用与厂商生产理论满足最大化原理，等式仍然成立。式（5—4）也意味着，由于所有价格都大于零，如果 $m+n+1$ 个市场实现出清，剩下一个市场也必定出清，因此，方程的价格是中性的或者零其次的，这样就可以选择某一个基准商品的价格为基准价格 1，并以此为单位价格衡量其他价格的相对变动。

为了更好地理解瓦尔拉斯内涵以及瓦尔拉斯定律，现通过一个具体的例子进行详细的描述。假设埃奇沃思盒状图中有两个经济主体，即 $h=(1,2)$；两种商品，即 $i=(1,2)$。在这样的一个经济中，经济主体偏好遵循的是道格拉斯（Cobb-Douglas）效应函数模式，经济主体 1 的偏好为 $u_1(x_1,x_2)=x_1^{\alpha^1}\cdot x_2^{1-\alpha^1}$，经济主体 2 的偏好为 $u_2(x_1,x_2)=x_1^{\alpha^2}\cdot x_2^{1-\alpha^2}$。经济主体的消费需求受到其最初资产总禀赋的约束，对于经济主体 1，商品消费需求用 $e_1=(e_{11},e_{21})$ 表示，经济主体 2，商品消费需求用 $e_2=(e_{12},e_{22})$ 表示。

这样，商品的需求方程中包含着经济主体 1 的效应最大化问题可以表示为：

$$\chi_{11}(p,e_1)=\frac{\alpha^1\cdot(p_1\cdot e_{11}+p_2\cdot e_{21})}{p_1}$$

$$\chi_{21}(p,e_1)=\frac{(1-\alpha^1)\cdot(p_1\cdot e_{11}+p_2\cdot e_{21})}{p_2} \tag{5—5}$$

对于经济主体2来说也类似，即：

$$\chi_{12}(p,e_2)=\frac{\alpha^2\cdot(p_1\cdot e_{12}+p_2\cdot e_{22})}{p_1}$$

$$\chi_{22}(p,e_2)=\frac{(1-\alpha^2)\cdot(p_1\cdot e_{12}+p_2\cdot e_{22})}{p_2} \tag{5—6}$$

对于这种简单的道格拉斯（Cobb-Douglas）经济，以下两个方程与上文中的式（5—3）是一致的：

$$\frac{\alpha^1\cdot(p_1^*\cdot e_{11}+p_2^*\cdot e_{21})}{p_1^*}+\frac{\alpha^2\cdot(p_1^*\cdot e_{12}+p_2^*\cdot e_{22})}{p_1^*}=e_{11}+e_{12}$$

$$\frac{(1-\alpha^1)\cdot(p_1^*\cdot e_{11}+p_2^*\cdot e_{21})}{p_2^*}+\frac{(1-\alpha^2)\cdot(p_1^*\cdot e_{12}+p_2^*\cdot e_{22})}{p_2^*}=e_{21}+e_{22}$$

（5—7）

但是需要注意的是，根据瓦尔拉斯定律的推论，我们知道以上两个方程中有一个是多余的，因此只需求解其中一个即可。以式（5—7）中的第一个式子为例，该式可以求解均衡价格：

$$\frac{p_2^*}{p_1^*}=\frac{(1-\alpha^1)\cdot e_{11}+(1-\alpha^2)\cdot e_{12}}{\alpha^1\cdot e_{21}+\alpha^2\cdot e_{22}} \tag{5—8}$$

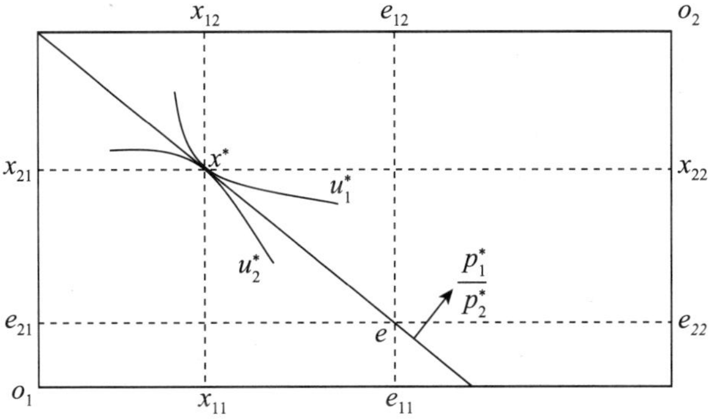

图5—1　瓦尔拉斯均衡是单纯的交换经济

需要指出的是，如果 p^* 是方程的解，那么 $c\cdot p^*$ 也是，其中 c 是任意正数。只要设定相对价格满足式（5—8），那么两个市场就都会出清。当然也可以式（5—7）中的第二个式子为例解出相应的均衡价格，毫无疑问，结果是一样的。如图5—1所示，两个经济主体的预算集斜率是由价格比率 p_1^*/p_2^* 决定的，每一个经济主体在相对价格 p_1^*/p_2^* 之下，使其效应达到最大化，而且与此同时，个人的需求与由最初禀赋点 e 所决定的现有商品供给是完全融合的。

而且需要指出的是，这里所得到的均衡价格是相对价格。如果想要将价格固定在某一个绝对水平上（当然这个水平是任意的），那么就需要选择外界的一个固定价格作为“参考”，也即基准价格。

瓦尔拉斯定律指的是，当其他所有市场供给和需求都达到均衡之后，最后一个市场也是出清的、均衡的。所以在CGE模型中，并不是所有的方程都是独立的。如果有一个方程是多余的，那就应该剔除——但这样就意味着模型中变量的数量要比方程的数量多一个。瓦尔拉斯的解决办法就是在模型中固定一个价格，将其作为计价单位，这样的话，CGE模型可以用来解决相对价格市场出清问题。

为了使模型可解，CGE建模者同样可以放弃一个方程，固定一个价格变量，将其作为计价单位。只要模型在价格上是零阶同质的（通常都是这样），在不影响结果的前提下，我们可以放弃任何一个方程。但在实际操作中，建模者通常都会省略掉宏观经济中市场出清的方程，即总的储蓄（S）等于总的投资（I）。还有一种方法，建模者会保持盈余方程不变，固定一个计价单位，并在此基础上额外增加一个变量，成为“Walras”，比如说S = I + Walras。如果CGE模型中所有的市场都是均衡的，那么Walras变量的值就等于零。Walras这种变量对于建模者来说还是很有用的，因为在给定基本数据和模型方法的情况下，我们可以用这种方式来检验每一个市场是否达到了均衡的状态。

三　瓦尔拉斯一般均衡理论的规范性特征

关于瓦尔拉斯一般均衡，福利经济学中有两个基本定理（Arrow，1951）。第一个定理是说任何瓦尔拉斯分配都是一种有效的帕累托配置；第二个定理是指，任何一种有效的帕累托配置在使用恰当的一次性变换之后都可以看作是瓦尔拉斯配置，即基于初始禀赋重组的变换，这样就不会浪费任何初始资源经济。这种帕累托有效配置的含义是：在其他分配方式都不可行的时候，至少有一个是严格最优的。在上述的埃奇沃思盒经济中，也说明了如果经济处于瓦尔拉斯均衡状态，那么就不存在其他更好的配置方式，因为此时经济中的每一个经济主体都处于一种最优的状态，也就是说，在整个经济中，经济主体之间没有办法达成协议将当前的配置状态转向另一种更好分配方式，如果它们偏离了市场均衡，就一定会使某个经济主体的效用受损。

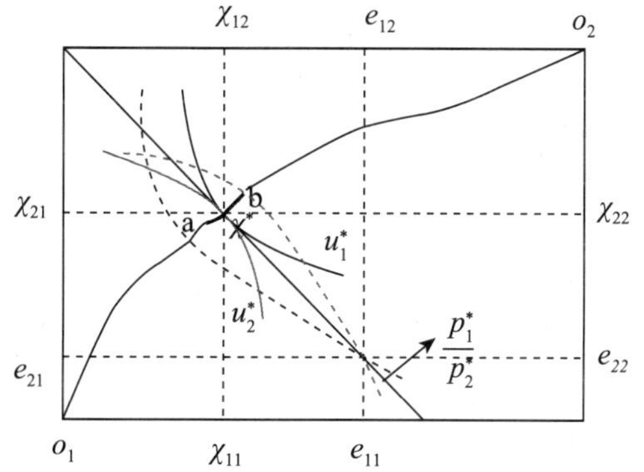

图 5—2　第一福利定理

在纯粹的交换经济中，经济主体在一定程度上是理性的，只要能进行交易，它们就会参与交换过程并利用其最初的禀赋进行贸易。图 5—2 是帕累托有效配置，a 点代表其中的一种情况，它表示的是经济主体 1 参与贸易和不参与贸易时的区别；同样的道理，有效配置 b 点则代表经济主体 2 的相关情况。连接点 a 和点 b 的曲线被称为是契约曲线，它表示所有的至少和最初禀赋一样好的可行性配置，契约曲线上所有配置点都是帕累托有效配置的一个子集，即图 5—2 中连接 O_1 和 O_2 两个点的曲线。经济主体之间贸易通过价格调整，直至达到一种均衡价格为止，均衡价格即 p_1^*/p_2^*，此时超额需求为零，由于均衡配置 χ^* 在契约线上，所以我们称其为帕累托有效配置。

现将第一福利定理进行简单的推理证明。假设存在这样的一个可行性分配$\hat{\chi}$，使得帕累托有效配置规律控制着瓦尔拉斯配置χ^*。这就意味着均衡价格为p^*：

$$\sum_{i=1}^{N} p_i^* \hat{\chi}_{ih} \geq \sum_{i=1}^{N} p_i^* \hat{\chi}_{ih}^* \text{ 对于所有的 } h \in H \text{ 都成立} \quad (5—9)$$

$$\sum_{i=1}^{N} p_i^* \hat{\chi}_{ih'} > \sum_{i=1}^{N} p_i^* \hat{\chi}_{ih'}^* \text{ 对于所有的 } h' \in H \text{ 都成立} \quad (5—10)$$

如果说$\hat{\chi}$至少和χ^*一样好，那么$\hat{\chi}$就一定处于经济人预算集之外，否则至少一样好它才会被选中。将式（5—9）和式（5—10）中经济人集合进行相加：

$$\sum_{h=1}^{H} \sum_{i=1}^{N} p_i^* \hat{\chi}_{ih} > \sum_{h=1}^{H} \sum_{i=1}^{N} p_i^* \hat{\chi}_{ih}^* = \sum_{h=1}^{H} \sum_{i=1}^{N} p_i^* e_{ih} \quad (5—11)$$

实际上，式（5—11）的这种表示是矛盾的，因为它暗含的意思是$\hat{\chi}$是一个可行性的分配方案。

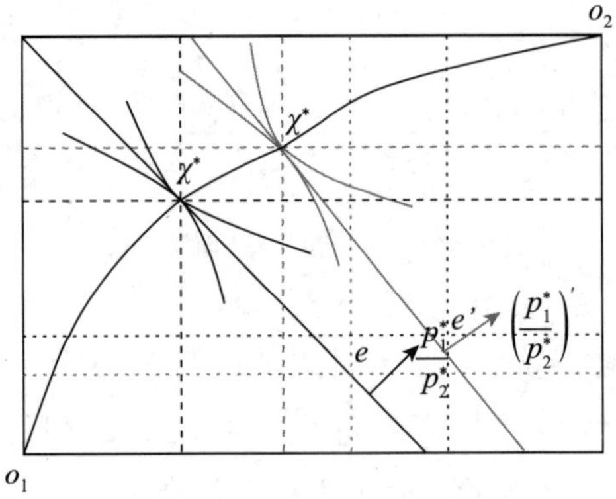

图5—3　第二福利定理

值得一提的是，帕累托效率和瓦尔拉斯均衡这两个概念之间存在差异，是不完全相同的。帕累托效率专指分配中的一个子集，其依赖于总的禀赋和个体的偏好，而瓦尔拉斯均衡与两个变量相关，即分配和价格，它依赖于个体禀赋和个体偏好。更严格意义上说，并不是所有的帕累托效率都是瓦尔拉斯均衡。但是只要对禀赋进行恰当地转换，可以将任何一个帕累托效率转变为瓦尔拉斯均衡，前提是要满足基本的技术条件（比如说对于当前的生产可能性而言，偏好和技术都是凸性的)。

图5—3中给出了两种帕累托效率的配置：χ 和 χ^* ，也可以将其看作瓦尔拉斯配置，但条件是它们是经济中总禀赋的两种不同配置，即 $e \neq e'$ 。从图5—3中可以看到第二福利定理所隐含的实质。如果存在一个中央计划者，或者说存在某种社会福利机构，认为对于社会而言 χ'^* 要好于当前的市场分配 χ^* 。假设当局想通过市场的运作达到计划中的配置 χ'^* ，那么如何实现这样的目标？根据第二福利定理，实现这种目标需要对初识禀赋进行重新分配，即从 e 点转向 e' 点，然后通过市场的运作，在新的禀赋配置下实现新的市场均衡。经济中任何实体资产的再分配都被称为是一次性变换，在图5—3中即为 $t = e' - e$ ，因为经济中总的禀赋是不变的。还有一点需要注意的就是，图5—3中的 e' 正是多种可能分配方案中的一种。此处所要说明的是，再分配政策计划还是有很多空间的，而且效率和均衡是可以分开考虑的。

总而言之，一般均衡理论为经济学提供了合理的、强有力的工具，一般均衡理论所带来的影响已无处不在，它甚至超越了微观经济学最初和传统的设定。比如，现代宏观经济学在总体上，从动态时间设定的角度看就是一种一般性均衡；行业组织也开始从局部均衡方面发展，并采用了一些一般均衡的特点；国际贸易理论说白了就是国家和地区之间的一种一般均衡。

第二节 可计算一般均衡（CGE）模型的特点和发展前景

可计算一般均衡（Computable General Equilibrium，CGE）模型描述了一个经济系统通过对商品和要素的数量及价格的调整，实现瓦尔拉斯（Walras）一般均衡理论所描述的供需关系达到均衡的过程。CGE模型是用具体方程组来描述供给、需求以及供求关系的，在这些方程组中不仅商品和生产要素的数量是变量，而且其价格也是变量，并且还要有一系列优化条件，如生产者利润最大化，消费者效用最大化，进口收益利润优化，出口成本优化等约束下求解这一方程组，得到在各个市场都达到均衡时的一组价格和数量（翟凡等，1997）。在20世纪六七十年代，国际石油价格飙升、国际货币系统突变、实际工资水平快速增长等外部问题对世界经济产生了强劲冲击，历史事实检验和暴露了经济计量模型（时间序列模型，联立方程模型等）在非常规条件下不能提供准确预测和有效模拟评估等弱点，而CGE模型却可以在没有历史经验的情况下得出这些冲击的可能影响，从而使得经济学者和政策制定者认识到，要模拟未曾经历过的冲击效果，经济主体的行为最优化假定和条件约束假设等问题至关重要，而这恰恰是CGE模型的长处，于是CGE模型逐渐得到经济学界的极大重视和研究热情。同时，随着困扰CGE模型应用的一些瓶颈，如数据库的改进（如普查数据中单位记录的可用性）与计算机程序的改进（如GEMPACK、GAMS、HERCULES和CASGEN软件等），得到突破，所以自80年代以来，CGE模型在各经济社会领域得到快速发展和广泛应用，并成为政策模拟和经济系统结构分析等领域的国际主流模型之一。

一　CGE模型的优点

可以算一般均衡（CGE）模型以瓦尔拉斯一般均衡理论为基础，描述经济系统中的生产、分配、供给和需求，以及市场价格变化和各经济主体之间的相互影响、相互作用关系。能够考察来自经济某一部分变量的外生扰动对经济系统其他变量的影响方向及大小。相对于其他宏观经济模型（局部均衡模型、投入产出模型、线性规划模型和宏观经济计量模型等）而言，CGE模型具有不可比拟的优势。

相对于局部均衡模型。局部均衡分析往往着重分析的是单一或部分市场的均衡，只观察这局部变量之间的相互关系，而把其他部分假定为不变，除了被研究对象的价格外，其他价格都是固定的。而CGE模型则是把经济系统作为一个整体，强调的是经济系统各部门、各变量之间的相互作用和相互制约，所有生产要素市场和商品市场都达到均衡状态，其中所有价格也都是内生可变的（numoreioa 基准价格除外)，因此 CGE 模型比局部均衡模型更全面、更合理、更符合现实。

相对于投入产出和线性规划模型。投入产出模型和线性规划模型所强调的是产业之间的投入产出联系或关联效用，而 CGE 模型兼容了投入产出、线性规划等模型方法的特点，同时克服了投入产出模型和线性规划模型不能将价格机制引入模型中的弊端，并采用非线性函数取代了传统的投入产出模型中的许多线性函数，此外，从数据信息上看，CGE 模型不仅包含了投入产出表的所有信息，而且在此基础上还容纳了财政税收、收入分配、政府转移支付、资金流量表等大量的国民经济核算信息，因此，信息量远远超过了投入产出模型和线性规划模型；CGE 模型把商品市场和要素市场通过价格信号有机地联系在一起，即体现了市场机制的作用，又体现了经济系统中不同经济主体和不同部门之间的普遍联系，是真正的经济系统模型。

相对于宏观经济计量模型。宏观经济计量模型通过经济变量之间历史的统计关系来构建模型方程和进行参数估计，对历史数据依赖性很强。根据宏观经济计量模型进行经济预测时，暗含这样一个假定：未来经济发展方式以及经济变量关系与历史规律相同。这样的假定往往与发展中国家的实际情况不一致，尤其是对于处于经济结构转型中的中国。另外，宏观经济模型的致命缺点是缺乏微观经济理论基础，方程中变量和形式的选择往往是主观的，因人而异，可验性差。还有，对于大多数发展中国家，通常缺乏长期可靠的时间序列数据，即使有，由于统计口径和统计标准的不断改变和调整，多数也不具有一致性，从而使得时间序列数据并不适合计量方法分析。CGE 模型是将基于宏微观经济学理论假设的各种经济主体的行为描述纳入统一的一般均衡分析框架中，并充分运用了部门和经济主体之间的交易信息来捕捉经济系统中各部门、各经济主体的复杂联系和相互作用的传导、反馈机制，因此具有坚实的宏、微观经济理论基础，从而使得建模者能够更容易根据相应的经济理论判断模型结果的合理性。另外，CGE 模型对历史数据要求不高，恰好可以克服发展中国家的时间序列数据不一致问题。

总而言之，可计算一般均衡（CGE）模型具有坚实的宏微观经济学基础，能够更贴近实际地描述和刻画经济复杂系统内各种经济主体之间的相互联系和相互依赖关系，使得模拟计算结果能较好解释现实经济社会现象发生的原因和机制。另外，CGE 模型除了可以模拟完全竞争的市场机制外，还能模拟分析非市场行为，在结合不完全竞争行为、数量和价格的外生调节以及广泛的政府干预行为中已经显示出很大的优势和作用。国内外近 50 年的 CGE 模型发展历史证明，可计算一般均衡（CGE）模型非常适合于模拟政策变化和外部冲击的影响，为研究者提供了一种有效地对复杂经济系统进行科学试验的方法和途径，是国际政策模拟分析的主流工具之一（Dixon，2006）。

另外，对于可计算一般均衡模型中“均衡”二字的理解值得一提。笔者在讲课过程中遇到不少学生这样的质疑：“CGE 模型主要是用来进行政策模拟分析，目前我国面临普遍而严重的产能过剩问题，现实经济中，几乎没有企业能够达到理想的均衡状态，即供给恰好等于需求，因此，均衡是相对的，是短暂的，不均衡是绝对的，普遍的；CGE 模型处处强调的均衡关系与现实情况不符，通过一个与现实情况不符的模型进行政策模型，其结论是值得怀疑的、是不可靠的。”笔者的回答是这样的：“你的问题很好，但认识有误。现实经济中，任何经济主体，包括各种消费者和生产厂商或企业，时时刻刻均处于均衡状态，因此，不均衡是相对的，均衡才是绝对的。CGE 模型中的均衡，讲的不是狭义上的均衡，不是‘某商品生产多少就等于需求多少’，而是广义上的均衡，CGE 模型方程中，没有定义：‘生产量 = 消费量’，而是定义：‘生产量 = 消费量 + 库存’；类似地，‘政府支出 = 政府收入 + 财政赤字’；‘出口 = 进口 + 净出口’；‘居民收入 = 居民消费支出 + 居民储蓄 + 个人所得税’等；这些哪个不是永远均衡？你能在现实经济中找到一个不均衡的例子吗？正是因为现实经济各经济主体时时刻刻均处于均衡状态，CGE 模型中方程定义和描述与之相一致，所以用 CGE 模型来进行政策模拟分析才是恰当的，才是有说服力的。”

二　CGE模型的局限性

然而，同许多用于社会科学的数学分析工具一样，CGE模型也不是万能的，也有一些难以解决的缺陷和局限性：第一，CGE模型的完全市场竞争假设，要求在生产者利润最大化和消费者效用最大化之间找到平衡点，这与现实的经济状况不完全相符，现实经济中，尤其是发展中国家，不少行业和部门长期处于垄断或垄断竞争状态。第二，在模型构建过程中，通常以某年的投入产出表为基础来校准模型参数，这意味着该年的投入产出表中任何随机错误都将进入模型从而可能在动态CGE模型逐年放大和歪曲，从而对研究结论产生负面影响。第三，CGE模型的许多参数难以直接获得，往往是通过SAM表中的初始平衡数据进行“校准”得到，从而使得模型结论对初始条件非常敏感，为提高系统的稳定性，恰当的、系统的敏感性分析对参数筛选和模型评价非常必要，另外对于那些不能通过“校准”方法获得的参数，比如贸易方程中的替代弹性系数，只能借鉴国外相关文献，而国外经济结构与国内的经济结构相差较大，适用性值得探讨。还有，在CGE建模过程中，经常遇到一些数据没有现成统计，需要做专项调查才能得到，而专项调查往往由于条件较高而难以实施；有时某些行业粗分数据虽然存在，但缺乏进一步细分的数据，只能按照假设进行，这也在很大程度上限制了CGE模型应用和影响了模型模拟结果的合理性和真实性。第四，目前广泛应用的CGE模型主要分析经济政策对确定性经济的影响，但现实经济中的随机波动普遍存在，从而将影响CGE模型模拟政策的实际效果。第五，CGE模型的预测功能并非很强。目前，虽然CGE模型可以用来进行经济预测分析，但需要结合宏观经济计量模型提供的未来经济增长基本趋势预测同时进行，也即是嵌入计量模型的动态CGE模型，这在实践中已经证明是可行的（作者也曾构建出一个嵌入计量模型的科技动态CGE模型，用于模拟分析全国R&D投入对全国经济的影响）。另外，由于宏观经济变量有限，很难利用“历史模拟”的方法获得中间投入产出参数的变化情况，这样若假定中间投入产出参数不变的话，利用动态CGE进行中短期预测问题不是很大，但若进行长期预测则存在很大争议。

三　CGE模型的发展前景

经济学理论的不断发展也推动着 CGE 模型的不断前进，20 世纪七八十年代新国际经济学的兴起使人们认识到非完全竞争可能改变过去政策分析的结论，而传统的 CGE 模型是建立在完全竞争市场基础上的，这与现实不符，因此 CGE 模型应该加入规模经济和非完全竞争。进入 80 年代以来，随着金融全球化和贸易经济一体化的迅速发展，金融变量对实体经济的影响和作用越来越突出，因此迫切需要在 CGE 模型中加入更多的金融变量及其方程。所有这些问题推动着 CGE 向前发展：（1）加入金融因素；（2）加入非完全竞争；（3）更加复杂系统综合 CGE 模型。

（一）金融 CGE 模型

传统的 CGE 模型受到货币中性假设的制约，大多数 CGE 模型没有把金融市场和金融工具考虑在内，忽视了金融部门与其他实物部门之间的相互作用。然而，随着经济一体化的快速发展，金融市场发挥了非常重要的作用，金融部门产值在国民总产值中的比重也在逐渐上升，甚至已经占据主要地位（比如中国），而且从世界各国的经济危机和金融危机来看，往往都是该国或地区的金融部门首先出现问题，这种情况下，仍然使用传统的 CGE 模型模拟国家政策显然是不恰当的，所以应将金融部门纳入 CGE 模型研究框架中，在 CGE 模型中加入更多的金融变量和金融工具。

然而，在国际学术界加入金融 CGE 模型的发展却令人不满意。目前金融 CGE 模型的发展主要面临三个问题：（1）把金融变量引入 Walras 框架中，不可避免地要涉及不确定性问题，而这恰恰是确定性的 CGE 模型中力图避免的。（2）货币中性问题。传统的 CGE 模型假设货币中性，但现实经济中货币并不是中性的，但如何把货币非中性问题在金融 CGE 模型中准确表述出来是较为棘手的问题。（3）传导时间问题。一方面，实体经济与金融虚拟经济的运行机理和特征存在显著差距，比如，实体经济的运行周期较长，比如农业生产，生产周期一般在半年或一年左右，工业生产的周期也需要以周、月为单位，因此，在外生变量的冲击下，实体经济从一个均衡状态到另一个新的均衡状态需要较长的反应周期和变化过程。而金融部门完全不同，对金融部门的外生冲击，例如金融交易存在某套利机会，可能在瞬间或很短时间内就可以达到新的均衡状态，这两种反应周期差别太大，是 n 个数量级的差别，因此很难在模型方程中准确地刻画出来。目前这些问题还没有有效地克服，虽然国际上不少学者为金融 CGE 模型作了积极的探索，但都是基于很多的假设，这些假设争议性较大，目前还没有一个国际公认的金融 CGE 模型，但长远来看，一旦这些问题得到有效解决，CGE 模型将进一步飞速发展。

（二）非完全竞争机制下的 CGE 模型

CGE 模型的完全市场竞争假设，要求在生产者利润最大化和消费者效用最大化之间找到平衡点，并且要求保持完全竞争及规模收益不变的假设，这与现实的经济状况不完全相符，现实经济中，尤其是发展中国家，不少行业和部门长期处于垄断或垄断竞争状态。新国际贸易理论则强调规模收益与非完全竞争。因此，进一步放开假设，把非完全竞争因素加入，是 CGE 模型的未来发展方向之一，事实上，国际上已经出现不少这样的论文，只待我们学习和借鉴。

（三）复杂巨系统 CGE 模型

由于经济是一个完整的有机系统，生产、消费、投资、贸易、储蓄、分配、人口、能源、环境、货币、财政、金融等经济变量相互联系，互相影响，触一发而动全身，认识和解决任何一个具体问题，都不是仅仅面对单个问题，而必须与其他问题联系起来考虑。构建复杂巨系统模型，并非为了炫耀建模技术和故弄玄虚，而是分析、认识和解决现实经济问题所迫切需要的。因为应用 CGE 模型主要是进行政策模拟，由于政策是在现实经济社会中实施的，而现实经济社会本来就是这样的复杂，经济、能源、环境、税收、金融、科技、人口等均相互联系、影响和制约，若模型变量之间的作用机理与现实不一致或差异甚大，那么模型的模拟结果可信性和正确性就很容易受到质疑。展望未来，随着 CGE 模型的建模技术的不断改进，以及数据统计范围和统计质量的不断扩展和提高，构建复杂巨系统 CGE 模型将成为可能，其前景看好。

第三节　CGE 模型中部分核心方程的理论推导

一　生产函数的技术特点

生产部门在生产过程遵循最优化的行为决策，即产量一定的情况下追求成本最小化，或者在成本一定的情况下追求产量的最大化，此外，要使 CGE 模型的一般均衡状态存在，生产部门的生产方程组必须满足一些假设：生产函数要是拟凹的，否则厂商利润可以无穷大，即要求生产函数是规模报酬不变或是递减的；产出是投入要素的单调递增函数；价格为零次齐次；成本随着投入的增加单调递增等。在这些假设条件约束下，CGE 模型中的生产函数一般是从一些特定的方程中选取，例如道格拉斯（C－D）函数、CES（The constant elasticity of substitution）函数、超越对数函数等。其中，在综合考虑生产的实际情况和参数“标定”便利等因素基础上，国内外文献的生产函数大多数选择了规模报酬不变的 CES 函数，该函数的标准形式如下：

$$y = \lambda\,[\delta x_1^{-\rho} + (1-\delta)x_2^{-\rho}]^{-1/\rho} \qquad (5—12)$$

其中 $\lambda > 0$ 为规模技术参数；δ 是份额参数；ρ 为替代参数；y 为产出；$x = [x_1, x_2]$ 为基本要素或中间投入的集合。替代参数 ρ 与替代弹性参数 σ 紧密相关，$\sigma = 1/(1-\rho)$。当 $\rho = 1$，$\sigma = \infty$ 时，要素之间可以完全替代，等产量曲线是图 5—4 中的直线 A，生产函数为线性函数；当 $\rho = \infty$，$\sigma = 0$ 时，要素之间完全互补，即图 5—4 中的等产量曲线 B，生产函数为里昂惕夫函数；当 $\rho = 0$，$\sigma = 1$ 时，生产函数为柯布道格拉斯生产函数。ρ 值在 CGE 模型中是一个需要确定的重要参数，许多领域还没有令人满意的 ρ 值；ρ 值确定之后，参数 δ 的值可根据社会核算矩阵基期的值，通过“校准”方法计算得到。

在 CGE 模型模拟分析中，替代弹性参数 σ 起着重要作用，往往会对模拟结果产生显著影响。从理论上说，替代弹性参数 σ 是用来衡量

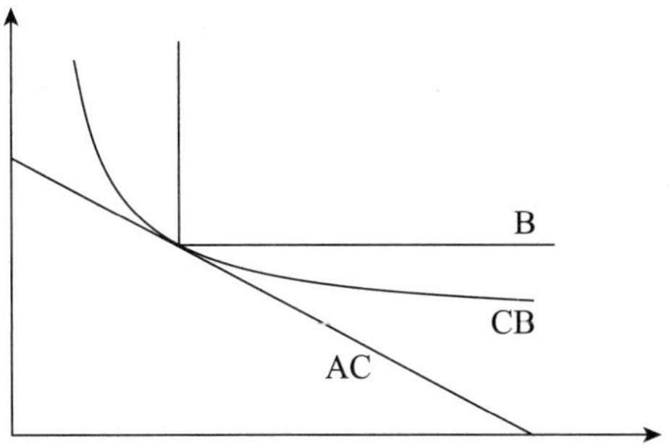

图5—4　等产量曲线图

为了得到相同的产出或效应水平，用一种投入取代另一种投入的难易程度，它表示的是等产量曲线或者是等效应曲线的曲率。在数学上，替代弹性参数 σ 衡量的是两种投入消费的相关变化与边际技术替代率的相关变化之间的比率，即：

$$\sigma = \frac{d\ln(x_1/x_2)}{d\ln(f_{x_1}/f_{x_2})} \tag{5—13}$$

其中，$f_x = \partial y/\partial x$；$x_1/x_2$ 为连接原点与生产等产量曲线上一点弦的斜率，f_{x_1}/f_{x_2} 为这一点切线的斜率。替代弹性参数 σ 的实际意义在于，其值越大，就越容易替代某一种投入，但仍能生产出等量的产出。我们给出一种极端的例子，假设曲线是L形状的（如图5—4中的直角线B），MRTS的变化不会引起 x_1/x_2 的变化，所以替代弹性参数 σ 的值为0，直角线B代表里昂惕夫函数，所有的投入都不能由其他投入来替代，而且每一种投入的比例都是固定的。另一个极端的例子是，如果等产量线是直线，而不是曲线，如图5—4中的直线A，这种情况下，即使点是移动的，MRTS的值也不会发生变化，那替代弹性参数 σ 的值就是无穷大，所以也就说明投入要素之间的可以完全替代的。一般来说，要素之间的替代程度在完全替代和完全互补之间，如曲线C，等产量曲线越平缓替代程度越大；等产量曲线越弯曲，替代性越弱，而互补性越强。

二　CES函数的影子价格及替代弹性系数公式推导

在应用CGE模型进行政策模拟时，对于结果的技术分析，常常会用到影子价格的概念，但国内相关文献几乎没有这样的详细推导过程，现把自己的总结提供如下：

（一）对于二元CGE函数：

$Y = A\left[\delta \cdot M^{-\rho} + (1-\delta) \cdot D^{-\rho}\right]^{-\frac{1}{\rho}}$（原式）

由经济学原理可知：

$$\frac{\partial Y}{\partial M} = \frac{PM}{PY} \Rightarrow A^{\sigma-1}\left[\delta \cdot PY/PM\right]^{\sigma} \cdot Y = M \tag{5—14}$$

同理，

$$\frac{\partial Y}{\partial D} = \frac{PD}{PY} \Rightarrow A^{\sigma-1}\left[(1-\delta) \cdot PY/PD\right]^{\sigma} \cdot Y = D \tag{5—15}$$

式（5—14）除以式（5—15），可以推导出：

$$\delta = \frac{\frac{PM}{PD} \cdot \left(\frac{M}{D}\right)^{1/\sigma}}{1 + \frac{PM}{PD} \cdot \left(\frac{M}{D}\right)^{1/\sigma}} = \frac{M^{1/\sigma}}{M^{1/\sigma} + D^{1/\sigma}}\text{（当}PM = PD = 1\text{时）} \tag{5—16}$$

式（5—16）代入原式，得：

$$A = \frac{Y}{\left[\delta \cdot M^{-\rho} + (1-\delta) \cdot D^{-\rho}\right]^{-1/\rho}} \tag{5—17}$$

式（5—16）与式（5—17）在标定时应用。

把（1）式和（2）式代入原式，得：

$$PY = A^{-1}\left[\delta^{\sigma} \cdot PM^{1-\sigma} + (1-\delta)^{\sigma} \cdot PD^{1-\sigma}\right]^{\frac{1}{1-\sigma}} \tag{5—18}$$

式（5—18）即所谓的原式影子价格公式。（其中，$\sigma = \frac{1}{1+\rho}$为替代弹性参数；$\rho = \frac{1}{\sigma} - 1$）

由于$\sigma > 1$，所以$\frac{1}{1+\rho} > 1$，$0 < 1+\rho < 1$，所以$-1 < \rho < 0$

（二）对于三元 CGE 函数：

$$Y = A\,[\delta_1 \cdot M^{-\rho} + \delta_2 \cdot D^{-\rho} + (1 - \delta_1 - \delta_2) \cdot X^{-\rho}]^{-\frac{1}{\rho}}$$（原式）

由经济学原理可知：

$$\frac{\partial Y}{\partial M} = \frac{PM}{PY} \Rightarrow A^{\sigma-1}\,[\delta_1 \cdot PY/PM]^{\sigma} \cdot Y = M \tag{5-19}$$

同理，

$$\frac{\partial Y}{\partial D} = \frac{PD}{PY} \Rightarrow A^{\sigma-1}\,[\delta_2 \cdot PY/PD]^{\sigma} \cdot Y = D \tag{5—20}$$

同理，

$$\frac{\partial Y}{\partial X} = \frac{PX}{PY} \Rightarrow A^{\sigma-1}\,[(1 - \delta_1 - \delta_2) \cdot PY/PX]^{\sigma} \cdot Y = X \tag{5—21}$$

联合式（5—19）、式（5—20）和式（5—21），得：

$$\delta_1 = \frac{\left(\frac{D}{X}\right)^{1/\sigma}}{\left(\frac{D}{M}\right)^{1/\sigma} + \left(\frac{D}{X}\right)^{1/\sigma} + \left(\frac{D}{X} \cdot \frac{D}{M}\right)^{1/\sigma}} = \frac{M^{1\sigma/}}{M^{1/\sigma} + D^{1/\sigma} + X^{1/\sigma}} \tag{5—22}$$

$$\delta_2 = \frac{\left(\frac{M}{X}\right)^{1/\sigma}}{\left(\frac{M}{D}\right)^{1/\sigma} + \left(\frac{M}{X}\right)^{1/\sigma} + \left(\frac{M}{D} \cdot \frac{M}{X}\right)^{1/\sigma}} = \frac{D^{1/\sigma}}{M^{1/\sigma} + D^{1/\sigma} + X^{1/\sigma}} \tag{5—23}$$

$$A = \frac{Y}{[\delta_1 \cdot M^{-\rho} + \delta_2 \cdot D^{-\rho} + (1 - \delta_1 - \delta_2) \cdot X^{-\rho}]^{-\frac{1}{\rho}}} \tag{5—24}$$

式（5—22）、式（5—23）和式（5—24）在标定时应用。

把式（5—19）、式（5—20）和式（5—21）代入原式，得：

$$PY = A^{-1}\,[\delta_1^{\sigma} \cdot PM^{1-\sigma} + \delta_2^{\sigma} \cdot PD^{1-\sigma} + (1 - \delta_1 - \delta_2)^{\sigma} \cdot PX^{1-\sigma}]^{\frac{1}{1-\sigma}} \tag{5—25}$$

式（5—25）即原式的影子价格。

（三）替代弹性系数 σ 推导

对于 CES 生产函数：$Y = A\,[\delta_1 \cdot x_1{}^{-\rho} + \delta_2 \cdot x_2{}^{-\rho}]^{-\frac{1}{\rho}}$

由于其技术替代率：

$$TRS = \frac{\partial Y/\partial x_1}{\partial Y/\partial x_2} = \frac{A\left(-\frac{1}{\rho}\right)(\delta_1 x_1^{-\rho} + \delta_2 x_2^{-\rho})^{-\frac{1}{\rho}-1} \cdot \delta_1 \cdot -\rho \cdot x_1^{-\rho-1}}{A\left(-\frac{1}{\rho}\right)(\delta_1 x_1^{-\rho} + \delta_2 x_2^{-\rho})^{-\frac{1}{\rho}-1} \cdot \delta_2 \cdot -\rho \cdot x_2^{-\rho-1}}$$

$$= \frac{\delta_1}{\delta_2}\left(\frac{x_1}{x_2}\right)^{-\rho-1} = \frac{\delta_1}{\delta_2}\left(\frac{x_2}{x_1}\right)^{1+\rho}$$

于是，

$$\ln TRS = \ln\frac{\delta_1}{\delta_2} + (1+\rho)\ln\left(\frac{x_2}{x_1}\right)$$

于是，

$$d\ln TRS = -(1+\rho)d\ln\left(\frac{x_1}{x_2}\right)$$

于是，替代弹性系数

$$\sigma = \frac{d(x_1/x_2)/(x_1/x_2)}{d(mx_2/mx_1)/(mx_2/mx_1)} = -\frac{d\ln(x_1/x_2)}{d\ln TRS}$$

$$= -\frac{d\ln(x_1/x_2)}{d\ln TRS} = -\frac{d\ln(x_1/x_2)}{-(1+\rho)d\ln(x_1/x_2)}$$

$$= \frac{1}{1+\rho}$$

第四节　关于 CGE 模型闭合规则

为了确保 CGE 模型求解的唯一性，一般要求 CGE 模型中方程总数等于变量总数，但在大部分情况下，根据经济学理论推导出的各经济主体行为方程和约束方程中的变量数并不等于方程总数，因此需要有一套办法来“闭合”（closure）这个模型。闭合的基本含义是指求解一个模型所需要的外生变量的确定及赋值，外生变量的不同选择以及模型闭合的不同选择，反映了要素市场和宏观行为的不同假设（郑玉歆，1999）。

CGE 模型的闭合问题研究起源于 20 世纪 60 年代，斯恩（Sen，

1963）证明了在一个封闭系统中，如果投资水平和政府支出水平是外生固定，那么，要达到利润优化的目标就不可能保持充分就业；要达到充分就业就不可能达到系统的最优化状态。Taylor 和 Lysy（1979）采用 CGE 模型进行巴西收入分配研究时也发现，增加就业税对总产出及改善收入不平等作用甚微，而对整体价格水平却作用相当大，其原因在于模型宏观环境的闭合条件导致的。德卡鲁（Decaluwé，1987）进一步证明，在按照一般均衡理论建立起来的可计算一般均衡模型中必然存在过度识别的问题。即在实际消费和公共消费水平外生给定的情况下，CGE 模型中的充分就业和收入分配的优化是不能同时兼得的，而且在模型中必然会出现方程总数大于变量数的矛盾。所以，为了确保求解结果的唯一性，必须对 CGE 模型做出相应的假设，去掉一组约束方程，即要在失业率（劳动力市场的均衡）、公共开支（政府预算均衡）、投资水平（投资与储蓄均衡）以及要素价格水平这四项之间做出取舍，取舍的不同形成了不同的 CGE 模型闭合规则流派，具体含义如下描述。

一　古典主义宏观闭合

根据新古典主义理论，所有价格包括要素价格和商品价格都是由模型内生决定，生产要素，如劳动和资本的现有实际供应量都实现充分就业。相关变量和等式如下：

劳动和资本价格 PL 和 PK 为内生，要素供应始终等于要素总禀赋 $\overline{tql}$ 和 $\overline{tqk}$，并实现劳动的充分就业以及资本的充分利用。

$$\sum QL_i = \overline{tql}$$

$$\sum QK_i = \overline{tqk}$$

由于，新古典主义闭合结构假设劳动力市场充分就业，因而该闭合规则的情况下，无法模拟财政刺激政策如何增加就业。

二　凯恩斯宏观闭合

按照凯恩斯理论，在宏观经济萧条的状况下，劳动力大量失业，资本闲置，因此生产要素劳动和资本的供应量充足而不受限制，因此就业和资本需求量是内生的，由市场需求决定，而要素的价格是固定的。相关变量和等式如下：

$$PL = \overline{pl}$$
$$PK = \overline{pk}$$
$$YH = \overline{yh}$$

劳动和资本价格 PL 和 PK 为外生，即 $\overline{pl}$ 和 $\overline{pk}$，即存在价格刚性。除此之外，模型要有个数量控制变量，否则系统无法在数量上决定。凯恩斯模型是需求决定的，因此，数量控制应该是一个需求方面的外生变量。这样，凯恩斯闭合模型有 3 个外生变量 $\overline{pl}$、$\overline{pk}$ 和 $\overline{yh}$。在凯恩斯宏观闭合条件下，由于两个要素价格被固定，暗含着其中一个价格被用来作为基准价格（numeraire），这样，就不需再让 GDP 价格或者除 $\overline{pl}$ 和 $\overline{pk}$ 的某一商品价格固定。

三 路易斯闭合

诺贝尔经济学奖得主亚瑟·路易斯（Arthur Lewis）描述发展中国家常见的经济状况是资本短缺，但是劳动力市场上有大量的剩余劳动力。因此，劳动力价格存在刚性，被外生在固定工资水平上，在这个价格上，劳动供应量是无限的。相关变量和等式如下：

$$PL = \overline{pl}\text{（即 }\overline{pl}\text{ 外生）}$$
$$\sum QK_i = \overline{tqk}$$

除此之外，路易斯闭合的模型还需加上一个价格基准等式，否则 $PL = \overline{pl}$ 会被认为模型基准价格，从而得不到路易斯闭合结果。因为路易斯理论认为实际工资被固定在居民的生存水平，在此闭合规则下，一般选择消费者价格指数 CPI 作为基准价格。另外，在路易斯闭合条件下，还要求政府开支当作内生变量，或者用政府预算赤字来补齐投资储蓄差额。

四 其他闭合

假设投资水平和政府开支水平均是外生给定的，为了达到一般均衡的目的，只能放弃工资率等于劳动生产率边际值这一优化条件，假定不同类型的劳动者储蓄率不相同，即劳动者的储蓄率内生，从而在CGE求解过程中调整各组劳动力的收入分配以使真实储蓄与投资规模相适应，在这种情况下闭合也被称为科多润（Koldorian）闭合，该闭合规则主要是用于对劳动者细分的CGE模型研究，比如收入分配问题、收入公平问题、产业间劳动力流动问题等。

从已有的国内外文献来看，选择不同的闭合规则对政策模拟的计算结果是不同的，恰当地选择闭合规则是正确运用CGE模型的基本条件。根据作者的经验，对闭合规则的选择关键是根据具体国情以及需要解决的具体问题而定，始终以经济学理论为指导，也没有必要完全遵循某规则，可以灵活地进行上述规则的组合运用，其核心是保持内生变量的“变化通道”合理而顺畅。比如政府收入外生，则税率内生；居民消费外生，则居民储蓄率内生；出口量外生，则汇率内生，等等。

第五节　可计算一般均衡（CGE）模型中贸易弹性系数问题

可计算一般均衡模型在实际应用中，虽然不少参数可以通过“校准”的方法获得，但也只能解决部分问题。比如CES函数的替代弹性参数等，由于CES函数包含三类参数：规模技术参数、份额参数和弹性参数，通过“校准”方法只能获得其中两类参数的值，另一类参数的值必须通过其他办法（比如直接外生赋值的方法）获得。根据国际文献，贸易弹性参数，即单位贸易商品的相对价格变化引发的商品贸易数量的相对变化，是一类特殊的参数，Feenstra（1994）研究表明，替代弹性参数σ能够控制垄断竞争模型中企业的规模以及企业的边际成本利润；Krugman（1991）的经济地理模型中论述到，替代弹性参数σ控制着集聚经济的实力以及国内市场的效应。Weinstein（2006）研究结果表明，在解释贸易的快速增长的时候，替代弹性参数σ是很重要的，因为它能够决定与贸易量相匹配的贸易成本的水平和变化。

在 Melitz（2003）所给出的不同企业贸易和贸易的模型中，指出替代弹性参数 σ 能在一定程度上决定着企业的规模效应以及在出口市场中的参与度。所以，毫不夸张地说，在当今贸易理论中，替代弹性参数 σ 是最重要的参数（Dixon，2013）。

理论上，替代弹性参数 σ 可以通过时间序列模型、截面模型、数据面板模型、Feenstra 方法等进行估计得到，然而在现实中，由于中国缺乏相应的数据统计，很难通过上述计量方法进行估计每个行业的替代弹性参数，国内相关文献往往是“参考”和“借鉴”国外文献中的行业替代弹性参数值，但是这种做法是否正确，以及如何检验国外的替代弹性参数值在我国的适用性等问题也值得探讨和思考。

表 5—1　　著名的贸易政策导向模型中弹性的估计值

模型类别	相关假设	替代弹性参数取值范围	作者	替代弹性参数估计方法
多国模型				
全球贸易分析项目（GTAP）	阿明顿假设	$\sigma_D \in [0.9, 17.2]$；$\sigma \in [1.8, 34.4]$	Hertel et al.（2007）；Jomini et al.（1994）；	面板数据模型
Michigan Model	垄断竞争假设	$\sigma_D \in [1.02, 5.71]$	Shiells et al.（1986）	时间序列模型
单国模型				
美国国际贸易委员会（USAGE）	阿明顿假设	$\sigma_D \in [1.0, 5.0]$	Gallaway et al.（2003）	时间序列模型
澳大利亚莫纳什模型	阿明顿假设	$\sigma_D \in [0.9, 17.2]$；$\sigma \in [1.8, 34.4]$	Hertel et al.（2007）；Jomini et al.（1994）	面板数据模型

其中，σ_D 表示在需求方面，国内与国外商品种类之间的替代弹性；σ 表示国外商品之间的替代弹性；GTAP 遵循“两个惯例”的规则，所以 $2\sigma_D = \sigma$。

根据作者多年的实践经验，关于替代弹性的选择问题，自己的认识和体会如下：（1）若是构造静态 CGE 模型，由于相对价格所带来的冲击通常都是比较频繁而且短暂的，较低的替代弹性 σ 值表明短暂冲击所引起的需求方面的变化可能是有限的，因而选择较低的替代弹性 σ 值是比较合适的。（2）若是构造动态 CGE 模型，由于动态 CGE 模型通常都会考虑政策所带来的长期响应，因此替代弹性就应该能反映出政策变化所引起的长期需求的变化，从长期来看，替代的可能性会增大，所以就需要更大的替代弹性，这样可能会较好地反映需求方面的变化。

第六节　动态 CGE 模型的动态机制

从理论上讲，动态 CGE 模型的动态机制主要包括劳动力增长和在部门间转移机制、投资—资本积累和配置机制、技术和偏好轨迹变动机制、货币数量增长对均衡价格及均衡利率影响机制等，这些均与内生经济增长理论密切相关，因此，从一定意义上说，可计算一般均衡（CGE）模型的动态化实质上就是经济增长的内生化，内生经济增长理论是构建动态 CGE 模型变动机制的理论基础。

动态 CGE 模型，一般分为跨期动态与递归动态两类。跨期动态模型假设生产者和消费者都有理性预期，表明他们在当期做决策时会将各个时期的价格和收入考虑在内，生产者在对各个时期进行分析之后会将当期的生产成本降到最低，而消费者会在一个时期内实现自己总的效应最大化。具体而言，消费者根据自身动态周期内的财富、折现率、商品价格、利率等因素来理性地处理自己的消费和储蓄，以实现自身周期内的效用最大化；厂商生产者则根据自身动态周期内的所获得收益折现值的最大化来理性地作出如何投资的最佳选择。

跨期动态 CGE 模型的特点：要求各个部门的经济增长率相同；投资存在所谓的“bang - bang”效应，由此导致模型结果的可信程度降低；对数据要求较高。因此，目前国内外有关动态 CGE 文献中，跨期动态运用的很少。递推动态 CGE 模型的特点：各个行为主体主要根据特定的外生假设条件做决定，而不考虑对将来的价格预期；相对于跨期动态，递归动态更容易进行校准和计算；对数据要求相对较低。基于以上诸多原因，国内外 CGE 文献在构建 CGE 模型的动态机制时大多数选择了递归动态的方法。

一　跨期动态 CGE 模型

（一）消费者行为特征

在跨期动态 CGE 模型中，消费者的决策行为建立在未来时间内，在收入水平约束下，使得未来积累消费的限制最大，即：

$$\max U = \sum_{t=0}^{\infty}\left(\frac{1}{1+\rho}\right)^{t+1}\frac{C_t^{1-v}}{1-v}$$

各期消费 C_t 被看作同质的，其所产生的效用是等效的。在上式中，v 为边际效用弹性，ρ 为时间偏好率。相应的预算约束为：各期消费支出总和不超过其所获得的财富总和，即：

$$\sum_{t=0}^{\infty}\mu(t)PC_t\cdot C_t \leqslant W$$

$$W = \frac{Y_0}{1+r_0^c} + \frac{Y_1}{(1+r_0^c)(1+r_1^c)} + \cdots + \frac{Y_t}{\prod_{s=0}^{t}(1+r_s^c)} + \cdots = \sum_{t=0}^{\infty}\mu(t)Y_t$$

根据最优化理论，消费者的最优化消费选择满足：

$$\frac{C_{t+1}}{C_t} = \left(\frac{PC_{t+1}(1+\rho)}{PC_t(1+r_{t+1}^c)}\right)^{\frac{-1}{v}}$$

（二）生产者行为

企业作为生产者的动态决策是如何使得企业获得最大净收益，即净收入的现值最大化：

$$\max V = \sum_{t=0}^{\infty}\mu(t)R(t)$$

其约束条件是资本的动态积累过程：

$$K_{t+1} - K_t = I_t - \delta K_t$$

根据最优化理论，生产者的最优决策选择为：

$$\frac{I_t}{K_t} = \alpha + \frac{1}{\beta}\left[\frac{q_t}{PK_t} - (1 - tc_t)\right]$$

投资资本比与成本调整参数 α 、β ，资本影子价格 q_t ，资本价格 PK_t 以及投资税抵免 tc_t 有关。

消费者和生产者动态决策的横截性条件（末期条件）分别为：

$$\frac{I_{tf}}{K_{tf}} = \delta^R$$

$$PC_{tf} \times C_{tf} = Y_{tf}$$

$$r_{tf}^c \equiv r_{tf}^p \equiv i$$

即终期投资与资本折旧相抵；终期收入全部用于消费没有剩余；终期需求方和供给方的贴现率均等于世界利率水平，也即达到稳定状态时，各种资本价格收敛于世界利率水平。动态 CGE 模型的其他部分与静态 CGE 模型类似。

二　递推动态 CGE 模型

相比较于跨期动态 CGE 模型，递推动态 CGE 模型比较实用，从目前国际学术上看，大多数动态 CGE 模型也属于递推动态 CGE 模型。递推动态 CGE 模型每次一个周期，依次按顺序求解静态模型，从而得出一个时间路径。首先，在冲击发生之后，模型会先对一个周期求解，这一点与静态模型类似。然后将所得到的所有解的值作为下一期变量的初始值再次对模型进行运算，以此类推。前一个时期储蓄所发生的变化会作为后一个时期生产资本储备的增值（减去折旧），所以说资本储备是随着时间的增长而增长的。沿着时间路径求解模型时，建模者可以增加时间趋势项，以表现劳动力和生产力增长。假设生产者和消费者不具有前瞻性，他们只是在当期最小化生产成本或者是最大化效应，同时还假设生产者和消费者认为不管是现在还是未来，当期的经济条件是最好的。很多政府和国际组织会采用递归动态 CGE 模型来分析重要的公共政策问题。这方面最著名的就要数世界银行的多国联动模型（van der Mennsbrugghe，2005），澳大利亚单一国家 MONASH 模型（Dixon & Rimmer，2002）及其发展模型，美国的 USA GEITC 模型（Koopman et al.，2002），以及世界银行的 MAMS 模型（Gottschalk et al.，2009）。

递推动态 CGE 模型需要设置一些外生变量，主要包括要素禀赋和机构主体需求以及投资等变化。具体如下。

（一）劳动力要素供给

在递推动态 CGE 模型中，未来总劳动力供应量的变化一般是外生变量，这主要因为人口和工作年龄劳动力变化有其自身规律，人口学和人口统计学领域的研究可以提供更为可靠直接的数据和预测。假如从外界文献中得到劳动力总量的年增长率在未来时期 t 年设定为 $ratepg$ ，劳动力总供应量（或者说劳动力禀赋）为 QL_t ，有以下时期递推关系：$QL_{t+1} = (1 + ratepg) \times QL_t$ 。在每个时期内，如果研究需要，可以进一步分解为不同类型的劳动力变化。比如可以分解为熟练劳动力和非熟练劳动力；可以设置为熟练劳动力的动态增长函数，通常是高等教育动态数量的函数。也可以分解为城市劳动力和农村劳动力，可以设置城乡移民的函数，通常是设置动态的城市化程度变量的函数。如果有更直接可靠的外生数据，可以直接用外生数据。

（二）资本要素和供应量

在递推动态的模型框架下，各部门的资本投入均被区分为“新”资本和“旧”资本，并假定既已形成的资本存量不能在部门间完全流动，而新资本可以完全流动（旧资本不能在部门间完全流动，一方面是因为资本市场的不完全，另一方面是由于资本品本身的性质，比如锅炉、织布机、采掘机等具有很强行业依赖性的资本品，很难成为其他行业的资本）。在总量水平上，当期的总资本等于上期的资本存量减去折旧再加上总投资；就部门水平来说，生产者通过确定跨期的产量来得到最佳的要素分配方案，即当某一部门在上期的资本存量水平下（除去折旧）获得的产出大于当期的外部需求时，该部门的资本将完全由“旧”资本构成，多余的资本转移到其他部门；若某部门的外部需求增加它将获得新的投资并形成“新”资本这样，旧资本的产出等于旧资本的最大产出和总产出的最小值。

每期的资本供应可以设置成为动态内生的，因为当其资本存量和前期投资有关，设 t 时期的资本存量为 QK_t ，固定资产投资为 $QINV_t$ ，折旧率为 $ratedepr$ ，有：

$$QK_{t+1} = (1 - ratedepr) \times QK_t + QINV_t$$

即当期资本存量减去折旧，加上投资，为下一年的资本存量。一般来说，折旧率 *ratedepr* 通常被假定固定的，即动态稳定的。

（三）全要素生产率（TFP）

根据索洛模型，影响经济增长的主要因素，除了劳动力和资本外，全要素生产率（TFP）也是决定经济增长的主要因素。在递推动态 CGE 模型中，如果已有可靠的未来的全要素增长率 TFP 的预测值 tpf_t，那么可以直接应用递推 CGE 模型中，即递推动态 CEG 模型中的全要素生产率 TFP 可以外生。不过，通常情况下，更容易得到相对可靠的数据是现有研究对该国未来 GDP 或者经济增长率的预测值，在这种情况下，先将模型递推一期，考虑到所有其他要素的劳动和资本投资在当期 t 的投入，得到当期 t 的 GDP 数值，然后用外界预测 GDP 数值和这一当期计算的 GDP 比较，从而推算未被要素投入解释的技术贡献部分，从而推算当期的整个经济各部门平均的全要素增长率。这种方法存在一个缺点：在现实经济发展中，各部门生产率提高是不一致的，甚至差异很大。因此，如果外界数据提供了更细节的各部门增长率预测数据，则可以相应的在各部门细节调整计算，然后再进行整体平衡。

（四）其他

除了上述生产模块方面的动态变量外，还需要考虑需求方面的变量。比如，居民的效用函数通常是 LES 函数或者 C-D 函数。LES 函数的好处在于可以模拟随着收入增长的恩格尔曲线消费结构调整的效应，即食物在总消费中所占份额减少，而服务消费份额增加。另外，居民的储蓄率可以设定为固定参数，也可以部分内生，即反映居民对未来消费的考虑，如果当期的消费者价格指数 CPI_t 相对未来 CPI_{t+1} 增加，居民可能增加储蓄率，以未来消费替代当期消费，这是居民储蓄率可以设置成未来 *CPI* 的函数，使之内生化。另外，还可以考虑，其他参数比如政府转移支付率、直接税率、生产税率、进口关税率、出口补贴税率等，虽然在递推动态 CGE 模型中，通常设置为常量参数，但可以根据未来实际情况，设置成非常数的外生参数形式，虽然这样会增加程序调节的难度。

总而言之，静态模型扩展为递归动态模型的主要机制，是部分变量基于前期值和跨期行为规则进行更新，尤其是对生产要素供给随时间变化的处理。动态模型还需要反映人口、劳动力、科技进步的变化，这些变化通常都是基于历史数据或由其他单独研究进行预测，并外生给定的。就现有研究来看，绝大部分动态 CGE 模型都包括了资本积累的内生机制，但是在劳动力的供给机制的处理上还存在很大差异，这也许与现在的经济建模实践对劳动力的供给还没有形成较为一致的看法有关（张晓光，2009）。

第七节　税收在可计算一般均衡（CGE）模型中的机制理论

一　税收理论的作用机理

（一）生产税

生产者根据其产出的数量和价值向政府缴纳一定的生产税，由此构成了他们生产成本的一部分。以美国原油和天然气企业为例，他们需要向国家、联邦以及当地政府缴纳大量的生产税，这些税收使得其生产成本也随之上升。生产税有时候也可能是负的（例如补贴），很多国家会给予本国的农业生产相应的税收抵免或者是直接补贴。

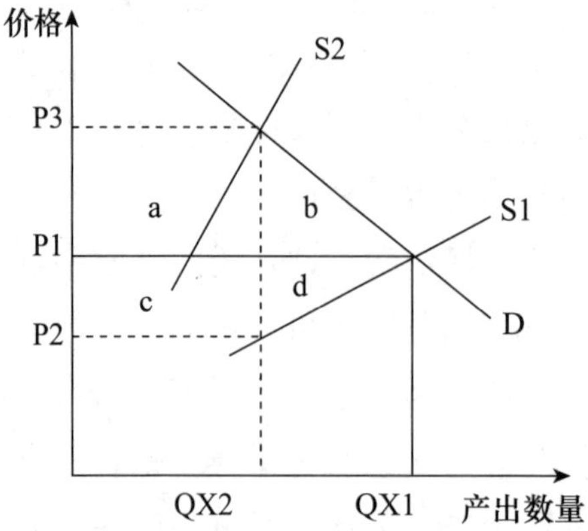

图 5—5a　生产税的市场效应

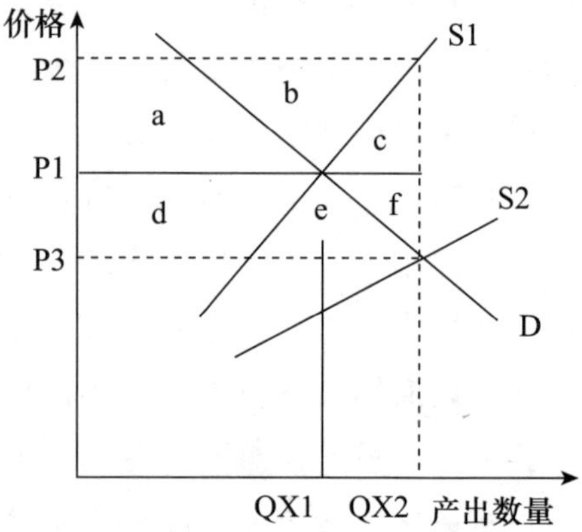

图 5—5b 生产补助的市场效应

图 5—5a 给出的是从价生产税率对市场的影响。最开始的市场供

给曲线为 S1，表示国内生产；补偿需求曲线为 D，表示消费者需求。P1 和 QX1 分别表示最初的市场均衡价格和数量。当引入生产税之后，生产的供给曲线变为 S2，由此消费者面临更高的市场均衡价格 P3，比之前税后生产者价格 P2 要高，而且当处于均衡状态时供给和需求的量下降为 QX2。

a + c 是生产税带来的最直接的负担，它是政府从生产者那里获得的税收收益。a + b 是消费者盈余的损失，c + d 是税收造成的生产者盈余的损失。a + c 是政府征收的税收收益，所以超额负担是消费效率 b 与生产效率 d 的联合损失。

a 和 c 所形成的区域也是生产税所带来的影响。从图 5—5 中我们可以看出，虽然说生产者支付了这一部分税收，但是实际上这种负担是由消费者承担的，因为在征税之后，生产者将其商品的价格从 P1 提高到了 P3。税收收益的规模以及其所带来的影响都是由供给和需求曲线的斜率决定的，而斜率反过来却是由供给和需求的弹性决定的。如果需求具有完全的弹性（需求曲线是水平的），消费者价格会保持在 P1 不变，生产者就会吸收全部的税收成本。如果供给具有完全弹性（供给曲线是水平的），那么消费者就会吸收全部的税收成本。

很多国家对企业的政策是补贴，而不是征税。生产补贴的分析与税收的分析还是存在很多差异的。在图 5—5b 中，在引入从价产出补贴之后，供给曲线变为 S2。新的均衡状态下，产出增长到 QX2，消费者价格下降为 P3，生产者所接受的价格上升为 P2。

就补贴而言，最直接的是给政府所遭受的压力，因为补贴是一种从政府到生产者和消费者的转移支付，它不是政府收益。从图中我们可以看出，政府总支出为 a + b + c + d + e + f，补贴使消费者盈余增加 d + e，a + b 是生产者盈余的增加。生产和消费数量的增长是一种无效的行为，因为一旦数量超过 QX1，每增加一个单位的商品，消费者的边际效益都会低于生产的边际成本。这种无效性在图中表现为 c + f，它是补贴所带来的超额负担。

（二）消费税

消费税是针对国内最终商品而言的，我们所购买的消费品和投资品都包含消费税。生产者在购买中间投入品 s 时，也需要缴纳消费税，所以消费税是生产成本的一部分。国外的消费者不需要支付其他国家的消费税，所以一个国家靠出口并不能获得税收收益。

在很多国家，消费税税率会因商品种类的不同而不同，也会因购买者类型的不同而有所差异。美国的消费者在购买汽车时往往会支付相当大的消费税，但是如果购买杂货店的商品，消费税就很少，或者为零。私人家庭消费者在购买很多商品的时候都会支付消费税，但是同样的商品如果到教堂或者是其他非营利组织这种机构去购买，就是免消费税的。当消费税为负时（就像 SAM 中的一些负的消费税一样），就表示补贴，这样购买的成本也降低了。有一些补贴是以食品券的形式发放的，这主要是为了满足低收入家庭生活需要，或者是农民购买中间投入品时予以折扣，比如说购买化肥之类。

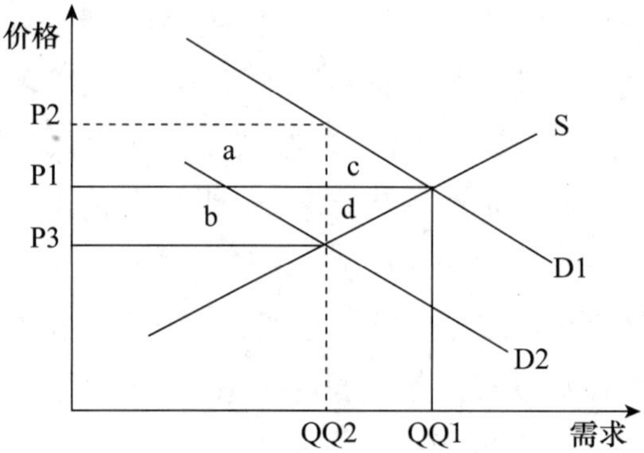

图 5—6　消费税对国内市场的影响

图 5—6 给出的是某一特定的消费税（一单位）对国内市场供给以及对最终商品 QQ 补偿需求的影响。从图中我们可以看出，D1 为最初的补偿需求曲线，S 为国内生产的商品 QQ 的供给曲线，商品 QQ 只在国内消费。Q1 为最初市场均衡时的数量，P1 为最初市场均衡时的价格。消费税使得需求曲线移动到 D2 的位置。在新的市场均衡下，均衡数量为 QQ2，消费者需要支付的包含消费税的商品价格为 P2，生产者所获得的价格为 P3。

税收所带来的直接性的负担为 a + b，市政府从消费了的 QQ2 商品中所获得的消费税收益。尽管这些税收实质上是由消费者来支付的，但从图中我们可以看出这种负担是由生产者们共同承担的，因为生产者价格是降低的，从 P1 降到了 P3。税收的超额负担在图中表现为c + d，它表示，当市场均衡数量由 QQ1 到 QQ2 的时候，消费者和生产者盈余损失。不断下降的消费和生产具有无效性，因为当数量在 QQ1 和 QQ2 之间分配时，每增加一个单位的商品，消费者的边际收益都会超过生产的边际成本。

（三）所得税

所得税，也是 CGE 模型中的直接税收，由生产要素或者是家庭要素来支付，通常表现为土地租金、工资以及资本报酬的百分比的形式。所得税与我们之前讨论的间接税还是有很大区别的，主要是因为所得税不是直接对商品和服务征税，也没有改变商品和服务的相对市场价格，比如说，纺织品和服装的价格低于食品的价格。因为所得税不会对商品的相对价格产生直接性的影响，一般不会扰乱生产和消费决定，所以比起间接税，所得税具有经济有效性。

但是所得税确实会影响到税后工资或者说净收益。当所得税低于净收益时，人们便会选择工作少一点，而花更多的时间用于休闲娱乐活动。同时净工资水平的下降也会刺激人们花更多的时间去工作，因为只有获得更多的收益，才有可能补偿不断下降的税后收入。此外，所得税的多少也会对储蓄收益率产生影响，从而影响家庭收益在消费和储蓄之间的分配。这实际上是一种跨期干扰，它在一段时间内改变了时间和消费的数量，影响了可得储蓄，进而影响了未来生产的投资。所得税同时也会影响到家庭投资组合的分配，因为不同的资产组合税率是有差异的，比如说利息收入和资本收益就差距很大。从这个方面来说，所得税的存在可能会对家庭决定形成一些干扰。

虽说所得税对于劳动力供给、储蓄以及投资决定的影响很重要，但是我们所研究的标准 CGE 模型中并没有对此进行详细解释，而动态多个时期的 CGE 模型却需要对所得税的跨期效应进行分析，而且在分析税收效应对个人劳动休闲时间分配权衡时，必须考虑劳动供给的变化。对于 CGE 模型这两个方面的分析，Auerbach 和 Kotlikoff（1987）在分析美国税收政策的时候曾做出过重要贡献。后来 Jokisch 和 Kotlikoff（2005）对这一模型进行了发展，并将其用于分析 FAIR 行动（FAIR 行动是指通过直接对消费者征收一种税款的形式来替代美国大多数的税收类型）。所得税的公平性以及收入补贴这两个方面也没有在标准 CGE 模型中得到强调和说明。但我们还是应该在标准 CGE 模型中对所得税进行解释，哪怕是用一种简单的方式，因为所得税是一个国家每年收入和支出中资本流动的重要组成部分。

但是，即使是标准的静态的 CGE 模型，SAM 中给出的所得税数据，以及其在相应 CGE 模型中的处理也会有所差异。特别是对于这一种税，所以如果想很好地理解税收是如何影响模型行为的，就要认真研究我们的 SAM，这很重要。在 SAM 中，所得税是生产要素所在的列账户向所得税所在的横向账户的一种直接支付，要素将税后收益直接支付给家庭横向账户，然后所得税列账户向家庭横向账户支付税收收益，所以经济中的所有收益（所得税与税后收益的总和）到最后都给了家庭。

（四）进口关税

图 5—7 给出的是从价进口关税对一个大型经济体所带来的效应。图中，S 表示进口商品的国外供给。阿明顿假设规定来自不同原产国的货物是有区别的，所以进口种类中不包含国内生产的产品。D1 为补偿需求曲线，表示国内消费者在进口免税的情况下对商品的需求。在最初的市场均衡中，进口到岸价格为 PM1，进口数量为 QM1。

引进关税之后，进口产品的成本上升了 t，这样需求曲线就下降为 D2。在新的均衡状态下，国内的均衡价格上升为 PM2，PM2 等于进口到岸价格加上关税 t；均衡数量下降为 QM2，除去关税的进口价格下降为 PM3。

关税对于进口国的影响主要体现在三个方面。最直接压力就是消费者通过购买 QM2 数量的进口商品来向政府缴纳关税，在图中表现为 a + c 区域。政府从消费者那里获得的关税收益实质上是购买力的重新再分配，所以对于一个国家的经济而言，这一部分并不算是一种损失。

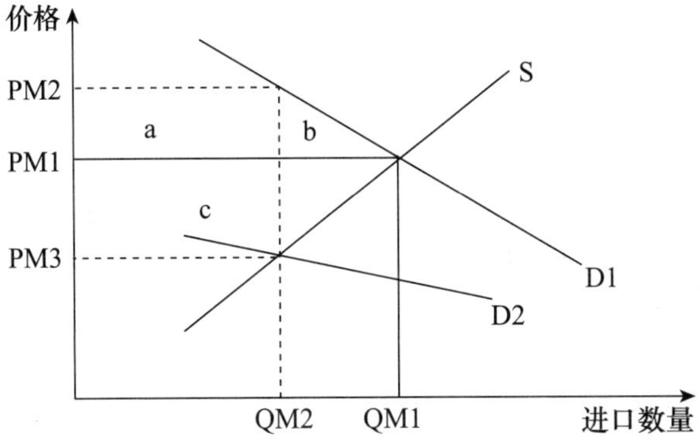

图 5—7　进口关税给进口商带来的效应

第二个影响主要表现为进口商所遭受的压力，在图中为 b 区域。它表现为一种消费的非效率性，消费者本来可以在自由市场上购买 QM1－QM2 的进口商品，但是由于价格的上升而拒绝购买。消费者愿意支付的价格与市场价格之间的差别就在于“盈余”。比如说，当数量为 QM2 时，消费者以为需要支付的价格为 PM2，但实际上在自由贸易中仅仅需要支付 PM1 就可以，这样消费者每购买一个单位的商品就获得了 PM2－PM1 的盈余。当数量达到 QM1 时，消费者在自由贸易价格下所获得的盈余总和即为 PM1 到 D1 的三角形区域。a 加 b 所形成的梯形区域即为消费者盈余总和，但是随着对进口商品消费数量的减少，即 QM2，以及商品价格的上升，即 PM2，这部分盈余便消失了。因为我们在前文中提到过，a 区域作为政府的一部分税收收益被转移支付出去了，但剩下的 b 部分却是损失了的消费者盈余，因为这一部分没有在经济中得到回收利用。

在一些大国，同时还存在一些贸易条款效应，在图中表现为 c 区域。对于进口商来说，图 5—7 中的例子表现为一种贸易条款的收益，因为进口需求的下降使得剔除关税后的进口价格由 PM1 下降为 PM3。贸易条款所带来的收益的大小取决于进口供给曲线的斜率。一般来说，国外出口供给弹性越低（即进口供给曲线的斜率越陡峭），进口商从关税中获得的贸易条款收益就越大。但是对于小国来说，由于国内市场太小，出口商不能影响到出口价格，那么这时国外供给曲线就是水平的。所以进口价格会保持在 PM1 水平不变，而且也不存在贸易条款方面的效应。

贸易条款所带来的压力是直接的，是对购买力的重新再分配，即从国外消费者到国内消费者购买力的重新分配。事实上，国外消费者所接受的较低的价格是对 c 区域中消费者向政府缴纳关税的一种补偿，所以国内价格上升的量要小于关税的总量。而对于进口商来说，贸易条款所带来的收益 c，却成为出口国进口购买力的一种损失。

由于税收收益仅仅是一种国民收益的再分配，所以在我们的模型中国家福利的变化仅仅包含关税与贸易条款效应所带来的超额负担或者是效率的影响。这样的话进口商福利的净效应就主要取决于其消费效率损失是否大于贸易条款的收益，即区域 c。所以毫无疑问这对于出口国家来说是一种损失，因为其贸易条款效应是下降的，如区域 c 所示。

图 5—7 也向我们说明了关税是如何削减全球福利的。全球福利的损失即是各个国家总的效率损失，在图 5—7 中就表示为进口商的 b 区域。在衡量全球福利时，不包括贸易条款效应，这主要是因为一个国家的贸易条款损失就等于其贸易伙伴的贸易条款收益，这种价格的影响仅仅是在不同国家之间对购买力的重新再分配，类似于税收收益在国内的重新再分配。我们假设这种重新再分配并不会影响到全球福利（我们在标准 CGE 模型中就是这样做的），这样的话虽然收入在不同的消费者之间、不同政府和不同国家之间进行重新再分配，但收入总的价值是不变的。如果从一个更加复杂的角度来分析，我们会放松这一假设，然后根据最初的收入水平来表现不同的市场参与者的不同价值。有争议的一点，对于最开始拥有少量美元国家的消费者来说，非美元货币所带来的意义可能要远远大于拥有大量美元国家。

（五）出口税

出口关税的存在会降低生产者在世界市场上消费商品的价格。为了满足国内市场对重要商品的需求，各国有时候会提出出口关税的限制，像食品或者战略矿产之类的商品。举个例子来说，如果小麦生产者在国内和国际市场上都是以每蒲式耳小麦 1 美元的价格销售，那么

10%的出口关税会使得其出口价格下降为原来的90%。所以说出口关税的存在使得生产者不得不将产品的销售从国外市场转向国内市场，还有一种结果就是促使生产者转而生产其他商品和服务。

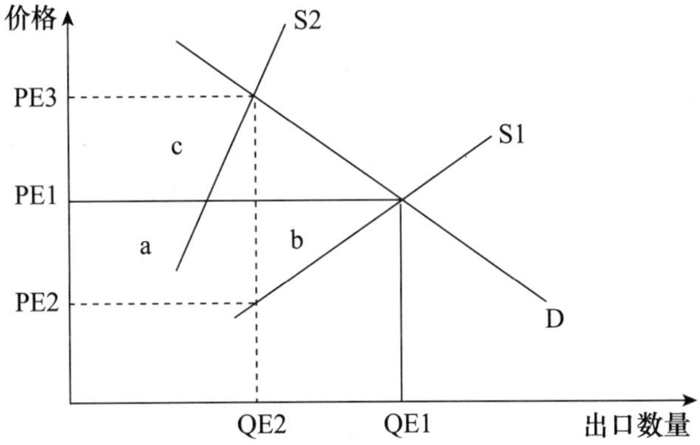

图5—8　出口关税对出口商的影响

图5—8给出的是从价出口关税所带来的市场效应。图5—8看上去虽与图5—7有些类似，但要注意我们对于供给曲线和需求曲线的定义与之前所说的还是有差异的。S1表示一个国家对世界市场的供给。由于我们之前假设来自不同国家的商品是有差异的，所以我们不考虑出口商品种类的需求。D表示国外对国内出口商品的需求QE。在最开始的均衡状态中，出口数量为QE1，离岸出口价格为PE1。出口关税的引入可以将生产者价格降低为PE2，然后出口供给曲线就变为S2。新的均衡中，出口量降为QE2，外国消费者购买商品的价格变为PE3。

与进口关税相类似，出口关税对于出口国而言也有三个效应。最直接的影响就是，出口关税收益量从生产者转移到政府，在图中表现为a+c部分。对于出口国来说，超额负担或者说是效率效应在图中表现为b区域。生产具有无效性，从税前供给曲线中就可以看出，因为之前产出的边际成本要低于国外消费者所愿意支付的价格。我们也可以换一种思考方式，在税前，生产量为QE2时，边际成本为PE2，但是生产者以PE1的价格来销售，所以一单位商品生产者所获得的盈余为 PE1 - PE2。所有这些盈余加起来就是 QE1，即总的生产者盈余，在图 5—8 中体现为从 PE1 到 S1 所形成的三角形。税收所引起的生产者盈余的损失即图中的梯形区域 a + b。a 区域是政府的税收收益，而区域 b 却是社会净损失，也叫无谓损失，这一部分只能带来额外的税收负担，不能在经济中得到回收利用。

在区域 c 中，贸易条款收益使得购买力在国外消费者和国内生产者之间进行重新分配，这便是贸易条款收益所带来的第三个影响，这种重新分配主要是由于出口供给的减少所引起的出口价格的上升，价格从 PE1 上升到 PE3。这种转移补偿中，生产者将其部分收益转移给了政府，但事实上，生产者已经将部分出口关税负担通过较高的出口价格转移给了国外进口商。所以我们在模型中给出的出口大国的假设是符合阿明顿假设的，即在出口市场中，每一个国家都是出口大国。而对于小国（类似于单一国家的 CGE 模型）来说，世界需求就是一条水平的直线，一旦出口税率下降，生产者的价格也会随之下降。

接下来便是对出口商福利的净影响，这种影响主要是看效率损失是否是大于贸易条款收益的，即区域 b 是否大于区域 c。从 c 中我们可以看出，这种影响对于进口国来说毫无疑问是一种损失，对于整个世界也是一样，全球的福利很明显是负的，在图表中表现为区域 b，它是所有国家效率损失的总和。

（六）税收的次优效率影响

在现实生活中，政府通常都会在同一时期征收多种税，或者是对多个行业征收多种税。鉴于现存的税收还存在很多的问题，所以对于政府来说，需要采用一种新的税种，或者是对原税种做出一些改革。于是，由税收设定所引发的一个重要问题就是：经济中税收所带来的超额负担是由原税种引起的吗？为了回答这个问题，我们引入经济学家 Richard Lipsey 和 Kelvin Lancaster（1956）给出的次优理论。次优理论是说如果在自由市场之外还存在另一个市场，该市场由于税收、市场失灵或者是其他经济限制使得该市场缺乏合理性，那么这时该自由市场的均衡在经济层面上可能不是最有效的。举个例子来说，假设现在有一项针对服务业的生产补贴，这项补贴使得服务业的产出超出了当时的经济有效水平，即产能过剩。这样的话政府可能就会开始考虑给予制造业生产补贴。这样，服务业部门的一些生产资源被制造业占用，实际上生产性补贴的出现提高了服务业的经济效率。从这个例子中我们可以看出，新的、扭曲性生产性补贴至少会减少其他补贴扭曲效应。当然有的时候一项新的税收或者是补贴也会扩大现存税收扭曲效应，这要根据具体情况来分析。

若经济中不存在其他扭曲，补贴政策使得制造业的产出上升，对于自由经济市场来说，制造业供给存在过剩的现象。根据图5—9中效率三角形c+f，可以得到制造业的超额负担有所增加。制造业对经济资源的不断占有也引起农业和服务业生产的下降。

给出的例子只是用来分析这两种税种。包含SAM的更加具有现实意义的CGE模型可能会涉及更多的税种。任何一种税所带来的福利效应的变化都是其自身超额负担与次优效应之和，模型中的次优效应常表现为另一种税收会减少还是会促进超额负担。

（七）税收的边际福利负担

边际福利负担是指由现存税种的微小（边际）变化所引起的国民福利的变化。这种福利的变化是由税收收益的变化所引起的，表示每增加1美元税收收益，边际福利承担的变化。这个1美元的概念具有重要的现实意义，它可以作为一种尺度来决定政府的某一个项目是否是有价值的，主要是看该项目能否增加税收收益，这是由Edgar Browning（1976）发展而来的。这个问题的分析具有很重要的现实性意义，因为政策制定者通常都会根据现有扭曲税基制定适度的增税或者是减税措施。

尺度的建立主要是基于每增加一单位税收收益就会引起直接的税收负担以及超额税收负担，直接税收负担是指财税收益从私人支出向政府部门的转移，超额税收负担是指税收给经济带来的过重的效率成本。Browning对美国劳动所得税的边际超额负担进行了研究，他发现，根据税收增长结构的差异，税收收益每增加1美元，就会产生9—16美分的超额负担。Browning认为，税收收益支持的政府项目，其收益必须要比私人支出项目收益高 9%—16%，否则政府项目就会被取代，否则国民福利水平就会下降。

Browning 使用的是关于劳动所得税的偏均衡模型，但事实证明如果用 CGE 模型来分析这类问题可能更加合适。这主要是因为，CGE 模型会针对某一个税种福利效应的变化给出全面的措施。模型不仅会考虑税收变化所带来的超额负担，同时也会考虑与次优效率效应相关的其他税收。此外，CGE 模型的福利措施包含税收变化所引起的贸易条款收益，这一点对于世界市场中的大国具有很重要的意义。

同时，很多 CGE 模型还针对税收的直接负担给出了很全面的措施，因为这些模型可以解释一种税收变化会对整个经济中总的税收收益所产生怎样的影响。比如说，香烟消费税的提高可能会引起烟草行业就业和产出的下降，紧接着烟草行业的工资税和生产税就会下降，或者随着消费者支出的重新调整，其他商品的消费税收益就可能会上升。所以税收收益总变化除了烟草消费税的变化之外还包括很多其他税收收益的变化。

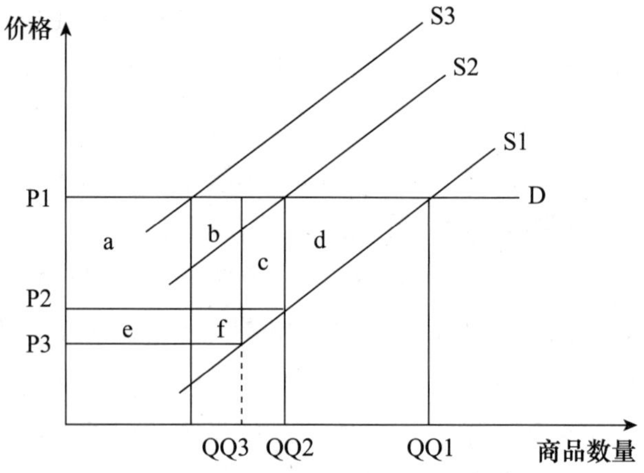

图 5—9　生产税所带来的边际超额负担

图 5—9 中的偏均衡模型很好地解释了边际福利负担的概念。从图中我们可以看出边际生产税的上升所引起的直接负担和超额负担的变

化。S1 免税条件下的供给曲线，为了简化分析，D 表示具有完全替代弹性的补偿需求曲线。不存在税收的情况下，P1 和 QQ1 分别为均衡价格和均衡数量。如果给定特定的（一单位）生产税 t^1 ，其大小在图中表现为 P1 和 P2 之间的距离，在最初的均衡中已经给出。相应的含税 t^1 的供给曲线为 S2。在税收扭曲均衡中，当数量为 QQ2 时，消费者的支付价格为 P，生产者所接受的价格为 P2。生产者盈余中总的损失为 a + b + c + d 所组成的区域。但是其中的 a + b + c 区域作为税收收益转移给了政府，所以对经济来说并没有什么损失。税收所带来的额外负担在图中表现为三角形 d。

然后，假设边际生产税上升为 t^2 ，在图中表现为 P2 到 P3 之间的距离。税收水平的提高增加了生产的成本，使得新的含税供给曲线移动到 S3 的位置。新的均衡状态下，消费者的支付价格仍为 P1，但是生产者所接受的价格仅为 P3，均衡数量下降到 QQ3。生产者所失去的生产者盈余在图中表现为 e + f 区域（旁边的小三角形区域可以看成是税收引起的微小变化，可以忽略）。政府所获得的新的税收收益为区域 e + f，损失的区域为 c。随着税收从 t^1 上升为 t^2 ，区域 c 和区域 d 的和可以看成是超额税收负担。政府收益每增加 1 美元所带来的边际超额负担表示为超额负担变化与税收收益变化的百分比。图 5—9 中，随着税收由 t^1 上升为 t^2 ，该比率在图中表现为区域 c/（e + f − c）。

图 5—9 给出的偏均衡模型表示的仅仅是征税后的部门其超额负担的变化。前文中提到的次优理论指出，在广泛的经济框架之内，一种税率的变化可能会引起经济中与其他税种相关的超额负担的变化。所以在一般均衡模型中，边际福利效应的措施可能会涉及经济中所有税种的边际超额负担，同时还包括贸易条款的变化。同样，税收收益的变化是所有税收资源收益的总和。

二　税收的局部均衡和一般均衡分析

（一）税收负担的局部均衡分析

一般来说，局部均衡分析假设在一个市场中税收引起的价格和资源分配变化对其他市场没有影响，因此需求与供给曲线是商品价格的函数，此时其他商品的价格保持不变。税收负担的局部均衡分析见图 5—10。征收税收时，D 为商品 X 的需求曲线，S 为其供给曲线，在局部均衡条件下，X_1，P_1分别为商品的产出和价格，现对商品 X 征收从价税 t，则供给曲线 S 向上移动到 S（1 + t），此时，新的均衡产出下降到 X_2，新的均衡价格为 P_2（1 + t）。考虑到税收负担，生产者的价格从 P_1降到 P_2，消费者的消费价格从 P_1升到 P_2（1 + t）。生产者和消费者的税收负担分配取决于供给曲线和需求曲线的弹性。一般而言，需求曲线越缺乏弹性或供给曲线越具有弹性，消费者承担的税收份额就越高。

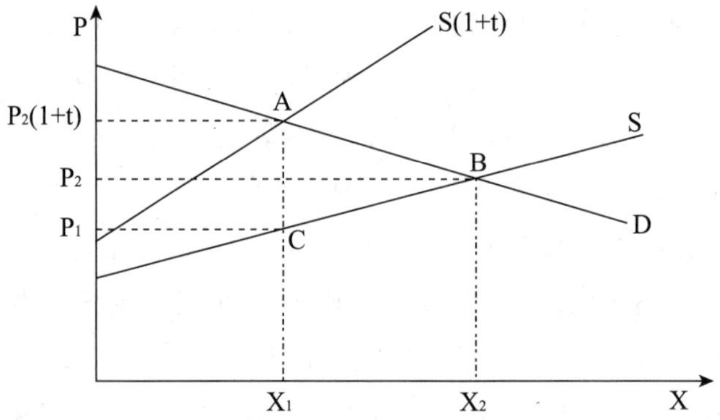

图 5—10　商品税收的局部均衡分析

（二）税收负担的一般均衡分析

若仅针对一个单一商品进行征税，则局部均衡分析可以完美地描述税收对价格和产出的影响。但现实中因相关价格改变的存在，税收不仅影响了征税市场的资源分配，而且也影响了未征税市场的资源分配，此时运用局部均衡分析就不再适合，更适合应用一般均衡分析理论。一般均衡市场下的产量税收分析如图 5—11 所示。在该图中，假设市场包含两种要素供给：劳动和资本。在埃奇沃思盒装图中，A 为最初的均衡点，$MRS_{XY} = MRT_{XY}$。在对商品 X 征收 t 的税收后，新的均衡点为 B 点，此时消费者的购买价格上升，而生产者的销售价格下降。如图 5—11 所示，$MRS_{XY} = P_X(1 + t_X)/P_Y = (1 + t_X)MRT_{XY}$。当均衡点从 A 移动到 B 点时，相对要素价格和要素分配均发生了改变。商品 X 与 Y 的等产量线相切点决定了租金－工资比。$(r/w)_A$为税前租金－工资比，$(r/w)_B$为税后租金－工资比。在点 A，商品 X 的劳动资本比（L_X/K_X）高于商品 Y 的劳动资本比（L_Y/K_Y），X 与 Y 的劳动资本比分别以直线 O_XA 和直线 O_YB 的倾斜度表示。在对商品 X 进行征税后，资本价格相对上升，引起两种商品的劳动资本价格比均有所上升。同时，r/w 也开始随着劳动资本比有所升高，由于假设两种要素被完全使用，因此 $(r/w)_B$高于 $(r/w)_A$。

上述税收负担的一般均衡分析表明对商品 X 进行征税，对两种商品和要素均有影响，而在局部均衡分析中，市场需求和供给曲线不能反映其他市场的相对价格改变。

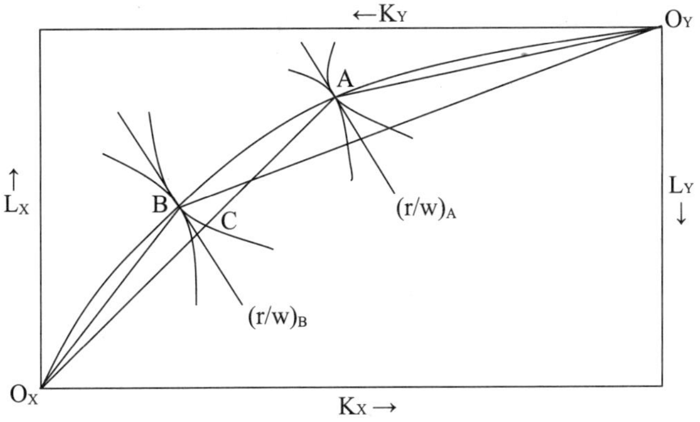

图 5—11　商品税收的一般均衡分析

三　环境税下的社会福利

假设实施中性税收改革方案，即对污染产品征收环境税，并同时降低劳动税率，使这两者的税收增加或减少量相等。这种税收政策下的社会福利效应可以为如下三部分：首先，在局部均衡条件下，最主要的福利效应与污染减少相关。环境税收的标准福利效应分析如图 5—12 所示。假设污染产品收益率不变（则污染产品 X 的供给曲线为水平线），以及单位污染产品 X 的消费会对环境造成的损失为 d，因此应该把 d（即私人边际成本）加到供给曲线中，从而决定了新的边际社会成本曲线（SMC）。在不受监管的市场中，若生产 X_0 单位的污染产品，其价格为 P_0。考虑环境税（即庇古税）时，即对污染产品征收 d 单位的环境税，则将会增加企业的生产成本，从而减少产出到 X_1 水平，从图 5—12 可以看出，征收环境税带来的环境福利为区域 A + B，带来的无谓损失为区域 B，环境税带来的社会福利大于无谓损失，即净收益为正。

一般假设环境税收收益（区域 C）将最后返还于居民。但双重红利假说的支持者则认为，若将环境税收所得用于减少税收扭曲（如对劳动征税），则环境税会获得额外的福利效应。每减少一单位的劳动税收，均会带来相同单位的收益（即等于劳动税收边际损失的收益，劳动税收边际损失是用来衡量劳动税收的效率成本的）。效率成本的衡量是建立在劳动税会减少劳动供给的假设下的。双重红利假说的贡献在于其意识到了环境税所能带来的额外收益，也即所谓的“收入循环效应”。

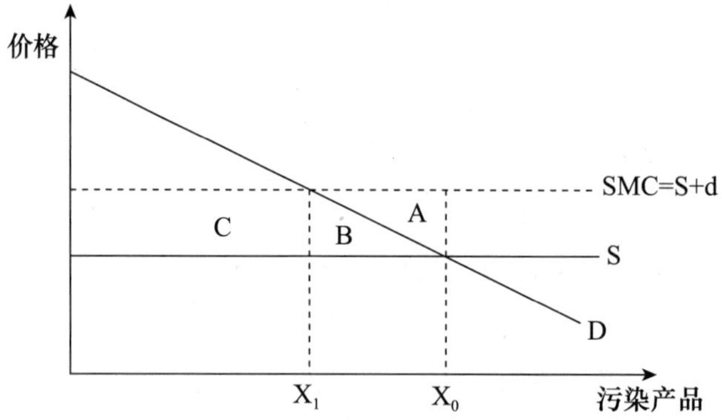

图 5—12　环境税的社会福利分析

由于双重红利假设得到社会大众的支持，因此环境税的实施相对阻力较小，然而尽管这种假设可以给社会带来正效益，但估计这一净效益的具体值是比较困难的，尤其是在气候改变方面。值得注意的是，双重红利假说忽略了环境税与劳动税的交互影响，一般来说，环境税的征收提升了一般物价水平，降低了真实工资，进而减少了劳动供给，换句话说，环境税暗含了劳动税的隐形额外税收，从这个意义上说，环境税的征收也给商品市场带来部分扭曲效应。

四　能源产品能源税与碳税关系分析

假设一个国家或地区仅使用一种能源产品，并对该种能源产品征收碳税，分析这种情况下是如何影响社会福利成本，如图 5—13 所示。现有两种可能，一种是在征收碳税之前能源商品没有被征收能源税，另一种是在征收碳税之前能源商品已被征收能源税。若未对能源产品征税，则其初始价格为 P_0。为了将 CO_2 排放减少到既定目标排放值，而对能源产品征收 T_{c1} 的碳税就是必要的。因此产品的税后价格就变为 P_0+T_{c1}，因碳税的征收所引起的无谓损失为区域 A。

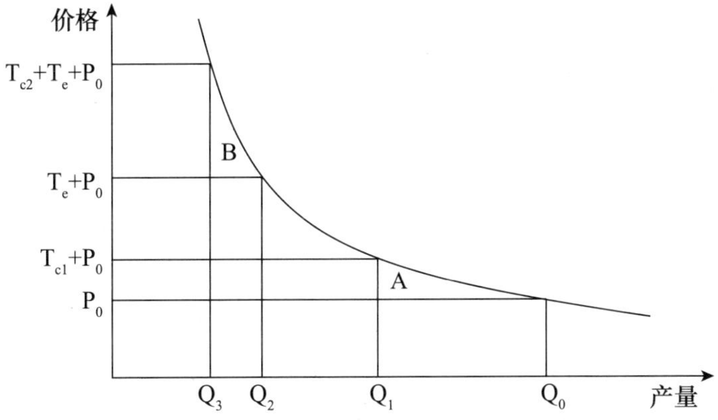

图 5—13　能源商品的碳税成本分析

但若能源产品之前就已征税，则其初始价格为 P_0+T_e。为了达到同样的碳排放减少量，则需征收比 T_{c1} 更高的能源产品税，征收额为 T_{c2}。征税后的产品价格为 $P_0+T_e+T_{c2}$。假设初始 P_0+T_e 的价格为理想价格，则因碳税引起的无谓损失区域为 B，由于区域 B 的无谓损失要比区域 A 的无谓损失大，因此碳税的福利成本与之前的税收水平相关。然而，当先前的能源产品税收不处于理想值时，因碳税引起的无谓损失将比区域 B 更大。图 5—13 说明，能源产品在征收碳税之前是否已征收能源税，对碳税对能源商品的效果及社会福利是有影响的，因此，在分析碳税效果时，需要分析考虑能源先前的税收水平对碳税的福利成本影响。

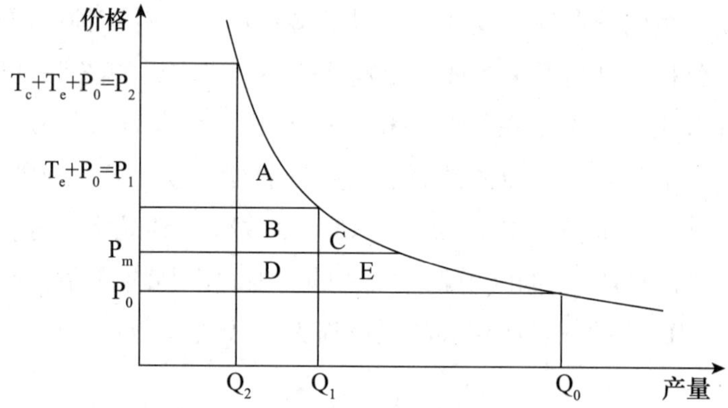

图 5—14　已存能源税下的能源产品的碳税分析

另外，当能源产品已被征收能源税时，还可以进一步分析碳税税收的福利成本与先前的能源产品税收是否合理密切相关。一种假设认为先前的能源税是合理的，其反映了道路建设的边际成本与外部性的边际成本。另一种假设则认为先前的能源税提高了税收收入，是完全扭曲的税收。

如图 5—14 所示，若能源产品没有税收，能源产品价格为 P_0。若征收能源税，能源产品的价格将变为 P_1（$P+T_e$）。若税后价格是合理的，则征收碳税后的价格则变为 P_2 =（$P_0+T_e+T_c$），对应的福利损失为区域 A。若先前的征税价格为 P_1（$P+T_e$），且是完全扭曲的，则征收碳税所引起的福利损失将变为区域 A、B、D 之和，已有能源税的损失将变为区域 C 与区域 E 之和。因此，能源市场的碳税的福利损失取决于先前能源税收价格的扭曲程度。

一般来说，考虑到当地与全球外部性的边际损失，现有的税收并不是完全扭曲的，而是比理想值（P_m-P_0）高。这样包含合理能源税的理想价格水平为 P_m。碳税的引入会加剧先前能源税的扭曲程度。能源税的福利损失区域为 C，但引入碳税后，损失将变为区域 A 与区域 B 的和，故当现有税收高于理想值时，碳税的引入会加剧能源市场的扭曲程度。此外，能源市场的扭曲会扩大其他市场的扭曲程度，因此整个经济体的福利损失就会更大，在这种情形下，可通过削减现有能源产品的现有能源税率来减少碳税引起的福利损失。

第六章

科技研发投入对经济作用机理分析

第一节　经济增长理论作用机理

当前世界上共有224个国家和地区，但各个国家的发展程度差异巨大，经济实力迥异。2014年挪威人均国民收入高达10万多美元，但有的国家国民最基本的温饱问题仍未解决。隐藏在这些表层现象的深层次原因引起了众多学者的研究兴趣。经济增长，这一历久弥新的经济课题是经济学研究中的常青树。亚当·斯密在其经济学论著《国民财富的性质和原因的研究》中首次系统地表述了经济增长理论，他认为一国经济增长的驱动力在于劳动分工的细化、资本的逐步累积以及技术进步。

1936年，著名经济学家凯恩斯发表了《就业、利息和货币通论》，标志着现代宏观经济学的诞生。1929年美国爆发经济危机，随后波及西方各国。危机结束后，哈罗德和多马分别基于凯恩斯经济理论框架，提出了经济增长理论模型——哈罗德-多马经济增长模型（Harrod-Domar model），并首次开始在经济增长理论中运用数理方法。哈罗德-多马模型认为经济增长路径不稳定，经济增长率由社会储蓄率与资本产出比率决定，且经济增长率随储蓄率增加而提高，随资本-产出比扩大而降低。自此经济增长理论逐步完善起来。但哈罗德-多马经济增长模型具有一定的局限性，模型假设技术系数值固定不变，而这与现实生活不太相符。

20世纪50年代，以索罗（1956）和斯旺（1956）为主要代表的经济学家修正了哈罗德－多马经济增长模型中的缺陷，结合新古典经济学，将经济增长理论予以了拓展，且表明技术进步是经济增长的源泉。1957 年，索罗与斯旺整合了先前的研究成果，得到了著名的索罗－斯旺模型。模型假设遵循新古典经济学假设。模型为

$$Y_t = F(K,L,t) = A_t f(K_t,L_t) \quad (6—1)$$

其中，Y_t为国民产出，K 为资本，L 为劳动力，A 为技术进步因子。该模型结论是生产函数的任何移动均由技术进步引起，即由全要素生产率 A 引起。该理论的提出，建立了新古典经济增长理论的基础。新古典经济增长理论的结论是资本收益递减规律。新古典生产函数使得资本积累动力逐步减少。若没有外生的人口增长或技术进步，经济体无法实现长期的经济增长。即使初始状态时各国经济状况与资源禀赋差异各异，但因受资本收益递减规律的作用，最终各国经济增长率仍会趋同。索罗－斯旺模型的提出震惊了众多学者，但索罗－斯旺模型假定技术进步是外生给定的，因此索罗－斯旺模型无法解释技术进步的源泉，也无法说明经济体的稳定经济增长速度是如何内生决定的。

1962 年，阿罗提出将科学技术内生化，假定科学技术进步为资本积累的副产品，因此可认为技术进步是由经济内生系统决定的，故将科学技术作为一项独立的生产要素纳入模型中，有干中学模型

$$Y_t = F(K,AL) \quad (6—2)$$

其中，Y 为国民产出，K 为资本，L 为劳动力，A 表示知识存量为常数。阿罗模型不再遵循新古典增长理论的假设，但在阿罗模型中经济增长由外生人口增长决定，结论与经验事实不符。

20 世纪 80 年代，罗默、卢卡斯、格鲁斯曼、赫普曼等开创了内生经济增长理论。1986 年，罗默发表了《收益递增经济增长模型》，在该论文中罗默将知识作为变量引入了模型中，且不再遵循新古典经济学中的边际生产率递减的假设。罗默经济增长模型的结论是经济增长源于技术进步，但未说明各经济主体为何要投入生产要素，进而推进技术进步。

第二节　科技研发（R&D）理论作用机理①

1990 年，罗默在他的《内生技术变迁》一文中，构建了基于 R&D 的内生增长模型，模型结论是经济增长主要由资本、劳动力、人力资本和 R&D 决定。罗默认为由于企业追求利润最大化，企业对研究与开发进行投资，当研发带来新技术，新技术会为其带来更多的利润。这一持续性的对技术进步的投资促进了经济的长期持续增长。

此后，Aghion 和 Howitt（1992，1998）、Grossman 和 Helpman（1991）、Segerstrom（1991）等人从不同侧面推进了 R&D 内生经济增长理论的研究。他们均认为技术进步是企业进行有意识投资的结果。因为技术创新为企业带来了垄断利润，垄断利润激励企业进行更多的 R&D 活动。长期中，经济增长率由 R&D 的投入资源决定。

R&D 模型的核心是技术进步是企业有意识进行 R－D 投资的结果。因技术进步带来的垄断利润激励企业进行 R&D 投资。以 R&D 为基础的增长模型主要有两类，一类是水平创新模型，一类是垂直创新模型。水平创新模型是将技术进步理解为产品种类的增加，新产品的出现不会取代旧产品，新产品的出现仅仅是增加了市场中产品的种类。而垂直创新模型是将技术进步理解为产品质量的升级，新产品的出现会使得旧产品被淘汰，垂直创新模型继承了熊彼特的创造性毁灭的思想。

一　水平创新科技研发理论作用机理

罗默（1990）的增长模型中包含了四要素、三部门。四要素为劳动力 L、实物资本 K、人力资本 H 与技术水平 A。三部门为研发部门、中间产品部门与最终产品部门。研发部门投入人力资本 H_A并根据社会现存的知识存量生产新知识（设计方案）。中间产品部门购买研发部门的新知识（设计方案），并与物质资本一同作为生产要素投入生产

① 科技研发 R&D 理论部分参考了文献［13］。

中，生产中间产品。最后最终产品部门投入中间产品、劳动力与人力资本 H_Y 生产最终产品。假定劳动力供给与人口数量保持不变，即 L、H 供给不变。因企业追逐利润最大化，故其有动力不停地推动技术创新，其成为经济增长的内生驱动力量。

作为生产要素的技术与其他生产要素具有不同的性质，技术不具有竞争性，却具有排他性。技术所处的市场结构不具备完全竞争市场的属性，其所处市场结构为垄断竞争市场。罗默假定技术进步为有目的的经济活动，且技术进步是经济增长的驱动力，同时假定加工生产中间产品与加工生产最终产品的工艺不同。当新技术出现时，加工生产中间产品的效率会迅速提升，同时被其他厂商无成本复制应用，而负责新技术研发的厂商则需独自承担高昂的新技术研发成本。罗默认为技术有别于人力资本，人力资本这一生产要素不仅具有排他性同时也具有竞争性，而技术则不同。

1. 生产函数

（1）最终产品的生产函数为：

$$Y(H_Y,L,x) = H_Y^{\alpha}L^{\beta}\sum_{i=1}^{\infty}x_i^{1-\alpha-\beta} = H_Y^{\alpha}L^{\beta}\sum_{i=1}^{A}x_i^{1-\alpha-\beta} \tag{6—3}$$

其中 Y 为产出，H 为人力资本，L 为劳动力，x 为中间产品，i 为第 i 个中间产品生产企业，而且中间产品的生产函数与最终产品的生产函数相同。若一个企业创造出了中间产品 i，则该企业会获得该中间产品的永久专利权。购买 x_i 单位的中间产品，需要支付 p_i 的租金率。

为避免整数约束，设 A 是连续而非离散的，A 反映国内技术水平的高低，因此最终产品的生产函数为：

$$Y(H_Y,L,x) = H_Y^{\alpha}L^{\beta}\int_0^{\infty}x\ (i)^{1-\alpha-\beta}di \tag{6—4}$$

（2）中间产品部门的生产函数为：

$$K = \eta\sum_{i=1}^{\infty}x_i = \eta\sum_{i=1}^{A}x_i \tag{6—5}$$

中间产品部门中，在［0，A］上有无穷多个中间产品生产企业，且每个企业仅生产一种中间产品，彼此不存在互补或直接替代关系。且假设生产一单位中间产品，需要 η 单位资本量。

总产出的一部分用于消费，余下的部分用于资本积累，因此经济体总资本量 K（t）满足如下运动方程：

$$\dot{K}(t) = Y(t) - C(t) \tag{6—6}$$

其中 $C(t)$ 为 t 时刻的总消费。

（3）研发部门的生产函数为：

$$\dot{A} = \delta H_A A \tag{6—7}$$

其中 δ 为生产率参数，H_A 为研发人力资本总量，A 为社会现有知识存量。知识具有外部性，研发部门可免费获得现有知识，研发部门依靠人力资本与现有知识进行新的研发活动。式（6—7）表明研发部门投入的人力资本越多，研发部门的劳动生产率越高。社会现有知识存量越大，研发部门的劳动生产率越高。

$$H_A + H_Y = H \tag{6—8}$$

其中 H 为经济体中人力资本总量，H_A 为研发人力资本总量，H_Y 为最终产品生产中的人力资本总量，人力资本 H 专指具备技能的熟练劳动力，而 L 为不具备技能的非熟练劳动力。

2. 消费者偏好

假设代表性家庭的效用函数为标准固定弹性效用函数，即：

$$U(C) = \frac{C^{1-\theta} - 1}{1 - \theta}\theta \in [0,\infty) \tag{6—9}$$

消费者寻求效用最大化，在无限期时域内，消费者的目标效用函数为：

$$U(C) = \max \int_0^{\infty} \frac{C^{1-\theta} - 1}{1 - \theta} e^{-\rho t} dt \theta, \rho \in [0,\infty) \tag{6—10}$$

其中 θ 为边际效用弹性，ρ 为消费者的时间偏好率。

3. 竞争性均衡分析

假设资本市场、劳动力市场和最终产品市场均是完全竞争市场，中间产品市场为垄断竞争市场。

（1）最终产品部门

企业生产是为了获得利润最大化，等同于产量最大化，企业生产最终产品的目标函数为：

$$\underset{x}{\text{Max}}\int_0^A[H_Y^{\alpha}L^{\beta}x\ (i)^{1-\alpha-\beta}-p(i)x(i)]di-w_{H_Y}H_Y-w_LL \quad (6—11)$$

分别对 $x(i)$, H_Y 和 L 求导，可得：

$$p(i)=(1-\alpha-\beta)H_Y^{\alpha}L^{\beta}x(^{i})-\alpha-\beta$$

$$w_{H_Y}=\alpha H_Y^{\alpha-1}L^{\beta}\int_0^A x\ (i)^{1-\alpha-\beta}di \qquad (6—12)$$

$$w_L=\alpha H_Y^{\alpha}L^{\beta-1}\int_0^A x\ (i)^{1-\alpha-\beta}di$$

（2）中间产品部门

中间产品部门企业的目标函数为

$$\begin{aligned}\pi&=\max_x p(x)x-r\eta x\\&=\max_x(1-\alpha-\beta)H_Y^{\alpha}L^{\beta}x^{1-\alpha-\beta}-r\eta x\end{aligned} \qquad (6—13)$$

其中 r 为市场利率，$p(x)x$ 为中间产品厂商的租金收入，$r\eta x$ 为因放弃生产 ηx 单位最终产品的利率成本。

由一阶条件得中间产品的垄断价格为：

$$\bar{p}=p(i)=r\eta/(1-\alpha-\beta) \qquad (6—14)$$

将 $\bar{p}$ 代入到需求函数中则可求得 $\bar{x}$，则利润为

$$\pi=(\alpha+\beta)\bar{p}\bar{x} \qquad (6—15)$$

（3）研发部门

因研发市场是完全竞争市场，故研发价格必等于研发收益的折现流，即

$$\int_0^{\infty}e^{-\int_t^{\tau}r(s)ds}\pi(\tau)d\tau=P_A(t) \qquad (6—16)$$

若 P_A 固定，对式（6—14）两边同时对时间 t 求导，有

$$\pi(t)-r(t)\int_0^{\infty}e^{-\int_t^{\tau}r(s)ds}\pi(\tau)d\tau=0 \qquad (6—17)$$

可得 $\pi(t)=r(t)P_A$，由该式可发现，在任意时点，研发企业的收益等于期初新研发投资成本，即研发企业净利润为零。

（4）消费者

代表性家庭的目标函数及约束为

$$U(C) = \max \int_0^A \frac{C^{1-\theta} - 1}{1 - \theta} e^{-\rho t} dt \tag{6—18}$$

$$\text{s. t. } \dot{a} = w + ra - c$$

消费者欲实现效用最大化，则消费增长率为

$$g_C = \frac{\dot{C}}{C} = \frac{1}{\theta}(r - \rho) \tag{6—19}$$

经济资源是有限的，有限的经济资源需在中间产品与最终产品生产之间进行分配，A 决定了资源的分配。因模型是对称的，故所有厂商会提供相同数量的中间产品 $\bar{x}$ 。$K = \eta A \bar{x}$ ，则最终产品的生产函数为：

$$\begin{aligned} Y(H_Y,L,x) &= H_Y^{\alpha} L^{\beta} \int_0^{\infty} x(i)^{1-\alpha-\beta} di \\ &= H_Y^{\alpha} L^{\beta} A \bar{x}^{1-\alpha-\beta} \\ &= H_Y^{\alpha} L^{\beta} A \left(\frac{K}{\eta A}\right)^{1-\alpha-\beta} \\ &= (\mathrm{H}_Y A)^{\alpha} ({}^{L}A) \beta K^{1-\alpha-\beta} \eta^{\alpha+\beta-1} \end{aligned} \tag{6—20}$$

$$\begin{aligned} &\text{s. t. } \dot{K} = \eta^{\alpha+\beta-1} A^{\alpha+\beta} H_Y^{\alpha} L^{\beta} K^{1-\alpha-\beta} - C \\ &\dot{A} = \delta H_A A \\ &H_A + H_Y \leqslant H \end{aligned} \tag{6—21}$$

建立汉密尔顿函数，可得经济增长率为

$$g = \frac{\dot{A}}{A} = \delta H_A = \frac{\delta H - \theta\rho}{\theta\rho + (1 - \theta)} \tag{6—22}$$

其中 $\theta = \alpha / \alpha + \beta$ 。由此可见经济增长率同人力资本正相关，人力资本越大，经济体的经济增长越快。经济之所以可以持续增长，主要原因是知识外部性引起规模收益递增。新知识的出现不仅可以促进研究部门进行新的研发，生产出新的知识，还可以使中间产品部门生产出更多的中间产品，进而生产出更多的最终产品。

二　垂直创新科技研发理论作用机理

在垂直创新模型中，新技术的出现会带来产品质量的升级，同时新技术不仅具有正的外部效应，还具有负的外部性。因为新产品的出现会替代旧产品。

Aghion 和 Howitt 不认为资本积累与科技创新是分别独立促进经济增长的因素，他们认为资本积累与科技创新是协同作用一起促进经济增长的因素。因为新技术的出现，往往需要新的载体予以呈现，一般通过物质资本和人力资本的形式予以体现。而欲推进新技术，则需要资本的积累作为支撑。因此，资本积累与技术创新是协同作用一起推进经济增长，是一个过程的两个方面。

Aghion 和 Howitt 增长模型中包含了三部门、四要素。四要素为劳动力 L、实物资本 K、人力资本 H 与技术水平 A。三部门为研发部门、中间产品部门与最终产品部门。技术创新的成果由中间产品体现，且中间产品所处市场结构为垄断市场结构。最终产品所处市场结构为完全竞争市场，且最终产品的生产规模报酬不变。最终产品的生产要素为劳动力 L 与中间产品 x。

（1）最终产品部门

最终产品的生产函数为：

$$Y_t = L_t^{1-\alpha}\int_0^1 A_{it}x_{it}^{\alpha}di0 < \alpha < 1 \qquad (6—23)$$

其中 Y_t 为第 t 期的最终产品总产出，L_t 为第 t 期的劳动力，A_{it} 为第 t 期中间产品 i 的生产率。

（2）中间产品部门

中间产品的市场结构为垄断竞争市场结构，中间产品的生产要素为资本 K。由于技术创新能够使得技术创新者获得暂时的新技术专属权利，故生产厂商为了垄断地位的保持或获得，每一个生产中间产品的厂商会从研发部门购买新技术，进而获得专利生产，获得垄断收益。担当有新的技术出现时，旧技术就会被新技术取代，原来的垄断厂商也会失去由垄断地位带来的垄断收益。

中间产品的生产函数为：

$$x_{it} = K_{it}/A_{it} \tag{6—24}$$

其中 K_{it} 为第 t 期投入到中间产品 i 的资本。

中间产品厂商欲生产中间产品需投入生产要素资本，需从完全竞争市场上融资，在第 t 期的资本利率为 ζ_t 。

因最终产品市场为完全竞争市场，故均衡时，中间产品的价格等于最终产品的边际产出。有

$$p(x_{it}) = \alpha L^{1-\alpha} A_{it} x_{it}{}^{\alpha-1} \tag{6—25}$$

中间产品厂商欲利润最大化，其目标函数为

$$Max\ \pi_{it} = p(x_{it})x_{it} - K_{it}\zeta_t \tag{6—26}$$

将式（6—23）与式（6—24）代入式（6—25），由式（6—25）的一阶条件，可得中间产品厂商的中间产品产量为

$$x_{it} = L\left(\frac{\alpha^2}{\zeta_t}\right)^{\frac{1}{1-\alpha}} \tag{6—27}$$

由式（6—27）可知，在任意时点，各个中间产品厂商供给的中间产品量相同，即

$$x_{1t} = x_{2t} = \cdots = x_{it} = x_t \tag{6—28}$$

将式（6—28）代入式（6—27）并整理，有

$$\zeta_t = \frac{x_t^{\alpha-1}\alpha^2}{L^{\alpha-1}} \tag{6—29}$$

将式（6—24）、式（6—27）、式（6—29）代入式（6—26），可得中间产品厂商的均衡时利润为

$$\pi_{it} = \alpha(1-\alpha)L^{1-\alpha}A_{it}x_{it}{}^{\alpha} \tag{6—30}$$

中间产品部门在第 t 期的平均技术水平为

$$A_t = \int_0^1 A_{it}di \tag{6—31}$$

社会总资本为 K_t ，资本总需求为

$$K_t = \int_0^1 A_{it}x_{it}di = A_i x_i \tag{6—32}$$

设中间产品厂商的资本密度为

$$k_t = \frac{K_t}{A_t} = x_t \qquad (6—33)$$

将式（6—33）代入式（6—29），整理可得

$$\zeta_t = \alpha^2 L^{1-\alpha} k_t^{\ \alpha-1} \qquad (6—34)$$

由式（6—34）可知，资本利率是资本密度的减函数，即随着资本密度的增加，利率将逐步减少。也就是当资本积累速度快于技术创新速度时，资本密度会下降，资本收益率会上升。因此当资本积累速度快于技术创新速度时，资本利率下降，即资本的使用成本下降，会有更多的资本涌入研发部门，进而会提高技术创新速度，技术创新速度的提高又会降低资本密度，提高资本利率，促进资本积累。

将式（6—33）代入最终产品生产函数式（6—23）中，整理可得

$$Y_t = K_t^{\alpha} (A_t L)^{1-\alpha} \qquad (6—35)$$

总产出由资本存量与知识存量共同决定。最终产品总产出对 K_t 和 A_t 规模报酬不变，若资本积累与技术创新速度相同，则二者边际产出不会下降，经济体可实现持续的经济增长。

将式（6—35）两边取对数，并对时间 t 求偏导可得

$$g_{Y_t} = \alpha g_{K_t} + (1-\alpha) g_{A_t} = g_{A_t} + \alpha (g_{K_t} - g_{A_t}) \qquad (6—36)$$

由式（6—36）可知，当 $g_K = g_A$ 时

$$g_K = g_A = g_Y \qquad (6—37)$$

此时，资本积累、技术创新速度与经济增长速度相同，经济处于稳态经济增长路径。

第七章

中国科技动态可计算一般均衡（CNT-DCGE）模型的理论构建

第一节 行业部门划分

本章建立的中国科技动态 CGE 模型，根据 139 个部门的 2012 年投入产出“基本流量”，将 139 个部门基本流量合并为 62 个部门，部门之间的对应关系如表 7—1 所示。

表 7—1　　两种部门分类比较

<table>
<tr><th colspan="2">2012 年基本流量</th><th colspan="2">中国科技动态 CGE 模型</th></tr>
<tr><th>代码</th><th>部门</th><th>代码</th><th>部门</th></tr>
<tr><td>1</td><td>农产品业</td><td rowspan="5">1</td><td rowspan="5">农业</td></tr>
<tr><td>2</td><td>林产品业</td></tr>
<tr><td>3</td><td>畜牧产品业</td></tr>
<tr><td>4</td><td>渔产品业</td></tr>
<tr><td>5</td><td>农、林、牧、渔服务业</td></tr>
<tr><td>6</td><td>煤炭采选产品业</td><td>2</td><td>煤炭采选产品业</td></tr>
<tr><td rowspan="2">7</td><td rowspan="2">石油和天然气开采产品业</td><td>3</td><td>石油开采产品业</td></tr>
<tr><td>4</td><td>天然气开采产品业</td></tr>
<tr><td>8</td><td>黑色金属矿采选产品业</td><td>5</td><td>黑色金属矿采选产品业</td></tr>
<tr><td>9</td><td>有色金属矿采选产品业</td><td>6</td><td>有色金属矿采选产品业</td></tr>
</table>

续表

2012年基本流量		中国科技动态CGE模型	
代码	部门	代码	部门
10	非金属矿采选产品业	7	非金属矿采业及其他业
11	开采辅助服务和其他采矿产品业		
12	谷物磨制品业	8	农副食品加工业
13	饲料加工品业		
14	植物油加工品业		
15	糖及糖制品业		
16	屠宰及肉类加工品业		
17	水产加工品业		
18	蔬菜、水果、坚果和其他农副食品加工品业		
19	方便食品业	9	食品制造业
20	乳制品业		
21	调味品、发酵制品业		
22	其他食品业		
23	酒精和酒业	10	酒精和酒业
24	饮料和精制茶加工品业	11	饮料和精制茶加工品业
25	烟草制品业	12	烟草制品业
26	棉、化纤纺织及印染精加工品业	13	纺织业
27	毛纺织及染整精加工品业		
28	麻、丝绢纺织及加工品业		
29	针织或钩针编织及其制品业		
30	纺织制成品业		
31	纺织服装服饰业	14	纺织服装服饰业
32	皮革、毛皮、羽毛及其制品业	15	皮革、毛皮、羽毛及其制品和制鞋业
33	鞋业		
34	木材加工品和木、竹、藤、棕、草制品业	16	木材加工品和木、竹、藤、棕、草制品业
35	家具业	17	家具业
36	造纸和纸制品业	18	造纸和纸制品业
37	印刷品和记录媒介复制品业	19	印刷品和记录媒介复制品业
38	文教、工美、体育和娱乐用品业	20	文教、工美、体育和娱乐用品业

续表

2012 年基本流量		中国科技动态 CGE 模型	
代码	部门	代码	部门
39	精炼石油和核燃料加工品业	21	精炼石油和核燃料加工品业
40	炼焦产品业	22	炼焦产品业
41	基础化学原料业	23	化学原料和化学制品制造业
42	肥料业		
43	农药业		
44	涂料、油墨、颜料及类似产品业		
45	合成材料业		
46	专用化学产品和炸药、火工、焰火产品业		
47	日用化学产品业		
48	医药制品业	24	医药制品业
49	化学纤维制品业	25	化学纤维制品业
50	橡胶制品业	26	橡胶和塑料制品业
51	塑料制品业		
52	水泥、石灰和石膏业	27	非金属矿制品业
53	石膏、水泥制品及类似制品业		
54	砖瓦、石材等建筑材料业		
55	玻璃和玻璃制品业		
56	陶瓷制品业		
57	耐火材料制品业		
58	石墨及其他非金属矿物制品业		
59	钢、铁及其铸件业	28	黑色金属冶炼和压延加工业
60	钢压延产品业		
61	铁合金产品业		
62	有色金属及其合金和铸件业	29	有色金属冶炼和压延加工业
63	有色金属压延加工品业		
64	金属制品业	30	金属制品业

续表

2012 年基本流量		中国科技动态 CGE 模型	
代码	部门	代码	部门
65	锅炉及原动设备业	31	通用和专用设备制造业
66	金属加工机械业		
67	物料搬运设备业		
68	泵、阀门、压缩机及类似机械业		
69	文化、办公用机械业		
70	其他通用设备业		
71	采矿、冶金、建筑专用设备业		
72	化工、木材、非金属加工专用设备业		
73	农、林、牧、渔专用机械业		
74	其他专用设备业		
75	汽车整车业	32	汽车制造业
76	汽车零部件及配件业		
77	铁路运输和城市轨道交通设备业	33	铁路运输、城市轨道交通、船舶和其他运输设备制造业
78	船舶及相关装置业		
79	其他交通运输设备业		
80	电机业	34	电气机械和器材制造业
81	输配电及控制设备业		
82	电线、电缆、光缆及电工器材业		
83	电池业		
84	家用器具业		
85	其他电气机械和器材业		
86	计算机业	35	计算机、通信和其他电子设备制造业
87	通信设备业		
88	广播电视设备和雷达及配套设备业		
89	视听设备业		
90	电子元器件业		
91	其他电子设备业		
92	仪器仪表业	36	其他制造业
93	其他制造产品业		
94	废弃资源和废旧材料回收加工品业		
95	金属制品、机械和设备修理服务业		

续表

2012年基本流量		中国科技动态CGE模型	
代码	部门	代码	部门
96	电力、热力生产和供应业	37	电力、热力生产和供应业
97	燃气生产和供应业	38	燃气生产和供应业
98	水的生产和供应业	39	水的生产和供应业
99	房屋建筑业	40	建筑业
100	土木工程建筑业		
101	建筑安装业		
102	建筑装饰和其他建筑服务业		
103	批发和零售业	41	批发和零售业
104	铁路运输业	42	交通运输业
105	道路运输业		
106	水上运输业		
107	航空运输业		
108	管道运输业		
109	装卸搬运和运输代理业		
110	仓储业	43	仓储业
111	邮政业	44	邮政业
112	住宿业	45	住宿业
113	餐饮业	46	餐饮业
114	电信和其他信息传输服务业	47	电信和其他信息传输服务业
115	软件和信息技术服务业	48	软件和信息技术服务业
116	货币金融和其他金融服务业	49	货币金融和其他金融服务业
117	资本市场服务业	50	资本市场服务业
118	保险业	51	保险业
119	房地产业	52	房地产业
120	租赁业	53	租赁和商务服务业
121	商务服务业		
122	研究和试验发展业	54	研究和试验发展业
123	专业技术服务业	55	专业技术服务、科技应用推广服务业
124	科技推广和应用服务业		

续表

2012年基本流量		中国科技动态CGE模型	
代码	部门	代码	部门
125	水利管理业	56	水利、生态环境治理、居民其他服务业
126	生态保护和环境治理业		
127	公共设施管理业		
128	居民服务业		
129	其他服务业		
130	教育业	57	教育业
131	卫生业	58	卫生业
132	社会工作业	59	社会工作、新闻和出版、广播电视电影和影视录音制作、文化艺术业
133	新闻和出版业		
134	广播、电视、电影和影视录音制作业		
135	文化艺术业		
136	体育业	60	体育业
137	娱乐业	61	娱乐业
138	社会保障业	62	公共管理、社会保障和社会组织业
139	公共管理和社会组织业		

注：括号内的数字为2012年中国投入产出表中的业分类代码本书；后面使用的业分类，因为使用的模型不同，业分类略有差异。

第二节　中国科技动态可计算一般均衡模型方程体系

为了分析中国经济、能源与环境领域的重大现实问题及相关政策，本文建立了一个关于中国科技动态可计算一般均衡（CNT－DCGE）模型。该模型借鉴了Dervis等（1982）、PRCGEM模型以及Jung和Thorbecke（2003）的建模思路。CN3ET－DCGE的特色在于它对不同用途的化石燃料作了不同的刻画。具体地，在洗选煤、炼焦、炼油及制气等能源转换过程[①]中作为原材料的化石能源与其他非化石能源产品一起以 Leontief 函数（相互不能替代）形式进入生产函数，而发电和发热用到的化石能源产品及作为终端能源使用的化石能源产品则与生产要素以固定替代弹性系数（Constant Elasticity of Substitution，CES）函数形式相结合进入生产函数。

中国科技动态可计算一般均衡（CNT－DCGE）模型主要包括九大模块：生产模块、贸易模块、居民收入及消费模块、企业模块、政府模块、均衡模块、社会福利模块、环境污染模块和动态模块。

一　生产模块

模型假设生产部门只有一个竞争性企业，每个企业只生产一种产品。生产行为由五层 CES 函数进行描述，包括劳动力、资本、自然禀赋、煤炭、石油、天然气、火电、水电、核电及风电共九种生产要素，市场结构假定为完全竞争，每个部门的产出水平由市场均衡条件决定。在所有部门中，生产技术都呈现规模报酬不变的特性，并按照成本最小化的原则进行生产决策，生成过程采用多层嵌套的常替代弹性（CES）生产函数及 Leontief 生产函数描述，生产结构如图 7—1 所示：

模型在第一层次首先把资本—能源—劳动力—自然禀赋的合成要素投入和非能源—污染治理中间投入以 CES 函数的形式合成为部门的总产出；在第二层次，非能源中间投入和污染治理中间投入束按照 Leontief 结构分解为各项中间投入，即这些中间投入品之间不存在可替代性，同一层次的资本—能源—劳动力—自然禀赋合成要素束按照 CES 结构分别为自然禀赋和资本—能源—劳动力合成要素束；在第三层次，资本—能源—劳动力要素束按照 CES 结构分解为资本－能源要素合成束和劳动力；在第四层次，资本—能源合成要素束进一步按照 CES 结构分解为资本要素和能源要素束；在第五层次，

---

① 主要涉及除电力和热力的生产和供应业之外的能源转换部门，包括煤炭开采和洗选业，石油加工、炼焦及核燃料加工业以及燃气生产和供应业。

能源要素束又按照 CES 结构分解为石化能源合成束和电力能源合成束；在第六层次，石化能源合成束进一步按照 CES 结构分解为煤炭、石油和天然气；同一层次，电力能源合成束进一步按照 CES 结构分解为火电、水电、核电及风电等。值得注意的是，考虑到自然禀赋与资本—能源—劳动力合成束的明显差异，虽然两者以 CES 函数进行合成，但两者的替代弹性系数 σ 应设定为较小值（初步设定为 0.1，或 0.05）；

i，共包括 62 个部门：1 个农业部门；33 个工业部门；6 个能源部门和 22 个服务业部门。

wne，共包括 60 个部门：1 个农业部门；33 个工业部门；22 个服务业部门和 4 个污染治理部门。

$nele$，包括 3 个石化能源部门：煤炭、石油和天然气。

ele，包括 3 个电力部门：火电、水电和核电及风电。

pi，包括 4 个污染治理部门：废水、二氧化硫、TSP 和固体废物。

$nwne$，包括 56 个部门：1 个农业部门；33 个工业部门；22 个服务业部门。

pwi，包括 3 个污染治理部门：二氧化硫、TSP 和固体废物。

（1）第一层 CES 生产组合函数（中间投入与劳动－资本－能源投入的合成）

$$\min PKEL_i \cdot KEL_i + PND_i \cdot ND_i$$

$$\text{s.t. } QX_i = \lambda_i^{qkel}\left(\beta_{keli}KEL_i^{-\rho_i^q} + \beta_{ndi}ND_i^{-\rho_i^q}\right)^{-\frac{1}{\rho_i^q}}$$

解得：

$$KEL_i = \left(\frac{(\lambda_i^{qkel})^{-\rho_i^q} \cdot \beta_{keli} \cdot PQ_i}{PKEL_i}\right)^{\frac{1}{1+\rho_i^q}} QX_i \tag{7—1}$$

$$ND_i = \left(\frac{(\lambda_i^{qkel})^{-\rho_i^q} \cdot \beta_{ndi} \cdot PQ_i}{PND_i}\right)^{\frac{1}{1+\rho_i^q}} QX_i \tag{7—2}$$

$$QX_i = \lambda_i^{qkel}\left(\beta_{keli}KEL_i^{-\rho_i^q} + \beta_{ndi}ND_i^{-\rho_i^q}\right)^{-\frac{1}{\rho_i^q}} \tag{7—3}$$

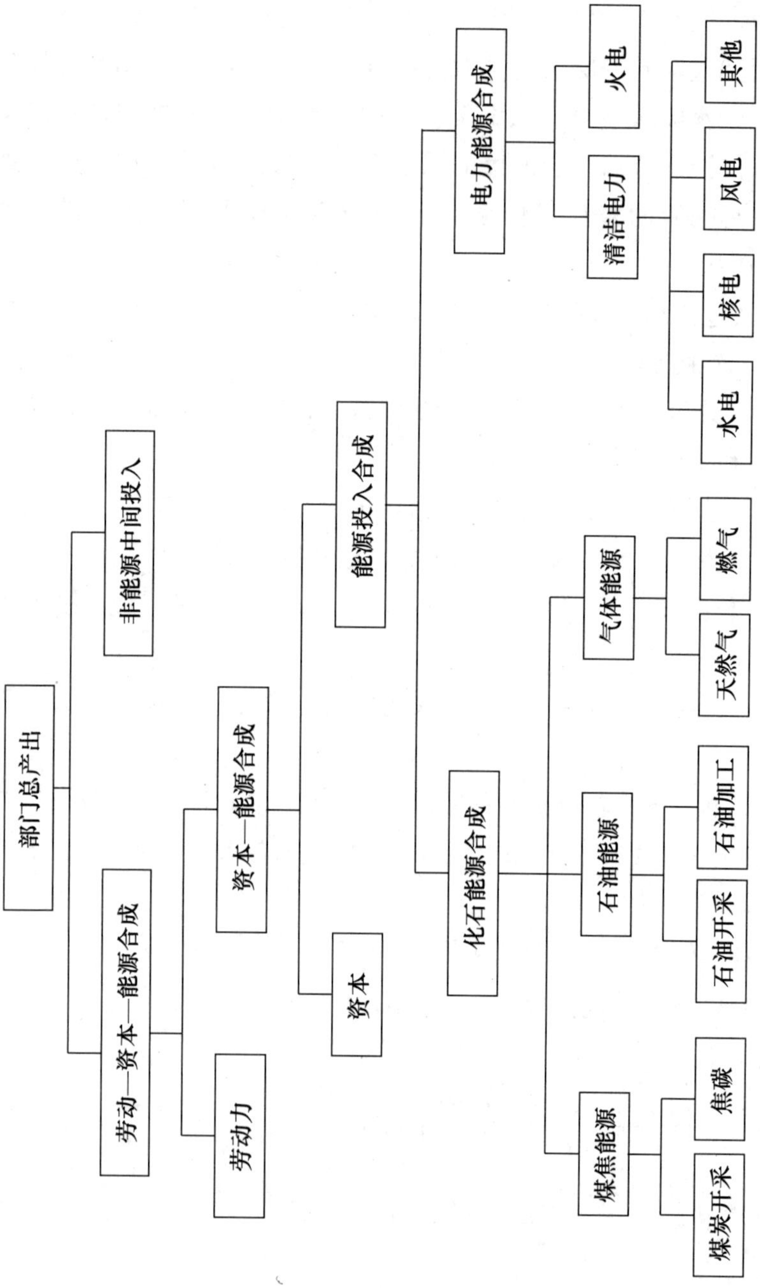

图7—1　生产函数结构示意图

其中：$\sigma_i^q = \dfrac{1}{1+\rho_i^q}$，$\sigma_i^q$ 为中间投入与劳动—资本—能源投入之间的替代弹性系数；λ_i^{qkel} 为规模参数；β_{keli} 和 β_{ndi} 为份额参数，$\beta_{keli}+\beta_{ndi}=1$；$\rho_i^q$ 是中间投入与劳动—资本—能源投入之间的替代弹性参数。

（2）中间投入函数

$$UND_{j,i} = a_{j,i} \cdot ND_i \qquad j = 1、2\cdots6 \qquad (7\text{—}4)$$

$$PND_i = \sum_j a_{j,i} \cdot PQ_j \qquad j = 1、2\cdots6 \qquad (7\text{—}5)$$

其中，中间投入 $j = 1、2\cdots6$，不包含能源投入，中间投入价格为产品的国内需求合成价格。

（3）第二层 CES 生产组合函数（能源—资本投入与劳动投入的合成）

$$\min PKE_i \cdot KE_i + (W \cdot wdist_i) \cdot L_i$$

$$\text{s. t. } KEL_i = \lambda_i^{kel}(\beta_{kei}KE_i^{-\rho_i^{kel}} + \beta_{li} \cdot L_i^{-\rho_i^{kel}})^{-\frac{1}{\rho_i^{kel}}}$$

解得：

$$KE_i = \left(\frac{(\lambda_i^{kel})^{-\rho_i^{kel}} \cdot \beta_{kei} \cdot PKEL_i}{PKE_i}\right)^{\frac{1}{1+\rho_i^{kel}}} KEL_i \qquad (7\text{—}6)$$

$$L_i = \left(\frac{(\lambda_i^{kel})^{-\rho_i^{kel}} \cdot \beta_{li} \cdot PKEL_i}{W \cdot wdist_i}\right)^{\frac{1}{1+\rho_i^{kel}}} KEL_i \qquad (7\text{—}7)$$

$$KEL_i = \lambda_i^{kel}(\beta_{kei}KE_i^{-\rho_i^{kel}} + \beta_{li} \cdot L_i^{-\rho_i^{kel}})^{-\frac{1}{\rho_i^{kel}}} \qquad (7\text{—}8)$$

其中：$\sigma_i^{kel} = \dfrac{1}{1+\rho_i^{kel}}$，$\sigma_i^{kel}$ 为资本—能源合成与劳动之间的替代弹性系数；λ_i^{kel} 为规模参数；β_{kei} 和 β_{li} 为份额参数，$\beta_{kei}+\beta_{li}=1$；ρ_i^{kel} 为资本—能源合成与劳动之间的弹性参数。

（4）第三层 CES 生产组合函数（能源投入与资本投入的合成）

$$\min R \cdot kdist_i \cdot K_i + PE_i \cdot E_i$$

$$\text{s. t. } KE_i = \lambda_i^{ke}(\beta_{ki}K_i^{-\rho_i^{ke}} + \beta_{ei}E_i^{-\rho_i^{ke}})^{-\frac{1}{\rho_i^{ke}}}$$

解得：

$$K_i = \left(\frac{(\lambda_i^{ke})^{-\rho_i^{ke}} \cdot \beta_{ki} \cdot PKE_i}{R \cdot kdist_i}\right)^{\frac{1}{1+\rho_i^{ke}}} KE_i \qquad (7\text{—}9)$$

$$E_i = \left(\frac{(\lambda_i^{ke})^{-\rho_i^{ke}} \cdot \beta_{ei} \cdot PKE_i}{PE_i}\right)^{\frac{1}{1+\rho_i^{ke}}} KE_i \qquad (7—10)$$

$$KE_i = \lambda_i^{ke}(\beta_{ki}K_i^{-\rho_i^{ke}} + \beta_{ei}E_i^{-\rho_i^{ke}})^{-\frac{1}{\rho_i^{ke}}} \qquad (7—11)$$

其中：$\sigma_i^{ke} = \frac{1}{1+\rho_i^{ke}}$，$\sigma_i^{ke}$ 为资本投入与能源投入之间的替代弹性系数。λ_i^e 为规模参数；β_{ki} 和 β_{ei} 为份额参数，$\beta_{ki} + \beta_{ei} = 1$；$\rho_i^{ke}$ 为资本和能源合成之间的弹性参数。

（5）第四层 CES 生产组合函数（化石能源投入与电力能源投入的合成）

$$\min PE_{fosi} \cdot E_{fosi} + PE_{epi} \cdot E_{epi}$$

$$\text{s. t. } E_i = (\beta_{fosi}E_{fosi}^{-\rho_i^e} + \beta_{epi}E_{epi}^{-\rho_i^e})^{-\frac{1}{\rho_i^e}}$$

解得：

$$E_{fosi} = \left(\frac{\beta_{fosi} \cdot PE_i}{PE_{fosi}}\right)^{\frac{1}{1+\rho_i^e}} E_i \qquad (7—12)$$

$$E_{epi} = \left(\frac{\beta_{epi} \cdot PE_i}{PE_{epi}}\right)^{\frac{1}{1+\rho_i^e}} E_i \qquad (7—13)$$

$$E_i = (\beta_{fosi}E_{fosi}^{-\rho_i^e} + \beta_{epi}E_{epi}^{-\rho_i^e})^{-\frac{1}{\rho_i^e}} \qquad (7—14)$$

其中：$\sigma_i^e = \frac{1}{1+\rho_i^e}$，$\sigma_i^e$ 为化石能源投入与电力能源投入之间的替代弹性系数；β_{fosi} 和 β_{epi} 为规模份额参数；ρ_i^e 为化石能源投入与电力能源合成之间的弹性参数。

（6）第五层 CES 生产组合函数（化石能源投入的合成）

在化石能源投入要素的多层嵌套的投入结构中，能源要素是多种化石类型能源要素投入的合成，包括煤焦能源、石油能源和气体能源。嵌套结构中的要素合成根据要素之间替代性的强弱进行分层次的组合，其中石油能源与气体能源先进行合成，石油能源与气体能源合成再与煤焦能源投入合成为化石能源投入。

①石油能源 - 气体能源投入和煤焦能源投入的合成

$$\min PQ_{coali} \cdot E_{coali} + PE_{pgi} \cdot E_{pgi}$$

$$\text{s. t. } E_{fosi} = (\beta_{coali}E_{coali}^{-\rho_i^{cpg}} + \beta_{pgi}E_{pgi}^{-\rho_i^{cpg}})^{-\frac{1}{\rho_i^{cpg}}}$$

解得：

$$E_{coali} = \left(\frac{\beta_{coali} \cdot PE_{cpgi}}{PQ_{coali}}\right)^{\frac{1}{1+\rho_i^{cpg}}} E_{cpgi} \quad (7—15)$$

$$E_{pgi} = \left(\frac{\beta_{pgi} \cdot PE_{cpgi}}{PQ_{pgi}}\right)^{\frac{1}{1+\rho_i^{cpg}}} E_{cpgi} \quad (7—16)$$

$$E_{fosi} = (\beta_{coali}E_{coali}^{-\rho_i^{cpg}} + \beta_{pgi}E_{pgi}^{-\rho_i^{cpg}})^{-\frac{1}{\rho_i^{cpg}}} \quad (7—17)$$

其中：$\sigma_i^{cpg} = \dfrac{1}{1+\rho_i^{cpg}}$，$\sigma_i^{cpg}$ 为煤焦能源与石油能源—气体能源投入之间的替代弹性系数；β_{coali} 和 β_{pgi} 为规模份额参数；ρ_i^{ke} 为资本和能源合成之间的弹性参数。当煤焦能源与石油能源—气体能源投入水电、风电、核电、其他电力等能源部门时，$E_{coali} = 0$；$E_{pgi} = 0$；$PE_{cpgi} = 1$，$E_{fosi} = 0$。

②石油能源与气体能源投入的合成

$$\min PQ_{petroi} \cdot E_{petroi} + PQ_{gasi} \cdot E_{gasi}$$

$$\text{s. t. } E_{pgi} = (\beta_{petroli}E_{petroi}^{-\rho_i^{pg}} + \beta_{gasi}E_{gasi}^{-\rho_i^{pg}})^{-\frac{1}{\rho_i^{pg}}}$$

解得：

$$E_{petroi} = \left(\frac{\beta_{petroli} \cdot PE_{pgi}}{PQ_{petroi}}\right)^{\frac{1}{1+\rho_i^{pg}}} E_{pgi} \quad (7—18)$$

$$E_{gasi} = \left(\frac{\beta_{gasi} \cdot PE_{pgi}}{PQ_{gasi}}\right)^{\frac{1}{1+\rho_i^{pg}}} E_{pgi} \quad (7—19)$$

$$E_{pgi} = (\beta_{petroli}E_{petroli}^{-\rho_i^{pg}} + \beta_{gasi}E_{gasi}^{-\rho_i^{pg}})^{-\frac{1}{\rho_i^{pg}}} \quad (7—20)$$

其中：$\sigma_i^{pg} = \dfrac{1}{1+\rho_i^{pg}}$，$\sigma_i^{pg}$ 为石油能源与气体能源投入之间的替代弹性系数；$\beta_{petroli}$ 和 β_{gasi} 为规模份额参数；ρ_i^{pg} 为石油能源与气体能源合成之间的弹性参数。当石油能源与气体能源投入到水电、风电、核电、其他电力等能源部门时，$E_{petroli} = 0$；$E_{gasi} = 0$；$PE_{pgi} = 1$。

在化石能源的合成过程中，煤炭开采与焦碳合成，形成煤炭能源投入的合成；天然气开采与煤气合成形成燃气能源投入的合成；石油开采与炼油合成形成石油能源投入的合成。具体方程如下。

③煤炭开采能源与焦碳能源投入的合成

$$\min PQ_{coalmi} \cdot E_{coalmi} + PQ_{recoi} \cdot E_{recoi}$$

$$s.t.\ E_{coali} = (\beta_{coalmi} E_{coalmi}^{-\rho_i^{coal}} + \beta_{recoi} E_{recoi}^{-\rho_i^{coal}})^{-\frac{1}{\rho_i^{coal}}}$$

解得：

$$E_{coalmi} = \left(\frac{\beta_{coalmi} \cdot PE_{coali}}{PQ_{coalmi}}\right)^{\frac{1}{1+\rho_i^{coal}}} E_{coali} \tag{7—21}$$

$$E_{recoi} = \left(\frac{\beta_{recoi} \cdot PE_{coali}}{PQ_{recoi}}\right)^{\frac{1}{1+\rho_i^{coal}}} E_{coali} \tag{7—22}$$

$$E_{coali} = (\beta_{coalmi} E_{coalmi}^{-\rho_i^{coal}} + \beta_{recoi} E_{recoi}^{-\rho_i^{coal}})^{-\frac{1}{\rho_i^{coal}}} \tag{7—23}$$

其中：$\sigma_i^{coal} = \dfrac{1}{1+\rho_i^{coal}}$，$\sigma_i^{coal}$ 为煤炭开采与焦碳投入之间的替代弹性系数；β_{coalmi} 和 β_{recoi} 为规模份额参数；ρ_i^{coal} 为煤炭开采和焦炭投入合成之间的弹性参数。当煤炭开采与焦碳投入水电、风电、核电、其他电力等能源部门时，$E_{coalmi} = 0$；$E_{recoi} = 0$；$PE_{coali} = 1$。

④天然气开采能源与燃气能源投入的合成

$$\min PQ_{nagasi} \cdot E_{nagasi} + PQ_{magasi} \cdot E_{magasi}$$

$$s.t.\ E_{gasi} = (\beta_{nagasi} E_{nagasi}^{-\rho_i^{gas}} + \beta_{magasi} E_{magasi}^{-\rho_i^{gas}})^{-\frac{1}{\rho_i^{gas}}}$$

解得：

$$E_{nagasi} = \left(\frac{\beta_{nagasi} \cdot PE_{gasi}}{PQ_{nagasi}}\right)^{\frac{1}{1+\rho_i^{gas}}} E_{gasi} \tag{7—24}$$

$$E_{magasi} = \left(\frac{\beta_{magasi} \cdot PE_{gasi}}{PQ_{magasi}}\right)^{\frac{1}{1+\rho_i^{gas}}} E_{gasi} \tag{7—25}$$

$$E_{gasi} = (\beta_{nagasi} E_{nagasi}^{-\rho_i^{gas}} + \beta_{magasi} E_{magasi}^{-\rho_i^{gas}})^{-\frac{1}{\rho_i^{gas}}} \tag{7—26}$$

其中：$\sigma_i^{gas} = \dfrac{1}{1+\rho_i^{gas}}$，$\sigma_i^{gas}$ 为天然气开采与燃气能源投入之间的替代弹性系数；β_{nagasi} 和 β_{magasi} 为规模份额参数；ρ_i^{gas} 为天然气开采和燃气能源投入之间的弹性参数。当天然气开采与燃气能源投入到水电、风电、核电以及其他电力等能源部门时，$E_{nagasi} = 0$；$E_{magasi} = 0$；$PE_{gasi} = 1$。

⑤石油开采能源与石油加工能源投入的合成

$$\min PQ_{petromi} \cdot E_{petromi} + PQ_{petrorei} \cdot E_{petrorei}$$

$$\text{s. t. } E_{petroi} = (\beta_{petromi}E_{petromi}^{-\rho_i^{petro}} + \beta_{petrorei}E_{petrorei}^{-\rho_i^{petro}})^{-\frac{1}{\rho_i^{petro}}}$$

解得:

$$E_{petromi} = \left(\frac{\beta_{petromi} \cdot PE_{petroi}}{PQ_{petromi}}\right)^{\frac{1}{1+\rho_i^{petro}}} E_{petroi} \tag{7—27}$$

$$E_{petrorei} = \left(\frac{\beta_{petrorei} \cdot PE_{petroi}}{PQ_{petrorei}}\right)^{\frac{1}{1+\rho_i^{petro}}} E_{petroi} \tag{7—28}$$

$$E_{petroi} = (\beta_{petromi}E_{petromi}^{-\rho_i^{petro}} + \beta_{petrorei}E_{petrorei}^{-\rho_i^{petro}})^{-\frac{1}{\rho_i^{petro}}} \tag{7—29}$$

其中: $\sigma_i^{petro} = \dfrac{1}{1+\rho_i^{petro}}$, σ_i^{petro} 为石油开采与石油加工能源投入之间的替代弹性系数; $\beta_{petromi}$ 和 $\beta_{petrorei}$ 为规模份额参数; ρ_i^{petro} 为石油开采和石油加工能源合成之间的弹性参数。当石油开采与石油加工能源投入到水电、风电、核电、其他电力等能源部门时, $E_{petromi} = 0$, $E_{petroei} = 0$, $PE_{petroi} = 1$ 。

(7) 第六层 CES 生产组合函数（电力能源投入的合成）

电力能源投入的合成分为两层，首先是水电、风电、核电、其他电力能源合成为清洁电力能源，其次，火电与清洁电力能源投入合成。

①火电与清洁电力能源投入的合成

$$\min PQ_{thepi} \cdot E_{thepi} + PQ_{clepi} \cdot E_{clepi}$$

$$\text{s. t. } E_{epi} = (\beta_{thepi}E_{thepi}^{-\rho_i^{ep}} + \beta_{clepi}E_{clepi}^{-\rho_i^{ep}})^{-\frac{1}{\rho_i^{ep}}}$$

解得:

$$E_{thepi} = \left(\frac{\beta_{thepi} \cdot PE_{epi}}{PQ_{thepi}}\right)^{\frac{1}{1+\rho_i^{ep}}} E_{epi} \tag{7—30}$$

$$E_{clepi} = \left(\frac{\beta_{clepi} \cdot PE_{epi}}{PQ_{clepi}}\right)^{\frac{1}{1+\rho_i^{ep}}} E_{epi} \tag{7—31}$$

$$E_{epi} = (\beta_{thepi}E_{thepi}^{-\rho_i^{ep}} + \beta_{clepi}E_{clepi}^{-\rho_i^{ep}})^{-\frac{1}{\rho_i^{ep}}} \tag{7—32}$$

其中: $\sigma_i^{ep} = \dfrac{1}{1+\rho_i^{ep}}$, σ_i^{ep} 为火电投入与清洁电力能源投入之间的替代弹性系数; β_{thepi} 和 β_{clepi} 为规模份额参数; ρ_i^{ep} 为火电和清洁能源合成之间的弹性参数。火电与其他电力能源的价格为国内产品需求的合成价格。

②清洁电力能源投入的合成

$$\min PQ_{hyepi}\cdot E_{hyepi}+PQ_{nuepi}\cdot E_{nuepi}+PQ_{wiepi}\cdot E_{wiepi}+PQ_{otepi}\cdot E_{otepi}$$

$$\text{s. t. } E_{clepi}=(\beta_{hyepi}\cdot E_{hyepi}^{-\rho_i^{clep}}+\beta_{nuepi}E_{nuepi}^{-\rho_i^{clep}}+\beta_{wiepi}E_{wiepi}^{-\rho_i^{clep}}+\beta_{otepi}E_{otepi}^{-\rho_i^{clep}})^{-\frac{1}{\rho_i^{clep}}}$$

解得：

$$E_{hypei}=\left(\frac{\beta_{hyepi}\cdot PQ_{clepi}}{PQ_{hypi}}\right)^{\frac{1}{1+\rho_i^{clep}}}E_{clepi} \quad (7—33)$$

$$E_{nuepi}=\left(\frac{\beta_{nuepi}\cdot PQ_{clepi}}{PQ_{nuepi}}\right)^{\frac{1}{1+\rho_i^{clep}}}E_{clepi} \quad (7—34)$$

$$E_{wiepi}=\left(\frac{\beta_{wiepi}\cdot PQ_{clepi}}{PQ_{wiepi}}\right)^{\frac{1}{1+\rho_i^{clep}}}E_{clepi} \quad (7—35)$$

$$E_{otepi}=\left(\frac{\beta_{otepi}\cdot PQ_{clepi}}{PQ_{otepi}}\right)^{\frac{1}{1+\rho_i^{clep}}}E_{clepi} \quad (7—36)$$

$$E_{clepi}=(\beta_{hyepi}\cdot E_{hyepi}^{-\rho_i^{clep}}+\beta_{nuepi}E_{nuepi}^{-\rho_i^{clep}}+\beta_{wiepi}E_{wiepi}^{-\rho_i^{clep}}+\beta_{otepi}E_{otepi}^{-\rho_i^{clep}})^{-\frac{1}{\rho_i^{clep}}} \quad (7—37)$$

其中：$\sigma_i^{clep}=\frac{1}{1+\rho_i^{clep}}$，$\sigma_i^{clep}$ 为水电、核电、风电、其他电力能源投入之间的替代弹性系数；β_{hyepi}、β_{nuepi}、β_{wiepi} 和 β_{otepi} 为规模份额参数；ρ_i^{clep} 为水电、核电、风电、其他电力能源投入之间的弹性参数。水电、核电、风电、其他电力能源的价格为国内产品需求的合成价格。

表 7—2　　生产模块函数变量与参数说明

生产模块函数内生变量说明（40 组）/方程（37 组）			
序号	变量	变量定义	变量个数
1	QX_i	部门 i 的产出量	n
2	PX_i	部门 i 的不含间接税的价格	n
3	ND_i	部门 i 的中间投入量	n
4	PND_i	部门 i 的中间投入的合成价格	j
5	$UND_{j,i}$	生产 1 单位 i 部门产出需要 j 部门的投入量	$j\times n$
6	KEL_i	部门 i 的资本－劳动－能源投入合成量	n

续表

生产模块函数内生变量说明（40 组）/方程（37 组）			
序号	变量	变量定义	变量个数
7	$PKEL_i$	部门 i 的资本－劳动－能源投入合成价格	n
8	L_i	部门 i 的劳动投入量	n
9	W	劳动投入的平均工资	1
10	KE_i	部门 i 的资本－能源投入合成量	n
11	PKE_i	部门 i 的资本－能源投入合成价格	n
12	K_i	部门 i 的资本投入量	n
13	R	资本投入的平均收益	1
14	E_i	部门 i 的能源投入量	n
15	PE_i	部门 i 的能源投入价格	n
16	E_{fosi}	部门 i 的化石能源投入量	n
17	PE_{fosi}	部门 i 的化石能源投入价格	n
18	E_{pgi}	部门 i 的石油能源与气体能源合成的投入量	n
19	PE_{pgi}	部门 i 的石油能源与气体能源的合成价格	n
20	E_{coali}	部门 i 的煤焦合成能源投入量	n
21	PE_{coali}	部门 i 的煤焦合成能源价格	n
22	E_{coalmi}	部门 i 的煤炭开采能源投入量	n
23	E_{recoi}	部门 i 的焦碳能源投入量	n
24	E_{gasi}	部门 i 的气体能源合成投入量	n
25	PE_{gasi}	部门 i 的气体能源合成价格	n
26	E_{nagasi}	部门 i 的天然气能源投入量	n
27	E_{magasi}	部门 i 的燃气能源投入量	n
28	E_{petroi}	部门 i 的石油能源合成品投入量	n
29	PE_{petroi}	部门 i 的石油能源投入量的合成价格	n
30	$E_{petrorei}$	部门 i 的石油加工能源投入量	n
31	$E_{petromi}$	部门 i 的石油开采能源投入量	n
32	E_{epi}	部门 i 的电力能源投入量	n
33	PE_{epi}	部门 i 的电力能源投入的合成价格	n
34	E_{thepi}	部门 i 的火电能源投入量	n
35	E_{clepi}	部门 i 的清洁电力能源投入量	n
36	PQ_{clepi}	部门 i 的清洁电力能源投入的合成价格	n
37	E_{hyepi}	部门 i 的水电能源投入量	n
38	E_{nuepi}	部门 i 的核电能源投入量	n

续表

生产模块函数内生变量说明（40 组）/方程（37 组）			
序号	变量	变量定义	变量个数
39	E_{wiepi}	部门 i 的风电能源投入量	n
40	E_{otepi}	部门 i 的其他电力能源投入量	n

生产模块函数参数说明		
序号	参数	参数定义
1	β_{keli}	部门 i 的能源－资本－劳动合成的份额参数
2	β_{inmpi}	部门 i 的中间投入的份额参数
3	σ_i^q	部门 i 的能源－资本－劳动合成投入与中间投入之间的替代弹性
4	ρ_i^q	部门 i 的能源－资本－劳动合成投入与中间投入之间的替代弹性相关系数
5	$a_{j,i}$	部门 i 的中间投入的直接消耗系数
6	β_{kei}	部门 i 的能源－资本－劳动合成投入中资本－能源投入份额参数
7	β_{li}	部门 i 的能源－资本－劳动合成投入中劳动投入份额参数
8	σ_i^{kel}	部门 i 的资本－能源投入与劳动投入之间的替代弹性
9	ρ_i^{kel}	部门 i 的资本－能源投入与劳动投入之间的替代弹性相关系数
10	β_{ki}	部门 i 的资本－能源合成投入中资本投入的份额参数
11	β_{ei}	部门 i 的资本－能源合成投入中能源投入的份额参数
12	σ_i^{ke}	部门 i 的资本投入与能源投入之间的替代弹性
13	ρ_i^{ke}	部门 i 的资本投入与能源投入之间的替代弹性相关系数
14	β_{fosi}	部门 i 的化石能源与电力能源合成投入中化石能源投入的份额参数
15	β_{epi}	部门 i 的化石能源与电力能源合成投入中电力能源投入的份额参数
16	σ_i^e	部门 i 的化石能源与电力能源投入的替代弹性
17	ρ_i^e	部门 i 的化石能源与电力能源投入的替代弹性相关系数
18	β_{coali}	部门 i 的煤焦能源投入与石油能源－气体能源合成投入中煤焦能源投入的份额参数
19	β_{pgi}	部门 i 的煤焦能源投入与石油能源－气体能源合成投入中石油－气体能源投入的份额参数
20	σ_i^{cpg}	部门 i 的煤焦能源投入与石油能源－气体能源合成投入的替代弹性
21	ρ_i^{cpg}	部门 i 的煤焦能源投入与石油能源－气体能源合成投入的替代弹性相关系数
22	$\beta_{petroli}$	部门 i 的石油能源与气体能源合成投入中石油能源投入的份额参数
23	β_{gasi}	部门 i 的石油能源与气体能源合成投入中气体能源投入的份额参数
24	σ_i^{pg}	部门 i 的石油能源与气体能源合成投入的替代弹性
25	ρ_i^{pg}	部门 i 的石油能源与气体能源合成投入的替代弹性相关系数

续表

生产模块函数参数说明		
序号	参数	参数定义
26	β_{coalmi}	部门 i 的煤焦能源合成投入中煤炭开采能源投入的份额参数
27	β_{recoi}	部门 i 的煤炭能源合成投入中焦碳能源投入的份额参数
28	σ_i^{coal}	部门 i 的煤炭开采能源投入与焦碳能源投入的替代弹性
29	ρ_i^{coal}	部门 i 的煤炭开采能源投入与焦碳能源投入的替代弹性相关系数
30	β_{nagasi}	部门 i 的气体能源合成投入天然气能源投入的份额参数
31	β_{magasi}	部门 i 的气体能源合成投入燃气能源投入的份额参数
32	σ_i^{gas}	部门 i 的天然气能源投入与燃气能源投入的替代弹性
33	ρ_i^{gas}	部门 i 的天然气能源投入与燃气能源投入的替代弹性相关系数
34	$\beta_{petromi}$	部门 i 的石油能源合成投入中石油开采能源投入的份额参数
35	$\beta_{petrorei}$	部门 i 的石油能源合成投入中石油加工能源投入的份额参数
36	σ_i^{petro}	部门 i 的石油开采能源投入与石油加工能源投入的替代弹性
37	ρ_i^{petro}	部门 i 的石油开采能源投入与石油加工能源投入的替代弹性相关系数
38	β_{thepi}	部门 i 的电力能源投入合成中火电能源投入的份额参数
39	β_{clepi}	部门 i 的电力能源投入合成中清洁电力能源投入的份额参数
40	σ_i^{ep}	部门 i 的火电能源投入与清洁电力能源投入的替代弹性
41	ρ_i^{ep}	部门 i 的火电能源投入与清洁电力能源投入的替代弹性相关系数
42	β_{hyepi}	部门 i 的清洁能源投入中水电投入的份额参数
43	β_{nuepi}	部门 i 的清洁能源投入中核电投入的份额参数
44	β_{wiepi}	部门 i 的清洁能源投入中风电投入的份额参数
45	β_{otepi}	部门 i 的清洁能源投入中其他电力投入的份额参数
46	σ_i^{clep}	部门 i 的清洁能源投入中各种电力能源投入之间的替代弹性
47	ρ_i^{clep}	部门 i 的清洁能源投入中各种电力能源投入之间的替代弹性相关系数

二　贸易模块

本章模型中贸易模块中国内产品分配采用 *CET* 函数形式，国内产品需求采用 *CES* 函数形式，被称为“阿明顿（Armington）假设”条件。

（1）进口产品价格

$$PM_i = pwm_i \cdot EXR \tag{7—38}$$

（2）出口产品价格

$$PE_i = pwe_i \cdot EXR \tag{7—39}$$

（3）国内产品需求函数（Armington 假设）

$$\max_{QQ_i, QD_i, QM_i} PQ_i \cdot QQ_i - [PD_i \cdot QD_i + (1 + t_{mi}) PM_i \cdot QM_i]$$

$$\text{s. t. } QQ_i = \gamma_{mi} [\delta d_i (QD_i)^{\rho_{mi}} + \delta m_i (QM_i)^{\rho_{mi}}]^{\frac{1}{\rho_{mi}}}$$

解得：

$$QD_i = \left(\frac{\gamma_{mi}^{\rho_{mi}} \cdot \delta d_i \cdot PQ_i}{PD_i}\right)^{\frac{1}{1-\rho_{mi}}} QQ_i \tag{7-40}$$

$$QM_i = \left(\frac{\gamma_{mi}^{\rho_{mi}} \cdot \delta m_i \cdot PQ_i}{(1 + t_{mi}) \cdot PM_i}\right)^{\frac{1}{1-\rho_{mi}}} QQ_i \tag{7—41}$$

$$QQ_i = \gamma_{mi} [\delta d_i (QD_i)^{\rho_{mi}} + \delta m_i (QM_i)^{\rho_{mi}}]^{\frac{1}{\rho_{mi}}} \tag{7—42}$$

其中 $\rho_{mi} = \frac{\sigma_{mi} - 1}{\sigma_{mi}}$，$\sigma_{mi}$ 为国内需求国内供给与进口之间的替代弹性系数。

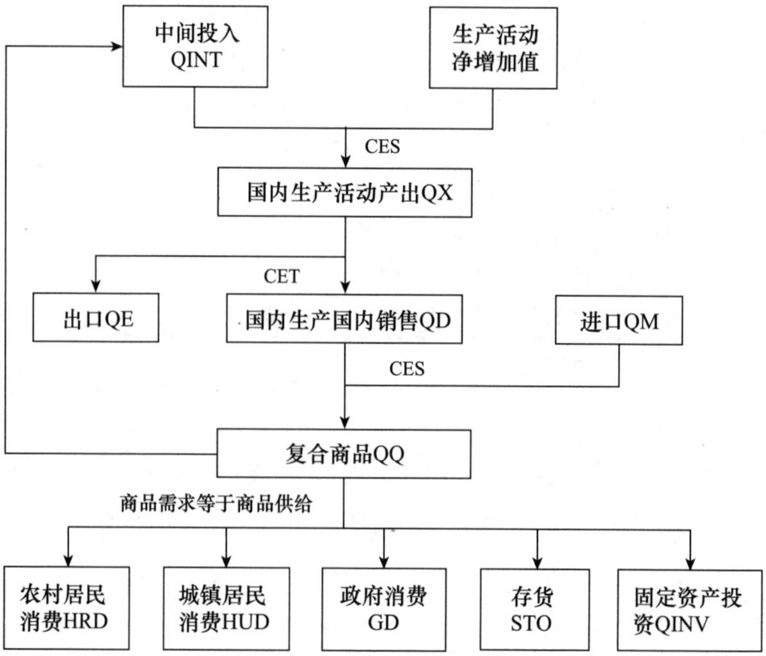

图 7—2　国内产品分配与需求

（4）国内产品分配函数（*CET* 函数）

$$\max(PD_i \cdot QD_i + PE_i \cdot QE_i) - (1 + t_{addvi} + t_{bussi} + t_{conpi} + t_{othei}) \cdot PX_i \cdot QX_i$$

$$s.\ t.\ QX_i = \gamma_{ei}(\xi d_i \cdot QD_i^{\rho_{ei}} + \xi e_i \cdot QE_i^{\rho_{ei}})^{\frac{1}{\rho_{ei}}}$$

解得：

$$QD_i = \left(\frac{\gamma_{ei}^{\rho_{ei}} \cdot \xi d_i \cdot (1 + t_{addvi} + t_{bussi} + t_{conpi} + t_{othei}) \cdot PX_i}{PD_i}\right)^{\frac{1}{1-\rho_{ei}}} QX_i \quad (7—43)$$

$$QE_i = \left(\frac{\gamma_{ei}^{\rho_{ei}} \cdot \xi e_i \cdot (1 + t_{addvi} + t_{bussi} + t_{conpi} + t_{othei}) \cdot PX_i}{PE_i}\right)^{\frac{1}{1-\rho_{ei}}} QX_i \quad (7—44)$$

$$QX_i = \gamma_{ei}(\xi d_i \cdot QD_{si}^{\rho_{ei}} + \xi e_i \cdot QE_i^{\rho_{ei}})^{\frac{1}{\rho_{ei}}} \quad (7—45)$$

其中 $\rho_{ei} = \frac{\sigma_{ei} + 1}{\sigma_{ei}}$，$\sigma_{ei}$ 为国内生产产品的国内需求与出口之间替代弹性系数。

表 7—3　　　　贸易模块函数变量与参数说明

贸易模块函数内生变量/方程			
序号	变量	变量定义	变量个数
1	PM_i	进口商品 i 的国内价格	n
2	PE_i	出口商品 i 的国内价格	n
3	EXR	汇率	1
4	PQ_i	商品 i 国内需求的价格	n
5	PD_i	商品 i 国内供给量的价格	n
6	QQ_i	商品 i 的国内需求量（国内销售与进口品的 CES 组合）	n
7	QD_i	商品 i 需求量国内供给量	n
8	QM_i	商品 i 需求量的进口量	n
9	QE_i	商品 i 分配的出口量	n
贸易模块函数外生变量			
序号	变量	变量定义	变量个数
1	PEM_i	表示部门 i 进口商品的国际市场价格	n
2	PWE_i	表示部门 i 出口商品的国际市场价格	n

续表

贸易模块函数参数		
序号	参数	参数定义
1	t_{mi}	商品 i 进口关税税率
2	γ_{mi}	Armington 方程商品 i 国内需求与进口需求的整体转移参数
3	δd_i	Armington 方程商品 i 的国内需求量份额参数
4	δm_i	Armington 方程商品 i 进口需求量份额参数
5	γ_{ei}	CET 函数商品 i 国内供应与出口分配的整体转移参数
6	ξd_i	CET 函数产品 i 的国内供应商品的份额参数
7	ξe_i	CET 函数产品 i 出口供应的份额参数
8	ρ_{mi}	Armington 方程产品 i 进口商品与国内商品的替代弹性相关系数
9	ρ_{ei}	CET 函数部门 i 商品国内供应与出口的转换弹性相关系数
10	σ_{mi}	Armington 方程产品 i 进口商品与国内商品的替代弹性系数
11	σ_{ei}	CET 函数部门 i 商品国内供应与出口的转换弹性系数

三　居民收入及消费模块

在 CGE 模型中，居民消费函数常用以下两种方法：第一种方法是采用简单线性函数形式。具体做法是根据投入产出表中的居民消费结构数据，计算出居民消费的结构参数，即 $conp_i = HD_i / \sum_{i=1}^{n} HD_i$（其中 HD_i 为居民在第 i 个行业中的消费额），然后居民消费函数为：$HD_i = conp_i \times (TYH - HTAX - SH)$，其中 TYH 为居民总收入，$HTAX$ 为居民收入所得税，SH 为居民储蓄，这种线性消费函数的优点在于简单直观，一般在简单 CGE 模型或者不需要重点分析居民行为的 CGE 模型中应用。

第二种方法是应用线性支出系统需求函数（Linear Expenditure System，LES）或 ELSE（Extended LES）消费函数表示。LES 消费函数是英国经济学家斯通（R. Stone，1954）提出的。LES 将居民消费分为基本需求与额外需求两部分，其中基本需求不随着消费者收入变化而变化，额外需求是将基本需求扣除后再分配。LES 模型是较早地将理论分析与经验研究完善结合的典范，在此基础上，ELES 是经济学家路迟（Luich）于 1973 年提出扩展的线性支出系统需求函数（ELES），ELSE 模型把居民家庭的消费行为看作是一个相互联系、相互制约的有机联系的整体，它考虑了居民消费水平、消费倾向以及消费收入变动对消费决策的影响；而且，ELSE 函数在没有价格资料的情况下，也能根据截面数据资料估计出各种商品的基本需求支出，进行需求结构估算，可以计算出收入弹性，进行需求弹性分析。因此，在大多数 CGE 模型，尤其需要分析居民效应的模型中，均是采用线性支出系统需求（LES）消费函数或 ELES 消费函数。基于 ELES 消费函数的种种优势，本章亦采用 ELES 消费函数。

（1）居民收入模块函数

部门 i 的阶层 h 居民劳动收入：

$$YL_{h,i} = W \cdot wdist_{h,i} \cdot L_{h,i} \tag{7—46}$$

总的劳动收入：

$$TYL = \sum_{i} W \cdot wdist_{h,i} \cdot L_{h,i} \tag{7—47}$$

农村 $h1i$ 阶层居民的劳动收入：

$$TYLHR_{h1i} = rtylru_{h1i} \cdot TYL \tag{7—48}$$

城镇 $h2i$ 阶层居民的劳动收入：

$$TYLHU_{h2i} = \left(1 - \sum_{h1i} rtylru_{h1i}\right) \cdot TYL \tag{7—49}$$

农村 $h1i$ 阶层居民的资本收入：

$$YHRK_{h1i} = ratehrk_{h1i} \cdot TYK \tag{7—50}$$

城镇 $h2i$ 阶层居民的资本收入：

$$YHUK_{h2i} = ratehuk_{h2i} \cdot TYK \tag{7—51}$$

式（7—48）至（7—51）说明，农村和城镇居民均提供劳动和资本，因此劳动所得和资本所得按照固定比例在农村和城镇居民中进行分配。需要注意的是，资本总收入包括资本收益与折旧。

在本章的 SAM 表中，包含了居民的侨汇收入，但由于侨汇收入受到的影响因素复杂，而且更取决于国外因素，比如国外工资水平、国外经济增长状况，这些因素不是国内经济或政治所能决定的，因此把不同收入阶层的农村居民和城镇居民的侨汇收入 $\overline{YHRW}_{h1i}$ 和 $\overline{YHUW}_{h2i}$ 作为外生变量。

考虑到现实经济中，企业对居民存在一些转移支付或补贴或生活福利，而这些福利绝大多数被城镇居民所获得，因此城镇居民的收入中还包括企业对城镇居民的转移支付，具体方程为：

$$YEHU_{h2i} = ratehue_{h2i} \cdot YEK \tag{7—52}$$

类似的，政府对农村居民和城镇居民存有转移支付，方程如下：

政府对农村 $h1i$ 阶层居民的转移支付：

$$YHRG_{h1i} = ratehrg_{h1i} \cdot YGT \tag{7—53}$$

政府对城镇 $h2i$ 阶层居民的转移支付：

$$YHUG_{h2i} = ratehug_{h2i} \cdot YGT \tag{7—54}$$

这样，居民的总收入可以表示如下：

农村 $h1i$ 阶层居民的总收入：

$$YHRT_{h1i} = TYHR_{h1i} + YHRK_{h1i} + YHRG_{h1i} + \overline{YHRW}_{h1i} \tag{7—55}$$

城镇 $h2i$ 阶层居民的总收入：

$$YHUT_{h2i} = TYHU_{h2i} + YHUK_{h2i} + YEHU_{h2i} + YHUG_{h2i} + \overline{YHUW}_{h2i} \tag{7—56}$$

（2）居民支出模块：

农村 $h1i$ 阶层居民储蓄：

$$SHR_{h1i} = savhr_{h1i} \cdot YHRT_{h1i} \tag{7—57}$$

城镇 $h2i$ 阶层居民储蓄：

$$SHU_{h2i} = savhu_{h2i} \cdot YHUT_{h2i} \tag{7—58}$$

农村 $h1i$ 阶层居民消费支出：

$$HRDY_{h1i} = (1 - shr_{h1i}) \cdot (1 - t_{h1i}) YHRT_{h1i} \tag{7—59}$$

城镇 $h2i$ 阶层居民消费支出：

$$HUDY_{h2i} = (1 - shu_{h2i}) \cdot (1 - t_{h2i}) YHUT_{h2i} \tag{7—60}$$

农村 $h1i$ 阶层居民对产品 i 的消费：

$$HRD_{h1i} \cdot PQ_i = \overline{LHRD_{h1i}} \cdot PQ_i + \beta r_i \left(HRDY_{h1i} - \sum_{j=1}^{n} \overline{LHRD_{h1i,j}} \right) \tag{7—61}$$

城镇 $h2i$ 阶层居民对产品 i 的消费：

$$HUD_{h2i} \cdot PQ_i = \overline{LHUD_{h2i}} \cdot PQ_i + \beta r_i \left(HUDY_{h2i} - \sum_{j=1}^{n} \overline{LHUD_{h2i,j}} \right) \tag{7—62}$$

表 7—4　　居民模块函数变量与参数说明

居民模块函数内生变量/方程			
序号	变量	变量定义	变量个数
1	$YL_{h,i}$	部门 i 的 h 收入阶层居民劳动收入	$n \times h$
2	TYL	总的劳动收入	1
3	$TYLHR_{h1i}$	农村 $h1i$ 阶层居民的劳动收入	$h1i$
4	$TYLHU_{h2i}$	城镇 $h2i$ 阶层居民的劳动收入	$h2i$
5	$YHRK_{h1i}$	农村 $h1i$ 阶层居民的资本收入	$h1i$
6	$YHUK_{h2i}$	城镇 $h2i$ 阶层居民的资本收入	$h2i$
7	$YEHU_{h2i}$	企业对城镇 $h2i$ 阶层居民的福利补贴	$h2i$
8	$YHRG_{h2i}$	政府对农村 $h1i$ 阶层居民的转移支付	$h1i$
9	$YHUG_{h2i}$	政府对城镇 $h2i$ 阶层居民的转移支付	$h2i$
10	$YHRT_{h1i}$	农村 $h1i$ 阶层居民的总收入	$h1i$
11	$YHUT_{h2i}$	城镇 $h2i$ 阶层居民的总收入	$h2i$
12	SHR_{h1i}	农村 $h1i$ 阶层居民储蓄	$h1i$
13	SHU_{h2i}	城镇 $h2i$ 阶层居民储蓄	$h2i$
14	$HRDY_{h1i}$	农村 $h1i$ 阶层居民消费总支出	$h1i$
15	$HUDY_{h2i}$	城镇 $h2i$ 阶层居民消费总支出	$h2i$
16	$HRD_{h1i,j}$	农村 $h1i$ 阶层居民对产品 i 的消费	$h1i \times n$
17	$HUD_{h2i,j}$	城镇 $h2i$ 阶层居民对产品 i 的消费	$h2i \times n$

续表

居民模块函数参数			
序号	参数	参数定义	说明
1	$wdist_{h,i}$	工资扭曲系数	部门实际工资水平存在显著差异
2	$rtylru_{h1i}$	劳动报酬分配系数	劳动收入在农村 $h1i$ 阶层居民中分配系数
3	$ratehrk_{h1i}$	农村居民资本收入的比例	农村 $h1i$ 阶层居民资本收入/资本总收入
4	$ratehuk_{h2i}$	城镇居民资本收入的比例	城镇 $h2i$ 阶层居民资本收入/资本总收入
5	$savhr_{h1i}$	农村居民储蓄比例系数	农村 $h1i$ 阶层居民储蓄额除以居民的总收入
6	$savhu_{h2i}$	城镇居民储蓄比例系数	城镇 $h2i$ 阶层居民储蓄额除以居民的总收入
7	$ratehrg_{h1i}$	政府转移支付率（农村）	政府对农村 $h1i$ 阶层居民转移支付/政府总收入
8	$ratehug_{h2i}$	政府转移支付率（城镇）	政府对城镇 $h2i$ 阶层居民转移支付/政府总收入
9	thr_{h1i}	农村个人所得税税率	农村 $h1i$ 阶层个人所得税/农村 $h1i$ 阶层居民总收入
10	thu_{h2i}	城镇个人所得税税率	城镇 $h2i$ 阶层个人所得税/城镇 $h2i$ 阶层居民总收入
11	βr_i	农村居民边际消费率	农村 $h1i$ 阶层居民对产品 i 的边际消费量
12	βu_i	城镇居民边际消费率	城镇居民对产品 i 的边际消费量

四　企业模块

（1）企业收入模块函数

部门 i 的资本收入：

$$YK_i = R \cdot rdist_i \cdot K_i \tag{7—63}$$

总的资本收入：

$$TYK = \sum_i R \cdot rdist_i \cdot K_i \tag{7—64}$$

企业的资本收入：

$$YEK = (1 - \sum_{h1i} ratehrk_{h1i} - \sum_{h2i} ratehuk_{h2i}) \cdot TYK \tag{7—65}$$

（2）企业支出模块函数

企业对城镇 $h2i$ 阶层居民的转移支付：

$$YEHY_{h2i} = ratehue_{h2i} \cdot YEK \tag{7—66}$$

企业储蓄：

$$SE = (1 - \sum_{h2i} ratehue_{h2i}) \cdot (1 - t_e) YEK \quad (7—67)$$

部门的存货：

$$STO_i = sto_i \cdot QQ_i \quad (7—68)$$

表 7—5　　企业模块函数变量与参数说明

企业模块函数内生变量/方程			
序号	变量	变量定义	变量个数
1	YK_i	部门 i 的资本收入	n
2	TYK	总的资本收入	1
3	YEK	企业的资本收入	1
4	$YEHU_{h2i}$	企业对城镇 $h2i$ 阶层居民的转移支付	$h2i$
5	SE	企业储蓄	1
6	STO_i	部门 i 的存货	n

企业模块函数参数			
序号	参数	参数定义	说明
1	$rdist_i$	资本扭曲系数	部门实际收益率存在显著差异
2	$ratehue_{h2i}$	企业对城镇 $h2i$ 阶层居民转移支付的比例系数	企业对城镇 $h2i$ 阶层居民转移支付除以企业的资本收入
3	sto_i	部门 i 的存货比例系数	部门 i 的存货占商品的比例系数

五　政府模块

（1）政府收入模块函数

部门 i 的增值税收入：$GADDVTAX_i = t_{addvi} \cdot (YL_i + YK_i)$　(7—69)

部门 i 的营业税收入：$GBUSTAX_i = t_{bussi} \cdot PX_i \cdot QX_i$　(7—70)

部门 i 的消费税收入：$GCONSPTAX_i = t_{iconspi} \cdot PX_i \cdot QX_i$　(7—71)

部门 i 的其他间接税收入：$GOTHETAX_i = t_{othei} \cdot PX_i \cdot QX_i$

(7—72)

产品 i 进口关税收入：$GTRIFM_i = t_{mi} \cdot PM_i \cdot QM_i$　　(7—73)

农村 $h1i$ 阶层居民所得税：$GHRTAX_{h1i} = t_{h1i} \cdot YHRT_{h1i}$　　(7—74)

城镇 $h2i$ 阶层居民所得税：$GHUTAX_{h2i} = t_{h2i} \cdot YHUT_{h2i}$　　(7—75)

企业所得税：$GETAX = t_e \cdot YEK$　　(7—76)

政府的国外收入：$GWY = rategw \cdot \sum_i PM_i \cdot QM_i$　　(7—77)

政府总收入：

$$YGT = \sum_i^n GADDVTAX_i + \sum_i^n GBUSTAX_i + \sum_i^n GCONSPTAX_i + \sum_i^n GOTHETAX_i + \sum_i GTRIFM_i + \sum_{h1i} GHRTAX_{h1i} + \sum_{h2i} GHUATX_{h2i} + GETAX + GWY \quad (7—78)$$

(2) 政府支出模块函数

政府对农村 $h1i$ 阶层居民的转移支付：

$$YHRG_{h1i} = ratehrg_{h1i} \cdot YGT \quad (7—79)$$

政府对城镇 $h2i$ 阶层居民的转移支付：

$$YHUG_{h2i} = ratehug_{h2i} \cdot YGT \quad (7—80)$$

政府对国外的援助：

$$YWG = ratewg \cdot YGT \quad (7—81)$$

政府储蓄：

$$SG = sg \cdot YGT \quad (7—82)$$

政府对产品 i 的消费：

$$GD_i = \mu_{gi}(1 - \sum_{h1i} ratehrg_{h1i} - \sum_{h2i} ratehug_{h2i} - ratewg - sg) \cdot YGT/PQ_i \quad (7—83)$$

表 7—6　　政府模块函数变量与参数说明

政府模块函数内生变量/方程			
序号	变量	变量定义	变量个数
1	$GADDVTAX_i$	部门 i 的增值税收入	n
2	$GBUSTAX_i$	部门 i 的营业税收入	n
3	$GCONSPTAX_i$	部门 i 的消费税收入	n

续表

政府模块函数内生变量/方程			
序号	变量	变量定义	变量个数
4	$GOTHETAX_i$	部门 i 的其他间接税收入	n
5	$GTRIFM_i$	产品 i 进口关税收入	n
6	$GHRTAX_{h1i}$	农村 $h1i$ 阶层居民所得税	$h1i$
7	$GHUTAX_{h2i}$	城镇 $h2i$ 阶层居民所得税	$h2i$
8	$GETAX$	企业所得税	1
9	GWY	政府的国外收入	1
10	YGT	政府总收入	1
11	$YHRG_{h1i}$	政府对农村 $h1i$ 阶层居民的转移支付	$h1i$
12	$YHUG_{h2i}$	政府对城镇 $h2i$ 阶层居民的转移支付	$h2i$
13	YWG	政府对国外的援助	1
14	SG	政府储蓄	1
15	GD_i	政府对产品 i 的消费量	n

政府模块中的相关函数参数			
序号	参数	参数定义	说明
1	t_{addvi}	部门 i 的增值税税率	部门 i 的增值税除以部门 i 的总产出
2	t_{bussi}	部门 i 的营业税税率	部门 i 的营业税除以部门 i 的总产出
3	t_{conspi}	部门 i 的消费税税率	部门 i 的消费税除以部门 i 的总产出
4	t_{othei}	部门 i 的其他间接税税率	部门 i 的其他间接税除以部门 i 的总产出
5	t_{h1i}	农村 $h1i$ 阶层居民所得税税率	农村 $h1i$ 阶层居民所得税除以农村 $h1i$ 阶层居民总收入
6	t_{h2i}	城镇 $h2i$ 阶层居民所得税税率	城镇 $h2i$ 阶层居民所得税除以城镇 $h2i$ 阶层居民总收入
7	t_e	企业所得税税率	企业所得税除以企业的资本收入
8	$rategw$	政府国外收入的比例系数	政府的国外收入除以进口额
9	$ratehrg_{h1i}$	政府对农村 $h1i$ 阶层居民转移支付的比例系数	政府对农村 $h1i$ 阶层居民的转移支付在政府总收入中的占比
10	$ratehug_{h2i}$	政府对城镇 $h2i$ 阶层居民转移支付的比例系数	政府对城镇 $h2i$ 阶层居民的转移支付在政府总收入中的占比
11	$ratewg$	政府国外转移支付比例系数	政府对国外的转移支付除以政府总收入

续表

政府模块中的相关函数参数			
序号	参数	参数定义	说明
12	sg	政府储蓄的比例系数	政府储蓄除以政府总收入
13	μ_{gi}	政府对产品 i 消费的比例系数	政府对产品 i 的消费量占总消费量的比例

六　均衡模块

（一）国际收支平衡

国际收支平衡是指“世界其他”部门的“收入”与“支出”相均衡。具体的均衡规则有两种方式：一种方式是把汇率作为外生变量，而国外储蓄作为内生变量，其经济学含义为：国际贸易的顺差或逆差是通过汇率来调整的，本币贬值则可以使得顺差增加，本币升值则使得顺差减少。另一种方式是把国外储蓄作为外生变量，而汇率作为内生变量，其经济学含义为：国际贸易的汇率的贬或升是通过控制贸易差额来调整的，扩大贸易顺差则使得本币贬值，减少贸易顺差则使得本币升值。本章选择汇率为内生变量，国外储蓄为外生变量的均衡规则。

$$\sum_i PM_i \cdot QM_i + YWG = \sum_i PE_i \cdot QE_i + \overline{\sum_{h1i} YHRW_{h1i}} + \overline{\sum_{h2i} YHUW_{h2i}} + GWY + \overline{SF} \tag{7—84}$$

其中 $\overline{SF}$ 为国外储蓄，$\overline{YHRW_{h1i}}$ 和 $\overline{YHUW_{h2i}}$ 分别为农村 $h1i$ 阶层居民和城镇 $h2i$ 阶层居民的侨汇收入，这三者均是外生变量。

（二）储蓄投资均衡

总储蓄：$TSAV = SE + SG + \sum_{h1i} SHR_{h1i} + \sum_{h2i} SHU_{h2i} + \overline{SF}$　(7—85)

总投资：$TINV = TSAV - \sum_i STO_i \cdot PQ_i$　(7—86)

部门投资：$INV_i \cdot PQ_i = inv_i \cdot TINV_i$　(7—87)

储蓄投资均衡：$TINV = TSAV + WALARAS$　(7—88)

（三）商品市场均衡

商品总需求等于总供给：

$$\sum_{h1i} HRD_{h1i,j} + \sum_{h2i} HUD_{h2i,j} + GD_j + INV_j + STO_j + ND_j = QQ_j \tag{7—89}$$

（四）劳动力市场均衡

劳动力市场均衡有两种方式：方式一是假设劳动工资具有刚性，劳动力市场调整不充分，即不一定实现充分就业，因此可以假定为劳动工资外生变量，这种均衡方式比较适用于拥有大量剩余劳动力的发展中国家，或者是经济大萧条后社会存在大量失业人口的经济体。方式二是假设劳动工资为内生变量，劳动力市场调整充分，可以实现充分就业，这种均衡方式比较适用经济发达国家或者那些劳动力普遍缺乏的经济体。考虑到我国经济已经进入中等发展国家行列，目前我国劳动力市场供给已经相对紧张，而且随着我国人口老龄化的加剧发展，劳动力供给和需求的矛盾会越来越突出，劳动力市场将进一步趋向于卖方市场，因此本章选择第二种均衡方式，即假设相对工资为内生变量，劳动市场实现充分就业。

$$\sum_h \sum_i L_{h,i} = \overline{ls0} \tag{7—90}$$

（五）资本市场均衡

资本市场与劳动力市场一样，也存在两种均衡方式：一种方式认为由于资源、权力和技术垄断等因素，使得资本具有一定的专用性，资本在部门之间难以有效自由流动和转化，因此资本价格为外生变量；另一种方式认为在经济市场条件下，企业可以通过调整库存、改变投资方向，使得资本在部门间自由流动和转化，即可以实现资本的充分利用，因此资本价格为内生变量。考虑到随着我国经济体制改革力度的不断强化和深入，政府不断放权、行业准入门槛逐渐降低、行业垄断得以削弱或打破，我国市场经济的运行效率将进一步提高，资本流动和配置也将进一步自由、充分而有效，因此本章采用第二种假设。

$$\sum_i K_i = \overline{K_s} \tag{7—91}$$

（六）名义 GDP 与实际 GDP

$$RGDP = \sum_j^n \sum_{h1i} HRD_{h1i,j} + \sum_j^n \sum_{h2i} HUR_{h2i,j} + \sum_i^n GD_i$$

$$+\sum_{i}^{n} INV_i + \sum_{i}^{n} STO_i + \sum_{i} (QE_i - (1 + tm_i)QM_i) \quad (7\text{—}92)$$

$$SGDP_i = r \cdot kdist_i \cdot K_i + \sum_{h} w \cdot wdist_{h,i} \cdot L_{h,i}$$
$$+ (t_{addvi} + t_{bussi} + t_{conpi} + t_{othei}) \cdot PX_i \cdot QX_i \quad (7\text{—}93)$$

$$NGDP = \sum_{i} SGDP_i \quad (7\text{—}94)$$

$$PGDP = \frac{NGDP}{RGDP} \quad (7\text{—}95)$$

表 7—7　　　　均衡模块函数变量与参数说明

均衡模块函数内生变量/方程			
序号	变量	变量定义	变量个数
1	INV_i	部门投资	n
2	$TINV$	总投资	1
3	$TSAV$	总储蓄	1
4	$WALRAS$	瓦尔拉斯虚拟变量	1
5	$RGDP$	实际国内生产总值	1
6	$SGDP_i$	部门 i 的名义国内生产总值	n
7	$NGDP$	名义国内生产总值	1
8	$PGDP$	国内生产总值的价格指数	1
均衡模块函数外生变量			
序号	变量	变量定义	变量个数
1	$\overline{SF}$	代表国外储蓄	1
2	$\overline{K_s}$	资本的总供给	1
3	$\overline{L_s}$	劳动的总供给	1
4	$\overline{YHRW_{h1i}}$	农村 $h1i$ 阶层居民侨汇收入	$h1i$
5	$\overline{YHUW_{h2i}}$	城镇 $h2i$ 阶层居民侨汇收入	$h2i$

续表

均衡模块函数参数			
序号	参数	参数定义	说明
1	inv_i	部门 i 的投资比例系数	部门 i 的投资占总投资的比例
2	tm_i	部门 i 的进口关税税率	部门 i 的关税除以该部门进口额
3	$wdist_{h,i}$	工资扭曲系数	相对平均工资水平的扭曲程度
4	$kdist_i$	资本收益率扭曲系数	相对资本收益平均的扭曲程度

七　社会福利模块

衡量社会福利有多种指标，在国内外相关 CGE 文献中，运用比较普遍的是希克斯等价变动（Hichsian equivalent variation），本章也遵循这一做法，即采用希克斯等价变动来衡量实施外部政策冲击后对居民社会福利的影响。希克斯等价变动以政策实施前的商品价格为基础，测算居民在政策实施后的效用水平的变化情况（以居民消费效用函数来衡量）。其计算公式为：

$$\begin{aligned} EV &= E(U,PQ0) - E(U0,PQ0) \\ &= \sum_j PQ0_i \cdot \Big(\sum_{h1i} HRD_{h1i,j} + \sum_{h2i} HUR_{h2i,j}\Big) \\ &\quad - \sum_j PQ0_j\Big(\sum_{h1i} HRD0_{h1i,j} + \sum_{h2i} HUD0_{h2i,j}\Big) \end{aligned} \tag{7—96}$$

其中：

EV：代表居民福利的希克斯等价变动。

$E(U,PQ0)$：表示在政策实施后的效用水平，以政策变动前的价格支出函数计算。

$E(U0,PQ0)$：表示在政策实施前的效用水平，以政策变动前的价格支出函数计算。

$PQ0_i$：表示第 i 种商品在政策实施前的消费价格。

$HRD0_{h1i,j}$：表示第 i 种商品在政策实施前的农村 $h1i$ 阶层居民消费数量。

$HUD0_{h2i,j}$：表示第 i 种商品在政策实施前的城镇 $h2i$ 阶层居民消费数量。

$HRD_{h1i,j}$：表示第 i 种商品在政策实施后的农村 $h1i$ 阶层居民消费数量。

$HUD_{h2i,j}$：表示第 i 种商品在政策实施后的城镇 $h2i$ 阶层居民消费数量。

根据上述公式可以计算出希克斯等价变动 EV 值，当 EV 值为正，说明居民福利在政策实施后得到了改善；反之，如果 EV 值为负，则说明政策的实施损害或减少了居民福利。

八　环境污染模块

根据国内外相关文献，在 CGE 模型中，常见的衡量生产过程和消费过程中污染物排放量主要有两种计算方式：第一种方式是根据各部门使用石化能源的多少，以各部门的产出乘以给定的排放系数，即可得到该部门生产所排放的污染物，然后将各部门所排放的某项污染物相加即可得到该污染物的排放总和。第二种方法是间接根据各部门中间投入品的数量乘以中间投入品的某项污染物排放系数，从而得到该部门某项污染物的排放量，然后将各部门中间投入品污染物排放量相加，最后可以得到该污染物排放总量。

Dessus（2002）根据美国 1988 年 487 个部门的数据，通过经济计量模型估计出了 13 种主要污染物对应的排放系数，其研究结果表明：每种污染物的排放总量中，约有 90% 可以单归因于投入品的使用；能造成各种污染物的投入品仅是有限的十几种，大多数污染物对应的投入品不超过 5 种。从 Dessus 的研究结论可以看出，衡量污染物排放量使用第二种计算方式更简便，因此，本报告主要考虑在生产过程中因为化石能源（煤炭、石油、天然气）的消耗而生产的污染物，另外，为和现实污染情况相一致，本章还考虑了居民消费能源所产生的污染物。

另外，污染物包括多种，主要由废水、二氧化硫、二氧化碳、总悬浮颗粒物、固体废弃物等，为节约篇幅，本章仅以二氧化碳排放量的计算为例，其他污染物排放量的计算与二氧化碳排放量的计算方式类似。

$$QXO_{p,j} = \sum_{nele} \zeta_{p,nele} \cdot \chi_{nene} \cdot QXA_{nene,j} \tag{7—97}$$

$$TQXO_p = \sum_j QXO_{p,j} \tag{7—98}$$

部门生产过程中化石能源投入的二氧化碳排放量：

$$CO2_i = \sum_j E_{i,j} \cdot \varepsilon_j \cdot \theta_j \cdot o_j \tag{7—99}$$

其中 $j = E_{petromi}$、$E_{petrorei}$、E_{nagasi}、E_{magasi}、E_{coalmi}、E_{recoi} 等化石能源的投入量；ε_j 为各类化石能源的二氧化碳排放系数；θ_j 为各类能源由价值型向实物型的转换因子；o_j 为各类能源的碳氧化率。

化石能源最终消费所排放的二氧化碳量：

化石能源消费：$EN_f = \sum_i \sum_j [(D_{bji} + M_{bji}) + (D_{Hj} + M_{Hj})]$ (7—100)

清洁能源消费总量：$EN_c = A_{ENc} EN_f$ (7—101)

为方便起见，本章假定清洁能源与化石能源成比例，其中 A_{Enc} 就是外生的清洁能源与化石能源的比值，于是：

能源消费总量：$EN = EN_c + EN_f$ (7—102)

生产部门的碳排放：$C_I = \sum_i \sum_j \delta_{ji} Z_{bji}$ (7—103)

农村 $h1i$ 阶层居民消费碳排放：$C_{h1i} = \sum_j \delta_{h1i,j} Z_{h1i,j}$ (7—104)

城镇 $h2i$ 阶层居民消费碳排放：$C_{h2i} = \sum_j \delta_{h2i,j} Z_{h2i,j}$ (7—105)

碳排放总量：$C = C_I + \sum_{h1i} C_{h1i} + \sum_{h2i} C_{h2i}$ (7—106)

能源强度：$I_{EN} = EN/Z_{GDP}$ (7—107)

碳排放强度：$I = C/Z_{GDP}$ (7—108)

在具体政策模型计算过程中，碳排放强度、碳排放总量和碳税税率中任选一个作为外生变量，而将其他两个设为内生变量。

九　动态模块

如上文所述，CGE 模型动态类型可以分为递推动态和跨期动态；由于递推动态的诸多优点，本章同国外大多数相关文献一样，选择递推动态的方式构建模型。具体方程如下：

本章假设在同一时期，劳动力供给变量与人口指数 pop_t 的增长率是相同的：

$$ls_t = ls0 \cdot pop_t \text{，等价于 } ls_{t+1} = ls_t \cdot (1 + n_t) \tag{7—109}$$

模型还假设一些常量增长率同人口指数 pop_t 增长率 n_t 相同的，比如：

农村 $h1i$ 阶层居民的国外侨汇收入：$\overline{YHRW0}_{h1i,t+1} = \overline{YHRW0}_{h1i,t} \cdot (1 + n_t)$　（7—110）

城镇 $h2i$ 阶层居民的国外侨汇收入：$\overline{YHUW0}_{h2i,t+1} = \overline{YHUW0}_{h2i,t} \cdot (1 + n_t)$　（7—111）

农村 $h1i$ 阶层居民 ELES 需求方程中商品消费的最低值：

$$\overline{LHRD0}_{h1i,t+1} = \overline{LHRD0}_{h1i,t} \cdot (1 + n_t) \tag{7—112}$$

城镇 $h2i$ 阶层居民 ELES 需求方程中商品消费的最低值：

$$\overline{LHUD0}_{h2i,t+1} = \overline{LHUD0}_{h2i,t} \cdot (1 + n_t) \tag{7—113}$$

国外储蓄：$\overline{FSAV0}_{t+1} = \overline{FSAV0}_t \cdot (1 + n_t)$　（7—114）

之所以假设主要外生变量的增长与劳动力供给率的增长相同，是为了能使模型拟合出一个平衡的增长路径。因为如果所有的变量都遵循一种稳定的增长，那么该经济也会遵循一种平衡的增长路径，虽然这种均衡增长路径与现实情况有所出入，但是在这种假设体条件下，如果检验模型具有一致性，这样均衡增长路径便是有效的。在静态模型中，均衡增长可以被看成是均匀性检验的动态模拟，或者是宏观经济模型中货币中性的检验。

此外，动态 CGE 模型的其他主要方程还包括技术进步（全要素生产率的提高），资本的积累以及在部门之间的流动。具体描述如下方程所示：

$$\lambda_{t+n}^{tfp} = \lambda_t^{tfp} \cdot (1 + \gamma^{tfp})^n \tag{7—115}$$

$$ARK_t = \sum \left[\left(\frac{K_{i,t}}{\sum_i K_{i,t}} \right) \cdot R_t \cdot kdist_{i,t} \right] \tag{7—116}$$

$$\eta_{i,t} = \left(\frac{K_{i,t}}{\sum_i K_{i,t}} \right) \cdot \left(1 + \beta_i \cdot \left(\frac{R_t \cdot kdist_{i,t}}{ARK_t} - 1 \right) \right) \tag{7—117}$$

$$\Delta K_{i,t} = \frac{\eta_{i,t} \cdot \sum_i PQ_i \cdot INV_i}{PK_t} \tag{7—118}$$

$$PK_t = \frac{\sum_i PQ_i \cdot INV_i}{\sum_i INV_i} \tag{7—119}$$

$$K_{i,t+1} = K_{i,t} \cdot \left(1 + \frac{\Delta K_{i,t}}{K_{i,t}} - depr_i\right) \tag{7—120}$$

$$K_{t+1} = K_t - \sum_i K_{i,t} \cdot depr_i + \sum_i \Delta K_{i,t} \tag{7—121}$$

表 7—8　　动态模块函数内生变量

变量	变量定义	变量个数
$L_{s,t+n}$	$t+n$ 期的劳动供给量	1
ARK_t	t 期的资本平均收益率	1
$\Delta K_{i,t}$	t 期部门 i 的新资本积累量	n
PK_t	t 期单位资本的价格	1
$K_{i,t+1}$	$t+1$ 期部门 i 的资本存量	n
K_{t+1}	$t+1$ 期资本供给总量	1

CGE 模型的动态模块中相关参数

参数	参数定义
n_t	劳动力增长率
λ^{tfp}	全要素生产率增长率
$kdist_i$	资本收益率扭曲系数
β_i	资本的部门流动系数
$\eta_{i,t}$	t 期部门 i 的新资本积累系数
$depr_i$	资本折旧率

第三节　中国科技动态可计算一般均衡模型逻辑结构

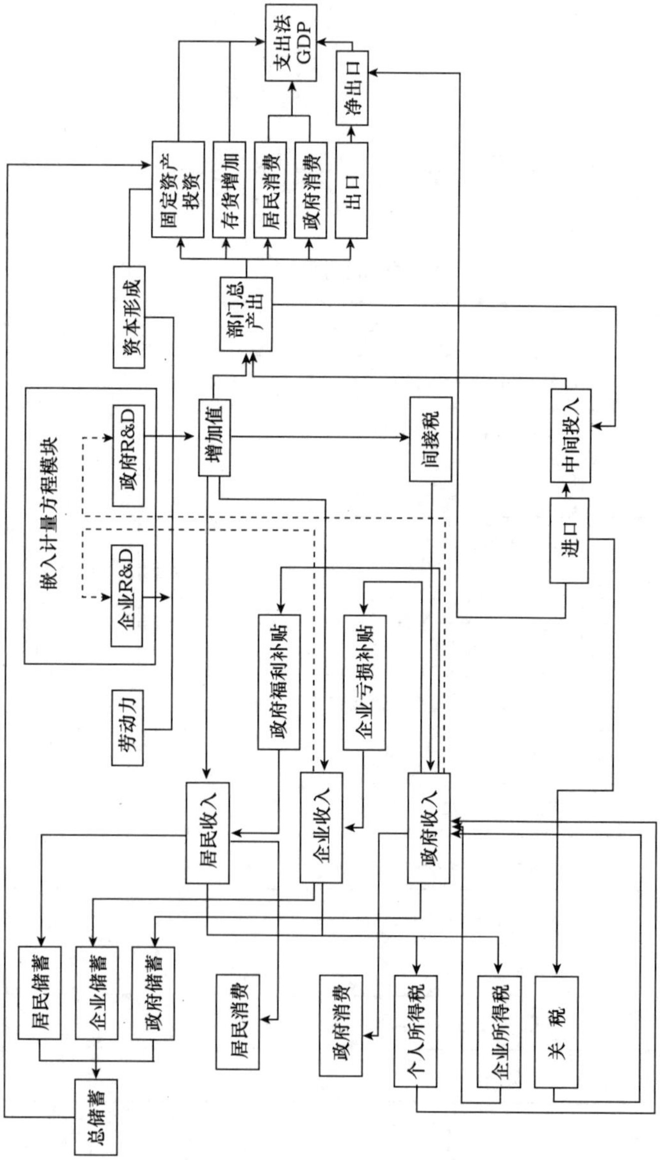

图7—3　中国科技动态CGE模型结构关系

第八章

社会核算矩阵(SAM)构建和参数标定及程序检验

第一节　社会核算矩阵的概念和基本特点

社会核算矩阵（SAM）表起源于国民核算账户体系，由于国民核算账户通常偏重于对国民经济总量及其增长的核算，缺乏国民收入的流向及其分配等方面的信息，而SAM表恰好是一个连接所有经济交易（包括生产、分配、流通、税收、消费、储蓄和投资等内容），对生产活动、生产要素和社会经济行为主体进行分解和分类的完整数据体系，它不仅能够清楚地反映一个经济体内部有关生产、要素收入及其分配、经济行为主体收入和消费的循环关系，而且可以直观地描述企业增加值是如何分配到各生产要素，进而分配到各经济行为主体（居民、企业、政府和国外），企业和政府的收入如何通过转移支付等手段进行社会再分配，进口商品是如何进入国内消费市场、国内产品如何用于出口分配给国外，消费以外的其他收入如何变为储蓄，然后进一步转化为投资用于扩大再生产等。总而言之，社会核算矩阵（SAM）表可以看作是以数字方式再现社会经济循环过程。

由于SAM表能准确刻画模型中包含的各种收支均衡关系，因此被用作CGE模型的基础数据集，并被当作CGE模型的基准均衡解，并暗含SAM表中的社会经济主体处于均衡状态。

第二节 SAM 表的基本结构

SAM 表的结构可以看作一个方阵，它根据复式记账的原则将各账户的收支情况进行记录，其中行方向表示账户的收入，列方向表示账户的支出，同一账户行和列的数值合计额相等。一个开放经济体的 SAM 表账户通常包括以下几类：生产活动账户、商品账户、生产要素账户、机构账户、投资－储蓄账户和国外账户，开放经济体的 SAM 表的基本结构见下表 8—1 所示：

表 8—1 开放经济体的宏观 SAM 表结构

	生产活动	商品	劳动力	资本	居民	企业	政府	投资－储蓄	存货	世界其他地区
生产活动		国内生产国内供给								出口
商品	中间投入				居民消费		政府消费	固定资本形成	存货增加	
劳动力	劳动报酬									
资本	资本收益									
居民			劳动报酬	资本收入		企业转移支付	政府转移支付			侨汇
企业				资本收益			政府转移支付			
政府	间接税	进口关税			个人所得说	企业直接税				国外投资收益
投资－储蓄					居民储蓄	企业储蓄	政府储蓄			国外净储蓄

续表

	生产活动	商品	劳动力	资本	居民	企业	政府	投资－储蓄	存货	世界其他地区
存货								存货投资		
世界其他地区		进口		外资投资收益			对外援助			

SAM 表各账户的主要核算内容是：

“生产活动”账户核算生产者的生产活动状况。“生产活动”对应的是投入产出核算中的生产部门，其账户的行方向表示生产活动的收入来自于两方面：国内各种商品的供应以及出口到国外所获收入，行的总和构成生产活动的总产出；账户的列方向表示生产活动的投入，即从“生产要素”中间投入和“要素”账户的要素投入，此外还需向“政府机构”支付生产税，列的总和构成生产活动的总成本。

“商品”账户核算各种商品的供应及来源。账户的行方向反映国内各机构购买或使用各种商品的情况，包括对“生产活动”中间投入的需求、各经济主体的最终消费需求，行的总和构成对各种商品的总需求；账户的列方向表示本国或国外各种商品的来源，国内生产活动的供给和包含进口关税的进口额就构成了国内复合商品市场的总供给。

“生产要素”账户核算各种要素收入及其支出或分配。账户的行方向反映各要素从生产活动中获得的要素报酬（反映初次分配），以及从企业、政府以及国外获得的各种转移支付（反映再次分配）；账户的列方向则反映要素收入在生产要素提供者及“机构”之间的分配过程。

“机构”账户核算各机构的收入来源及其支出。账户的行方向反映“机构”的收入来源于要素收入或者税收收入，行的总和是各机构的总收入；账户的列方向反映“机构”的收入支出情况，除了部分转移支出外，其余收入都在税收、储蓄和消费之间进行分配，列的总和反映机构总支出。

“投资－储蓄”账户核算社会的总资本来源和使用。账户的行方向反映各机构的资本来源于各种储蓄，行的总和表示总储蓄；列的总和反映社会的总投资（包括库存变化）。

“国外”账户核算与世界其他国家相关的交易，主要反映国际贸易和国际收支等的情况。账户的行方向反映各种商品从国外进口的国外所得；账户的列方向则反映国内商品的出口和从国外得到的各项净收入。

值得一提的是，SAM 表的构建很是灵活，可以根据研究的需要进行进一步细分和扩展，比如，“居民”可以细分为“农村居民”和“城镇居民”，而“农村居民”和“城镇居民”还可以再次细分为“高收入阶层”“中高收入阶层”“中收入阶层”“中低收入阶层”和“低收入阶层”；“要素”也可以分为“劳动力”“资本”“土地”“能源”“自然禀赋”等，而“劳动力”本身还可以再次细分为“高级劳动力”“中级劳动力”和“低级劳动力”等；“企业”可以进一步细分为“内资企业”和“外资企业”，而“内资企业”又可以再次细分为“国有企业”“民营企业”，“外资企业”可以再次细分为“日资企业”“台资企业”“美资企业”“欧资企业”等；即使是“政府”可以细分为“中央政府”和“地方政府”等，千变万化。

第三节　社会可算矩阵（SAM）的编制原则和经验

编制 SAM 有两种不同的方法，即“自上而下法”（Top-Down）和“自下而上法”（Bottom-Up）。

（一）自上而下法

自上而下法是一种从宏观到微观、从整体到局部的演绎方法，即先编制宏观 SAM 表，然后在宏观 SAM 表的基础上根据研究内容，进一步细化行业和经济主体，形成详细的微观 SAM 表，它强调的是数据前后的一致性。遵循自上而下原则编制 SAM 表的一个典型的例子就是1998 年的美国 SAM 表，基于该 SAM 已经进行了不少应用研究（Reinert and Roland Holst，1992；Hanson and Robinson，1989；Roland-Holst and Sancho，1992 等）。

（二）自下而上法

自下而上法是一种从微观到宏观、从局部到整体的归纳方法，即从各种各样的微观详细数据出发，通过汇总得到宏观 SAM 表，但其对数据要求更高，强调数据的准确性。Keuning 和 De Ruijter（1988）较赞成自下而上法，认为从分解数据资料开始，然后与此前计算的总量数据相对照，并将其进行分解。遵循自上而下原则编制 SAM 表的一个典型的例子就是 Jabara、Lundberg 和 Jallow（1992）构建的冈比亚 SAM 表，也已经用于多篇学术论文中。

（三）实践经验

在讲课的过程中，经常遇到学生提出“宏观 SAM 表和微观 SAM 表先编哪个”的问题。根据自己的实践经验，作者认为应该遵循“宏观 SAM—微观 SAM—宏观 SAM”这样的编制顺序。具体说来，在编制宏微观 SAM 表的过程中，首先应根据 CGE 模型的研究目的和内容，在宏观 SAM 表中把生产、商品以及经济主体的各种收支行为一一实现和规划出来，也就是说，这个宏观 SAM 表是用来整理 CGE 模型研究思路的，此时不用填入具体的数值，而是填入数值的经济含义即可，着重分析这种规划思路的合理性和逻辑性；思路清晰后，即可以开始编制具体的微观 SAM 表，根据各种数据来源资料（投入产出表、中国经济统计年鉴、中国财政年鉴、中国税收年鉴等），把每一项原始数据填入相应的位置上去，尽可能地把每一项数据都填上，然后调平微观 SAM 表；最后把平衡后的微观 SAM 表进行加总，即可得到平衡的宏观 SAM 表，这样可以避免宏观 SAM 和微观 SAM 来回反复变动，节约时间。

一　中国科技研发可计算一般均衡模型宏观社会核算矩阵（SAM）编制

社会核算矩阵（以下简称 SAM 表）的出现和发展源于人们对国民核算账户局限性的认识。通常国民核算账户偏重于经济总量及增长的核算，但经济增长并不能保证所有人群的生活水平都能有所改善，因此需要了解有关收入分配方面的信息。而 SAM 表恰好是一套连接所有经济交易（包括生产、收入分配、流通、消费、储蓄和投资等内容），对生产活动、生产要素和社会经济主体进行分解和分类的完整数据体系，它能定量描述一个经济体内部有关生产、要素收入分配、经济主体收入分配和支出的循环关系。通过 SAM 表，可以很清楚地看到：增加值是如何分配到各生产要素，进而分配到各机构主体（居民、企业、政府），机构主体的收入通过转移支付等手段进行调整后又用于消费支出。用于消费的各种商品又来自于各部门的生产活动，并在此过程中创造增加值。消费以外的其他收入则转化为储蓄，并进一步转化为投资。简言之，SAM 表可以看作以数字方式再现经济循环，并着重于反映分配层面。

由于 SAM 表能准确刻画模型中包含的各种收支均衡关系，因此被用作 CGE 模型的基础数据集，并被当作 CGE 模型的基准均衡解。

作为经济模型建模的数据基础和政策分析的事实依据，SAM 表的数据应当充分、准确地反映经济特征。一般情况下，SAM 表的编制需要采用较新的经济数据，然而这与近期数据详细性较为欠缺的特性相矛盾。编制 SAM 的主要数据来源有投入产出表、政府年度财政决算总表、国民收入统计、年度税收数据、地区统计年鉴、地区商品进出口数据以及城乡居民生活调查。本章选取最新的 2012 年中国投入产出表作为编制中国科技动态 CGE 模型的 SAM 基准年份。由于 SAM 表中的部分宏观数据在中国现有的统计资料中没有明确提供或者统计口径的差别等原因，因此本章在编制该 SAM 表时尽量选择准确可靠的数据作为控制数据，而把可靠性低或没有出处来源的数据以及与 SAM 表概念差别较大的数据作为矩阵的行余量或列余量来处理。

本模型构建的宏观 SAM 包括 27 个账户：

生产、商品、劳动力、资本、城镇居民家庭、农村居民家庭、企业、政府、国内增值税、营业税、国内消费税、城市维护建设税、企业所得税、房产税（经营性房产税，对居民而言是财产性房产税）、城镇土地使用税、土地增值税、耕地占用税、契税、车船税、车辆购置税、其他间接税、关税、个人所得税、科技研发、储蓄－投资、存货和国外。其具体结构如表 8—2 所示。

表 8—2　中国科技动态 CGE 模型的社会核算矩阵（SAM）宏观表

单位：百亿元

	生产	商品	劳动力	资本	居民	企业	政府	国内增值税	营业税	其他间接税	关税	企业所得税	个人所得税	科技研发	储蓄 - 投资	存货	世界其他地区
生产		14650															1367
商品	10648				1985		732							63	2340	327	
劳动力	2641													38			
资本	1991																
居民			2679			398	16										
企业				1991			23										
政府								265	157	314	225	220	58				
国内增值税	265																
营业税	157																
其他间接税	314																
关税		225															
企业所得税						220											
个人所得税					58												
科技研发						76	25										
储蓄 - 投资					1050	1319	444										- 146
存货															327		
世界其他地区		1221															

二　中国科技动态 CGE 模型参数标定

CGE 模型的标定过程是根据模型方程和基年数据计算模型方程中的参数，使模型产生新的基准数据，并使模型的基年方程解与基准均衡数据集相一致。这一过程实质是用基年数据和模型方程求解模型参数。由于本章中国 CGE 模型建立的基础数据集——2012 年 SAM 表中包含各类交易的名义值，在确定了基年商品和要素价格的基础上就可以得出相应的商品、要素的实际值。因此模型变量都可由 SAM 表推导出，并在此基础上根据模型方程计算出模型参数，即模型的“标定”。上文已经讨论过由一年的基准均衡数据并不能得出模型的全部参数，因此部分参数需要外生给定。

价格的确定以及商品、要素实际数量值的确定：本章 CGE 模型中所涉及的所有价格均为相对价格。为了便于计算，使基年数据中各种商品、要素等流量的实际值与名义值相等，本章采用了令各种商品、要素的国内价格（具体包括复合商品价格、国内生产商品价格、国内生产用于国外销售商品价格等）都为单位 1 的标定方法。这样，在外生给定进口关税税率、出口退税率、人民币汇率值之后就可以由价格模块的价格方程计算得出商品的世界价格（包括进口商品的世界价格和中国出口商品的世界价格等）。同时，SAM 表中各种商品、要素收入与商品价格即为各种商品、要素的量值。由于本模型中大多数基年价格都被标定为单位 1，因此商品、要素的收入值即为商品、要素的量值。本章 CGE 模型中的关税税率将分 70 个部门分别由各部门中大类商品普通贸易的进口关税税率具体表示。由于数据来源的缺失，我们用加权平均的方法根据海关统计年鉴、进口关税税则中的相关数据估算出进口关税税率，并结合 SAM 表中分部门消费、进口等数据计算出了普通贸易的进口关税税率。至于各个部门的出口退税额则是在计算出平均出口退税率基础上，根据 70 个部门各自的出口值分别计算得出，即各部门出口退税额 = 各部门出口值 × 平均出口退税率。

根据相关统计资料中的分部门劳动力数据和 SAM 表中分部门的劳动报酬可以计算出每一部门劳动力要素的平均工资。资本的使用价格则是由计算出的资本收入和通过投入产出表计算出的基年固定资产的商品表示。本章 CGE 模型中设所有部门的固定资产折旧率都为5.5%，结合投入产出表中各部门的折旧率就可以计算出各部门的固定资产值。

第四节　模型的计算机实现

由于本章的科技动态 CGE 模型涉及 32 个部门和多个经济行为主体，该模型共含有 2633 个内生变量和方程，共同构成了一个数目庞大的非线性方程组。需要专门的计算软件进行求解，目前国际上比较流行的 CGE 模型求解软件主要有 GAMS 软件和 GEMPACK 软件，这两个软件各有特点，本章选用国际比较常用的 GAMS 软件。GAMS 软件是专门针对大型线形、非线形和混合整数等优化模型建模需要而开发的软件，经过多年的发展，为用户表达、计算和求解大型和复杂的模型提供了有利的编程语言。具体实现步骤为：（1）模型中集合的定义与声明；（2）模型参数的定义；（3）模型内生变量赋初值；参数的标定；（4）内生变量和模型方程的定义；（5）模型方程表达式的建立；（6）确定基准变量并求解基年均衡解，检验程序与模型的正确性；（7）根据政策模拟需要，改变有关外省参数或外生变量，进行政策单独或组合模拟计算；（8）将模拟解与基准解对照，可以得出政策冲击后各内生变量的变动率。

第五节　CGE 模型与程序检验

一　静态 CGE 模型检验

在应用静态 CGE 模型进行政策外生变量冲击之前，需要对静态 CGE 模型进行检验，通常满足如下四个要求。需要强调的是，这四个要求是必要条件，只有全部通过这四个要求后，静态 CGE 模型才可能是正确的模型，才能进行政策模拟，否则说明该静态 CGE 模型有误，或者说该静态 CGE 模型存在问题。若是使用有误的或存在问题的 CGE 模型进行政策模拟，出现的结果肯定是错误的，也很难进行经济学理论解释。

要求一：模型在运算求解时，出现“Optimal Solution”。

要求二：模型运算结果中方程数等于变量数，即运算结果中的“SINGLE EQUATIONS”和“SINGLE VARIABLES”完全相等。

要求三：模型一致性检验。由于CGE模型各变量的初始值取自SAM表，而SAM表本身暗含一个假定：假定基期的SAM处于一个均衡状态，因此CGE在初步运算，没有进行政策模拟之前，CGE模型求解出的所有内生变量当前值一定与其初始值完全相等，即X. L = X0。值得说明的是，一致性检验规则严格，不存在误差，即误差为零，若某内生变量的当前值和其初始值误差很小（比如为0.000001），则也说明该模型存在问题，不能通过一致性检验。另外，模型运算结果还需要满足辅助变量WALRAS为零的检验。

要求四：模型其次性检验。由于CGE模型的所有价格均是相对价格，即相对基准价格（Numéraire）的相对价格，因此，从经济理论上讲，若基准价格变化任意a倍，则CGE模型的运算结果中所有的价格变量和价值变量均变动a倍；而所有的数量变量则保持不变。

另外，由于CGE模型由大量非线性方程构成，除少数参数（比如CES函数、CET函数以及ELSE函数中的替代弹性系数）使用经济计量方法或借鉴国内外相关文献研究结果外，其余大部分参数是通过校准法标定出来的，而标定得出的参数缺少统计意义，不能得到对参数可靠性程度进行有效度量（Canova，1994），因此，需要检验在外生的弹性参数偏离取值点的情况下，检验变量是否具有稳健性，这也称为敏感性分析。敏感性分析是CGE模型应用中的重要一环，是对于结果解释的一个强有力补充。在具体的操作中，由于CGE模型数量及其结构庞大，通常采用Monte Carlo方法，该方法可通过Matlab或GAUSS软件来实现，也可以自己在GAMS软件中编程实现。

二　动态CGE模型的检验

若动态CGE模型是在静态CGE模型基础上按照递归方式构建的，即属于递归动态CGE模型，那么动态CGE模型的检验想要满足三个条件即可：一是静态 CGE 模型通过上述静态模型的四个检验要求；二是动态 CGE 模型能正常运行，每期均出现“Optimal Solution”；三是各期的 WALRAS 值均为零或接近为零（比如 1.0E－10）。

根据以上静态和动态 CGE 模型检验要求，本章构造的中国科技动态 CGE 模型均通过上述检验：程序内生变量数与方程数相等，模型程序中所有内生变量与初始变量相一致，所有价格内生变量与初始价格完全一致，都为1；变动基准价格，价格变量等比例变化，实物内生变量不变，价值变量等比例变化，同时静态模型中的 WALRAS 值为0；动态 CGE 模型各期的 WALRAS 分别为：2010，0；2011，－2.9104E－11；2012，－2.9104E－11；2013，1.571607E－9；2014，1.74623E－10；2015，1.16415E－10；2016，5.82077E－11；2017，－3.25963E－9；2018，5.82077E－11；2019，－2.50293E－9；2020，－2.44472E－9；2021，－2.09548E－9；2022，1.16415E－10；2023，1.16415E－10；2024，0；2025，－1.1642E－10；2026，0；2027，0；2028，0；2029，－1.3283E－10；2030，－1.3283E－10。因此本章构造的中国科技动态可计算一般均衡（CNT－DCGE）模型通过检验，可以进行政策模拟分析。

第九章

中国科技动态可计算一般均衡(CNT - CGE)模型的模拟实证分析

本章根据经济学理论，在考虑中国科研经费发展现状及其支出特征的基础上，根据上述构建的中国科技研发可计算一般均衡模型，进行以下六种税收政策模拟。

第一节　科技政策改革政策背景

2016 年政府工作报告 61 次提及创新，明确提出：到 2020 年，力争在基础研究、应用研究和战略前沿领域取得重大突破，全社会研发经费投入强度（研发经费与 GDP 之比）达到 2.5%，科技进步对经济增长的贡献率达到 60%。2015 年全国研发经费投入总量为 1.4 万亿元，比 2012 年增长 38.1%，年均增长 11.4%；按汇率折算，我国研发经费继 2010 年超过德国之后，2013 年又超过日本，目前我国已成为仅次于美国的世界第二大研发经费投入国家。2015 年我国研发经费投入强度为 2.10%。面对越来越多的全国研发经费投入总量以及政府工作报告提出的新要求，如何更好地发挥市场在配置中的决定性作用，如何使科研项目和资金配置更加聚焦国家经济社会发展重大需求，如何使研发经费能真正“好钢用在刀刃”上，是我们亟须解决的大问题。因此，本章根据经济学理论，在考虑我国科研经费发展现状及其支出特征的基础上，构建我国科技研发可计算一般均衡模型，进行如下六种政策模拟，得出相关结论及政策建议。

第二节　科技政策的理论阐释和作用机理[①]

初始投入要素 L、B；最终产出 Y、Z

最终产出部门

最终产出为

$$Y = A_y L_y^{\alpha_1} B_y^{\alpha_2} H_y^{\alpha_3} \tag{9—1}$$

$$Z = A_z L_z^{\beta_1} B_z^{\beta_2} H_z^{\beta_3} \tag{9—2}$$

其中 $A_j > 0, \sum_{i=1}^{3} \alpha_i = 1, \sum_{i=1}^{3} \beta_i = 1, \alpha_i > 0, \beta_i > 0$, 且 $\alpha_3 = \beta_3$

总资本 H 可表示为：

$$H_y + H_z = H = \left(\int_0^M k(s)^\delta ds\right)^{1/\delta}, 0 < \delta < 1 \tag{9—3}$$

资本商品部门

$$k(s) = A_k Y_{k(s)}^{\eta} Z_{k(s)}^{1-\eta} \tag{9—4}$$

R&D 部门

生产函数为

$$\dot{M} = A_m L_m^{\theta} B_m^{1-\theta} M, \text{其中} A_m > 0, 0 < \theta < 1, M > 0 \tag{9—5}$$

消费者

$$u = \begin{cases} \dfrac{1}{1-\sigma}[(\ ) 1 - \sigma - 1], \text{当} \sigma \neq 1 \\ \varphi \log C_y + (1-\varphi)\log C_z, \text{当} \sigma = 1 \end{cases} \tag{9—6}$$

$$\text{s. t. } E + \dot{a} = ra + W_L L + W_B B \tag{9—7}$$

其中 $C_j, j = y, z$ 代表 t 时的消费。在每一期中，消费者均需要选择投资与储蓄水平。E 表示消费支出，$\dot{a}$ 表示新储蓄。a 表示资产，r 表示资产的收益率，W_L 与 W_B 是初始投入要素的租金率。

最终产品部门追求利益最大化，令 $A_y^{-1} = \alpha_1^{\alpha_1}\alpha_2^{\alpha_2}\alpha_3^{\alpha 3}, A_z^{-1} = \beta_1^{\beta_1}\beta_2^{\beta_2}\beta_3^{\beta_3}$ 有

① 科技政策理论作用机理重点参考了文献［13］，特此感谢。

$$P_y = W_L^{\alpha_1} W_B^{\alpha_2} P_H^{\alpha_3} \tag{9—8}$$

$$P_z = W_L^{\beta_1} W_B^{\beta_2} P_H^{\beta_3} \tag{9—9}$$

其中 P_y 与 P_z 是最终产品 Y 与 Z 的价格。

资本 H 的价格为

$$P_H = \left(\int_0^M P_{k(s)}{}^{\frac{\delta}{\delta-1}} ds\right)^{\frac{\delta-1}{\delta}} \tag{9—10}$$

在约束式（9—3）下厂商选择资本种类 k（s），来达到成本最小化，由此可得 $\int_0^M P_{k(s)} k(s) ds$ 。

R&D 部门追求利润最大化，并令 $A_m^{-1} = \theta^\theta (1-\theta)^{1-\theta}$ ，则有

$$P_m = \frac{1}{M} W_L^\theta W_B^{1-\theta} \tag{9—11}$$

式（9—10）应用谢泼德引理可得资本种类 k（s）的派生需求为

$$k(s) = H\left(\int_0^M P_{k(s)}{}^{\frac{\delta}{\delta-1}} ds\right)^{\frac{\delta-1}{\delta}-1} P_{k(s)}{}^{\frac{\delta}{\delta-1}-1} \tag{9—12}$$

垄断厂商购买新的生产资本 H，其追求利润最大化，有

$$\underset{P_{k(s)}}{Max}\,\pi(s) = P_{k(s)} k(s) - rMC_k k(s)$$

$$\text{s. t. } k(s) = H\left(\int_0^M P_{k(s)}{}^{\frac{\delta}{\delta-1}} ds\right)^{\frac{\delta-1}{\delta}-1} P_{k(s)}{}^{\frac{\delta}{\delta-1}-1}$$

其中 $P_{k(s)} k(s)$ 为收入，$MC_k k(s)$ 为生产 k（s）的成本，$rMC_k k(s)$ 为 $MC_k k(s)$ 的利率成本。在式（9—4）与 k（s）=1 的约束下，最小化 $P_y Y_{k(s)} + P_z Z_{k(s)}$ ，可求得单位成本 MC_k 的函数表达式。所有企业具有相同的单位成本，令 $A_k^{-1} = \eta^\eta (1-\eta)^{1-\eta}$ ，有

$$MC_k = P_y^\eta P_z^{1-\eta} \tag{9—13}$$

$$P_{k(s)} = \frac{rMC_k}{\delta} \tag{9—14}$$

因此对于所有企业而言，其最终面对的资本价格、k 存量以及利润是相同的。即 k（1）=k（2）=…=k（s）=…=k。因此中间部门企业的利润为

$$\pi = P_k k - rMC_k k = (1-\delta) P_k k \tag{9—15}$$

由于所有企业生产的 k 具有相同的数量，因此总资本 $K = kM$ 。由

成本函数式（9—13）、（9—14）与（9—15）可得初始投入要素租金率为：

$$W_L = P_y^{\frac{1}{1-\alpha_3}} (\frac{P_z}{P_y})^{\frac{\alpha_1+\alpha_3-1}{(\alpha_1-\beta_1)(1-\alpha_3)}} (\frac{\delta}{rMC_k})^{\frac{\alpha_3}{1-\alpha_3}} M^{\frac{\alpha_3(1-\delta)}{\delta(1-\alpha_3)}} \tag{9—16}$$

$$W_B = P_y^{\frac{1}{1-\alpha_3}} (\frac{P_z}{P_y})^{\frac{\alpha_1}{(\alpha_1-\beta_1)(1-\alpha_3)}} (\frac{\delta}{rMC_k})^{\frac{\alpha_3}{1-\alpha_3}} M^{\frac{\alpha_3(1-\delta)}{\delta(1-\alpha_3)}} \tag{9—17}$$

由式（9—16）与式（9—17）可发现两种初始投入要素具有相同的要素租金率，为

$$\frac{\dot{W}_L}{W_L} = \frac{\dot{W}_B}{W_B} = (\frac{\alpha_3(1-\delta)}{\delta(1-\alpha_3)} - 1)g - \frac{\alpha_3}{1-\alpha_3} r \tag{9—18}$$

其中 $g = \frac{\dot{M}}{M}$

将式（9—18）代入式（9—11）有

$$\frac{\dot{P}_m}{P_m} = \frac{\dot{W}_L}{W_L} - \frac{\dot{M}}{M} = (\frac{\alpha_3(1-\delta)}{\delta(1-\alpha_3)} - 1)g - \frac{\alpha_3}{1-\alpha_3} r \tag{9—19}$$

均衡时，由最终产品企业的利润最大化一阶条件可得 $\alpha_3 P_y Y/H_y = P_H = \alpha_3 P_z Y/H_z$。由 $H_y + H_z = H$ 与 $P_H H = P_k kM$，可得

$$P_H H = P_k kM = \alpha_3(P_y Y + P_z Z) \tag{9—20}$$

同理，由成本函数可得投入要素的需求函数为

$$L_y = \alpha_1 \frac{P_y Y}{W_L}, L_z = \beta_1 \frac{P_z Z}{W_L}, L_m = \theta \frac{P_m \dot{M}}{W_L}, B_y = \alpha_2 \frac{P_y Y}{W_B}, B_z = \beta_2 \frac{P_z Z}{W_B},$$

$$B_m = (1-\theta) \frac{P_m \dot{M}}{W_B}$$

将以上需求函数代入初始资源 L 与 B 的市场出清条件中，可得

$$(1-\alpha_3)(P_y Y + P_z Z) + P_m \dot{M} = W_L L + W_B B \tag{9—21}$$

国际收支均衡。

假设不从其他经济体借款，亦不从其他经济体贷款。每一期的最终产出均需在消费、出口与资本形成之间予以分配。资本形成分为生产全新的新兴资本与更新旧资本。因此收支平衡可写为：

$$P_yY + P_zZ = E + P_yY_k + P_zZ_k + P_yY_{\dot{k}} + P_zZ_{\dot{k}}$$

由成本函数式（9—20）可得：

$P_yY_k = \eta MC_k k\dot{M}, P_yZ_k = (1-\eta)MC_k k\dot{M}, P_yY_{\dot{k}} = \eta MC_k \dot{k}M, P_yZ_{\dot{k}} = (1-\eta)MC_k\dot{k}M,$

将其代入收支均衡方程，且由于 $M\dot{k} + k\dot{M} = \dot{K}$，可得

$$P_yY + P_zZ = E + MC_k\dot{K} \tag{9—22}$$

资本市场均衡由于企业可以自由进出 R&D 部门，故而新兴资本的价格等于资本商品部门企业所能赚取的价值。为了维持资本市场均衡，持有股票收益率应等于同期无风险资产贷款利率。故而应满足以下无套利条件：

$$\frac{\pi}{P_m} + \frac{\dot{P}_m}{P_m} = r \tag{9—23}$$

由消费者最优化条件，可得：

$$\frac{\dot{E}}{E} = \frac{1}{\sigma}(r - \rho) \tag{9—24}$$

第三节　中国科技 CGE 静态模拟分析

从资金来源上看，研发投入主要来自两方面：政府和企业。从政策模拟分析上看，由于企业的研发投资属于企业自身的市场行为，很难进行调控和干涉；而政府的研发投入属于国家进行结构调控的基本手段之一，可以根据国家发展目标和战略规划进行外生调整和改变，因此，本章的科技研发投入主要从政府主导的研发投入政策入手，同时，结合中国科研研发投入的发展现状、支出特征以及与国际发达国家研发投入差距等情况，根据上述构建的中国科技研发可计算一般均衡模型，进行以下科技研发政策模拟。

政策模拟一

模拟假设：提高行业增值税率（所有行业增值税税率均提高

20%），用于增加政府R&D研发支出（保持政府储蓄不变，即增加税收用来增加政府R&D研发支出），并假定全要素生产率随着居民研发收入的增加而提高，其他条件不变，对国内生产总值、产业结构、居民收入和消费、政府收入和消费、进出口、二氧化碳排放总量、二氧化碳排放强度、社会福利等宏观经济变量的影响，于是：

taddv（i）＝1.2＊taddv（i）；RDGOV0＝RDGOV0＋5568；

SG.L ＝ SG0；TFP ＝ TFP ＊ （1 ＋ 0.1 ＊ （INCOMRD － INCOMRD0）/INCOMRD0）。

模拟结果如表9—1所示：

表9—1　　政策模拟一中的主要宏观经济变量增长率

变量名称	增长率（%）	变量名称	增长率（%）
实际GDP	5.3300	农村居民总储蓄	0.2339
名义GDP	1.1103	城镇居民总储蓄	1.0946
GDP平减指数	－4.0062	政府总收入	4.4916
第一产业增加值（名义值）	1.3675	政府总储蓄	5.83E－05
第二产业增加值（名义值）	1.2981	居民研发总收入	55.2315
第三产业增加值（名义值）	0.8754	煤炭二氧化碳排放量	1.3981
总储蓄	0.526	焦炭二氧化碳排放量	2.1527
固定资产总投资	0.4375	原油二氧化碳排放量	11.5792
总进口	5.7486	精炼石油二氧化碳排放量	5.7013
总出口	5.1359	天然气二氧化碳排放量	2.3092
汇率	－3.8354	燃气二氧化碳排放量	5.729
农村居民总收入	0.2339	二氧化碳总排放量	2.4985
城镇居民总收入	1.0946	二氧化碳排放强度	－2.6882
社会福利变量增长量（水平Value值）			
社会福利增加额10640.1794			

表9—1显示，在提高行业增值税率20%，保持政府储蓄不变，即扩大税收用来增加政府R&D研发支出，并假定全要素生产率随着

居民研发收入增加而提高，且各行业增值税税率增长相同倍率的假设情况下，我国名义 GDP 和实际 GDP 分别提高 1.11 个和 5.33 个百分点，这说明该政策有利于我国的经济增长；从产业上看，第一产业、第二产业和第三产业的名义增加值分别提高 1.37%、1.30% 和 0.87%，但第二产业的增加值增度最小，这说明仅仅依靠提高增值税和政府研发支出的政策并不能有效地改善产业结构，因为目前的研发投入政策更加偏重于第二产业（比如自然科学基金课题数量和金额远远高于社会科学基金课题，而且研发经费主要用于支出设备购买、材料支出等）；另外，GDP 平减指数下降 4.01%，说明，该政策可以有效增加产出，虽然增加增值税税率使得企业增值税负担有所加重，但由于政府研发支出增加，从而有效地提高了行业的全要素生产率，使得产品单位投入产出有所增加，产出相对增加，最终使得总体价格水平有所下降。

从贸易上看，我国进口和出口分别提高 5.7 个和 5.1 个百分点，说明该政策可以有效促进我国的国际贸易水平；又由于模型中设定贸易顺差固定不变，随着进出口水平的提高，使得我国货币相对国际货币有所升值，即人民币相对美元升值 3.83%。其原因在于随着政府研发支出的增加，我国各行业的全要素生产率（也即科技水平）相对有所提高，产品单位附加值有所增加，从而使得我国产品的国际竞争力有所上升，从而出口增加额大于进口增加额，若保持贸易顺差不变，货币就必须升值。

从居民收入和消费上看，农村和城镇居民的总收入分别增加 0.23 个和 1.09 个百分点，由于政府增加的研发支出主要用于科研研发支出（购买机器设备、会议调研等），剩余部分主要被城镇居民以研发报酬获得（科技研发属于高智力活动，模型假设科技研发人员都是城镇居民），因此，在政府增加研发支出的模拟政策下，城镇居民收入远大于农村居民收入。由于居民消费是其收入的比例函数，因此，农村居民和城镇居民消费也分别增长了 0.23% 和 1.09%。

从二氧化碳排放上看，该政策下，来自煤炭、焦炭、原油、精炼石油、天然气和燃气的二氧化碳排放量分别增长 1.40、2.15、11.58、

5.70、2.31、5.73 个百分点，全国二氧化碳排放总量增加 2.50 个百分点，而二氧化碳排放强度则下降 2.69 个百分点。这说明虽然该政策会增加各种石化能源的消耗量和二氧化碳排放总量，但使得二氧化碳排放强度有所降低，从而有利于我国的节能减排。

另外，该政策下，社会福利水平增加 10640.18，说明该政策总体可以有效提高社会总福利，有利于我国的社会和谐发展。

政策模拟二

模拟假设：提高行业增值税率（所有行业增值税税率均提高 20%），用于增加政府 R&D 研发支出（保持政府储蓄不变，即增加税收用来增加政府 R&D 研发支出），假定全要素生产率不变（暗含着研发政策没有有效地激发研究人员的创新激情，或者理论研究与现实需求相脱节，研究成果不能转化为实际生产力），其他条件不变，对国内生产总值、产业结构、居民收入和消费、政府收入和消费、进出口、二氧化碳排放总量、二氧化碳排放强度、社会福利等宏观经济变量的影响，于是：

taddv（i）=1.2 * taddv（i）；RDGOV0 = RDGOV0 + 5476；

SG. L = SG0；TFP（i）=TFP（i）；

taddv（i）=1.2 * taddv（i）；

RDGOV0 = RDGOV0；

模拟结果如表 9—2 所示：

表 9—2　政策模拟二中的主要宏观经济变量增长率

变量名称	增长率（%）	变量名称	增长率（%）
实际 GDP	-0.1908	农村居民总储蓄	0.2534
名义 GDP	1.1153	城镇居民总储蓄	1.0993
GDP 平减指数	1.3086	政府总收入	4.4188
第一产业增加值（名义值）	1.7354	政府总储蓄	0.0015
第二产业增加值（名义值）	1.1783	居民研发总收入	54.3189

续表

变量名称	增长率（%）	变量名称	增长率（%）
第三产业增加值（名义值）	0.9218	煤炭二氧化碳排放量	-3.9247
总储蓄	0.2505	焦炭二氧化碳排放量	-3.023
固定资产总投资	0.1056	原油二氧化碳排放量	5.1513
总进口	-0.4734	精炼石油二氧化碳排放量	-0.1858
总出口	-0.4229	天然气二氧化碳排放量	-2.9793
汇率	1.6884	燃气二氧化碳排放量	-0.5585
农村居民总收入	0.2534	二氧化碳总排放量	-2.9361
城镇居民总收入	1.0993	二氧化碳排放强度	-2.7505
社会福利变量增长量（水平 Value 值）			
社会福利增加额 -380.853			

表9—2显示，在提高行业增值税率20%，保持政府储蓄不变，即增加税收用来增加政府R&D研发支出，但若研发政策没有有效地激发研究人员的创新激情，或者理论研究与现实需求相脱节，研究成果不能转化为实际生产力的假设条件下，虽然居民研发总收入提高54.32个百分点，但此时我国实际GDP却仍下降约0.2个百分点，由于GDP价格指数提高1.3个百分点，导致名义GDP提高1.1个百分点，这说明该政策并不利于我国的经济增长，而且还会导致我国物价上涨；从产业上看，第一产业、第二产业和第三产业的名义增加值分别提高1.74%、1.18%和0.92%，第三产业的增加值增度最小，这说明仅仅依靠提高增值税和政府研发支出的政策并不能有效地改善产业结构。

从贸易上看，我国进口和出口分别下降0.47个和0.42个百分点，说明该政策不利于我国的对外贸易；又由于模型中设定贸易顺差固定不变，虽然进口和出口均下降，但由于出口相对进口下降得更大，从而使得我国货币相对国际货币有所贬值，即人民币相对美元贬值1.69%。

从居民收入和消费上看，农村和城镇居民的总收入分别增加0.25个和1.10个百分点，由于政府增加的研发支出主要用于科研研发支出

(购买机器设备、会议调研等)，剩余部分主要被城镇居民以研发报酬获得（科技研发属于高智力活动，模型假设科技研发人员都是城镇居民)，因此，在政府增加研发支出的模拟政策下，城镇居民收入远大于农村居民收入。由于居民消费是其收入的比例函数，因此，农村居民和城镇居民消费也分别增长 0.25% 和 1.10%。

从二氧化碳排放上看，该政策下，来自煤炭、焦炭、精炼石油、天然气和燃气的二氧化碳排放量分别下降 3.92、3.03、0.19、2.98、0.56 个百分点，而原油的二氧化碳排放量增加 5.15 个百分点（由于石化能源之间的替代作用)，整体而言，全国二氧化碳排放总量下降 2.93 个百分点，而二氧化碳排放强度则下降 2.75 个百分点。这说明该政策不仅会降低大部分石化能源的消耗量和二氧化碳排放总量，而且使得二氧化碳排放强度也有所降低（二氧化碳排放总量相对 GDP 下降幅度更大)，从而也有利于我国的节能减排。

另外，该政策下，社会福利水平下降 380.85，说明该政策总体有损于社会总福利，不利于我国的社会和谐发展。综上所述，若是研发政策没有有效地激发研究人员的创新激情，或者理论研究与现实需求相脱节，研究成果不能转化为实际生产力，那么在这种条件下不应该增加行业增值税，“不折腾”似乎更有利于国家宏观经济发展，以及社会的和谐稳定。

政策模拟三

模拟假设：提高企业所得税（所有企业所得税税率均提高 10%)，用于增加政府 R&D 研发支出（保持政府储蓄不变，即增加税收用来增加政府 R&D 研发支出)，并假定全要素生产率随着居民研发收入的增加而提高，其他条件不变，对国内生产总值、产业结构、居民收入和消费、政府收入和消费、进出口、二氧化碳排放总量、二氧化碳排放强度、社会福利等宏观经济变量的影响，于是：

te (i) =1.1 * te (i)；RDGOV0 = RDGOV0 + 2032；

SG.L = SG0；TFP = TFP * (1 + 0.1 * (INCOMRD - INCOMRD0) /INCOMRD0)；

模拟结果如表 9—3 所示：

表 9—3　　政策模拟三中的主要宏观经济变量增长率

变量名称	增长率（%）	变量名称	增长率（%）
实际 GDP	2.0253	农村居民总储蓄	0.0056
名义 GDP	0.3783	城镇居民总储蓄	0.3215
GDP 平减指数	-1.6143	政府总收入	1.6133
第一产业增加值（名义值）	-0.1805	政府总储蓄	-1.02E-7
第二产业增加值（名义值）	0.5585	居民研发总收入	20.1365
第三产业增加值（名义值）	0.3262	煤炭二氧化碳排放量	0.4073
总储蓄	0.1745	焦炭二氧化碳排放量	0.9235
固定资产总投资	0.2062	原油二氧化碳排放量	3.3779
总进口	1.8783	精炼石油二氧化碳排放量	2.5725
总出口	1.6781	天然气二氧化碳排放量	0.9367
汇率	-1.6972	燃气二氧化碳排放量	2.3393
农村居民总收入	0.0056	二氧化碳总排放量	0.8694
城镇居民总收入	0.3215	二氧化碳排放强度	-1.1329
社会福利变量增长量（水平 Value 值）			
社会福利增加额　3773.7226			

表 9—3 显示，在提高企业所得税税率 10%，保持政府储蓄不变，即增加税收用来增加政府 R&D 研发支出，并假定全要素生产率随着居民研发收入增加而提高的假设条件下，且各企业所得税税率提高相同倍率的假设情况下，我国实际 GDP 和名义 GDP 分别提高 2.03 个和 0.38 个百分点，这说明该政策有利于我国的经济增长；从产业上看，第二产业和第三产业的名义增加值分别提高 0.56%、0.33%，但第一产业的名义增加值却下降 0.18%，第二产业的增加值增度最大，这说明仅仅依靠提高企业所得税税率和政府研发支出的政策并不能有效地改善产业结构，因为目前的研发投入政策更加偏重于第二产业（比如自然科学基金课题数量和金额远远高于社会科学基金课题，而且研发

经费主要用于支出设备购买、材料支出等）；另外，GDP 平减指数下降 1.61%，说明，该政策可以有效增加产出，虽然增加企业所得税税率使得企业利润减少，但由于政府研发支出增加，从而有效地提高了行业的全要素生产率，使得产品单位投入产出有所增加，产出相对增加，最终使得总体价格水平有所下降。

从贸易上看，我国进口和出口分别提高 1.88 个和 1.68 个百分点，说明该政策可以有效促进我国的国际贸易水平；又由于模型中设定贸易顺差固定不变，随着进出口水平的提高，我国货币相对国际货币有所升值，即人民币相对美元升值 1.70%。其原因在于随着政府研发支出的增加，我国各行业的全要素生产率（也即科技水平）相对有所提高，产品单位附加值有所增加，从而使得我国产品的国际竞争力有所上升，从而出口增加额大于进口增加额，若保持贸易顺差不变，货币就必须升值。

从居民收入和消费上看，城镇居民的总收入增加 0.32 个百分点，而农村居民的总收入几乎没有变化，其原因主要在于政府增加的研发支出主要用于科研研发支出（购买机器设备、会议调研等），剩余部分主要被城镇居民以研发报酬获得（科技研发属于高智力活动，模型假设科技研发人员都是城镇居民），因此，在政府增加研发支出的模拟政策下，城镇居民收入远大于农村居民收入。由于居民消费是其收入的比例函数，因此，农村居民和城镇居民消费也分别增长 0.01% 和 0.32%。

从二氧化碳排放上看，该政策下，来自煤炭、焦炭、原油、精炼石油、天然气和燃气的二氧化碳排放量分别增加 0.41、0.92、3.38、2.57、0.94、2.34 个百分点，全国二氧化碳排放总量增加 0.87 个百分点，而二氧化碳排放强度则下降 1.13 个百分点。这说明虽然该政策会增加各种石化能源的消耗量和二氧化碳排放总量，但使得二氧化碳排放强度有所降低，从而有利于我国的节能减排。

另外，该政策下，社会福利水平增加 3773.73，说明该政策总体可以有效提高社会总福利，有利于我国的社会和谐发展。

表9—4　　　　模拟一中的主要经济变量分行业增长率　　　　单位：%

	农村居民消费	城镇居民消费	进口	出口	国内产出
农产品业	1.0723	1.2034	1.1636	2.5904	1.6493
林产品业	1.0720	1.2031	1.3287	3.0043	1.8893
畜牧产品业	1.0741	1.2052	1.212	2.6355	1.6865
渔产品业	1.0752	1.2062	1.1796	2.6595	1.6783
农、林、牧、渔服务业	NA	NA	1.24	NA	1.6043
黑色金属矿采选产品业	NA	NA	1.4194	NA	0.6995
有色金属矿采选产品业	NA	NA	2.5169	-3.2081	0.5194
非金属矿采业及其他行业	NA	NA	1.7345	-0.1138	1.0879
农副食品加工业	1.8046	2.0285	1.5948	2.3638	1.8699
食品制造业	1.7710	1.9961	2.0032	1.7589	1.9161
酒精和酒业	2.4165	2.7193	2.0449	2.3981	2.1648
饮料和精制茶加工品业	1.7569	1.9825	2.0585	1.4093	1.8285
烟草制品业	1.1462	1.3036	2.4612	-0.7867	1.3549
纺织业	1.6114	1.8133	1.6888	2.0279	1.8339
纺织服装服饰业	1.8075	2.0471	2.3806	0.3998	1.1973
皮革、毛皮、羽毛及其制品和制鞋业	1.8354	2.0847	2.5280	-0.4892	0.8944
木材加工品和木、竹、藤、棕、草制品业	1.8000	2.0240	1.7290	2.3503	1.9629
家具业	1.8466	2.0689	1.2484	3.2827	2.5488
造纸和纸制品业	1.7511	1.9770	2.103	1.2309	1.7836
印刷品和记录媒介复制品业	1.7271	1.9538	1.8623	0.3523	1.3314
文教、工美、体育和娱乐用品业	2.8726	3.0845	-4.4158	23.6583	12.7973
化学原料和化学制品制造业	2.0500	2.3162	1.7957	0.5454	1.3174
医药制品业	1.8223	2.0456	2.3091	3.6680	2.8266
化学纤维制品业	NA	2.3428	1.8659	1.4363	1.7061
橡胶和塑料制品业	2.0578	2.3263	2.0346	0.681	1.4755
非金属矿制品业	2.0488	2.3177	1.9911	0.4829	1.4271
黑色金属冶炼和压延加工业	NA	NA	1.8964	0.109	1.2446
有色金属冶炼和压延加工业	NA	NA	2.1122	0.5094	1.5375 +

续表

	农村居民消费	城镇居民消费	进口	出口	国内产出
金属制品业	2.0205	2.2904	2.1270	－0.1032	1.1807
通用和专用设备制造业	2.0299	2.2995	2.3124	0.0684	1＋.343
汽车制造业	1.9879	2.2589	2.4435	－0.8358	1.2376
铁路运输、城市轨道交通、船舶和其他运输设备制造业	1.9525	2.2248	2.5897	－1.7403	0.4652
电气机械和器材制造业	2.0333	2.3027	2.4164	0.3514	1.4306
计算机、通信和其他电子设备制造业	2.1397	2.4053	2.2359	3.4888	3.0373
其他制造业	1.7803	2.0588	3.8626	－8.1780	－1.6315
水的生产和供应	2.1103	2.3769	NA	NA	1.618
建筑业	NA	NA	2.1617	1.0266	1.7778
批发和零售业	1.5218	1.7558	4.0629	－3.2713	0.704
交通运输业	1.7752	2.0001	1.8811	1.7594	1.8325
仓储业	1.7494	1.9753	NA	NA	1.1692
邮政业	1.7582	1.9837	1.5968	0.9866	1.386
住宿业	1.9013	2.1217	2.5402	6.7162	4.1029
餐饮业	1.8584	2.0803	2.2745	4.6552	3.0824
电信和其他信息传输服务业	1.6645	1.8934	2.7786	－0.545	1.6411
软件和信息技术服务业	1.8717	2.0932	3.2047	6.1052	4.3222
货币金融和其他金融服务业	1.4633	1.6995	4.3736	－4.6178	1.2687
资本市场服务业	1.7298	1.9564	NA	NA	0.7238
保险业	1.6778	1.9063	2.5235	－0.4914	1.4301
房地产业	1.7231	1.9499	2.1733	NA	1.1606
租赁和商务服务业	1.6323	1.8624	2.6957	－1.8574	0.8105
研究和试验发展业	NA	NA	1.8241	1.5123	1.719
专业技术服务、科技应用推广服务业	1.7606	1.9861	NA	NA	1.4152
水利、生态环境治理、居民其他服务业	1.7326	1.9591	2.0333	0.6808	1.5726
教育业	1.8316	2.0545	1.3749	2.8981	1.8821

续表

	农村居民消费	城镇居民消费	进口	出口	国内产出
卫生业	1.8162	2.0396	1.5455	2.6179	1.9032
社会工作、新闻和出版、广播电视电影和影视录音制作、文化艺术业	1.7758	2.0007	1.7299	1.6176	1.6884
体育业	1.8138	2.0374	1.5890	2.8549	2.0997
娱乐业	1.7534	1.9791	1.7581	0.7931	1.3575
公共管理、社会保障和社会组织业	1.8162	2.0397	1.4472	2.5179	1.8042
煤炭采选产品业	1.8514	2.1274	2.4925	-4.4090	0.1206
石油开采业	NA	NA	0.0217	40.9479	12.6902
天然气开采业	NA	NA	2.0871	-3.9045	0.0247
精炼石油和核燃料加工品业	2.384	2.6408	0.3735	8.1368	3.0662
炼焦产品业	NA	NA	1.9241	-1.0749	0.8654
火电行业	2.039	2.3082	NA	NA	1.1700
水电行业	2.048	2.3168	NA	NA	1.1791
核电行业	2.048	2.3168	NA	NA	1.1791
风电行业	2.048	2.3168	NA	NA	1.1791
其他电力行业	2.048	2.3168	NA	NA	1.1791
燃气生产和供应行业	2.2473	2.5090	NA	NA	2.1023

注：NA 表示该行业初始值为零。

从表9—4行业角度上看，在提高企业所得税税率10%，保持政府储蓄不变，即增加税收用来增加政府R&D研发支出，并假定全要素生产率随着居民研发收入增加而提高的假设条件下，且各企业所得税税率增长相同倍率的假设情况下，农村居民和城镇居民在各行业的消费均有所增加，其中农村居民和城镇居民在文教、工美、体育和娱乐用品业以及酒精烟草业的增幅最大；大部分行业的进口和出口有所增加，其中石油开采业，文教、工美、体育和娱乐用品业的出口增幅最大，货币金融和其他金融服务业和批发零售业的进口增幅最大，而文教、工美、体育和娱乐用品业的进口下降最大，说明这一政策下，使得我国文教、工美、体育和娱乐用品业的国际竞争力水平有所上升，不仅对其进口产生有效替代作用，而且较大地促进其产品的出口，参与国际竞争。从产出上看，石油开采业，文教、工美、体育和娱乐用品业，以及软件和信息技术服务业的产出增幅最大，从经济理论上看，进出口增幅主要取决于该行业的替代弹性系数，由于这些行业的替代弹性系数相对较大，因此在生产条件发生变化时，这些行业发生较大的变动。

政策模拟四

模拟假设：提高企业所得税税率（所有企业所得税税率均提高10%），用于增加政府 R&D 研发支出（保持政府储蓄不变，即增加税收用来增加政府 R&D 研发支出），假定全要素生产率不变（暗含着研发政策没有有效地激发研究人员的创新激情，或者理论研究与现实需求相脱节，研究成果不能转化为实际生产力），其他条件不变，对国内生产总值、产业结构、居民收入和消费、政府收入和消费、进出口、二氧化碳排放总量、二氧化碳排放强度、社会福利等宏观经济变量的影响，于是：

te（i）＝1.1 * te（i）；RDGOV0 = RDGOV0 + 2000；

SG. L = SG0；TFP（i）＝TFP（i）；

模拟结果如表 9—5 所示：

表 9—5　　政策模拟四中的主要宏观经济变量增长率

变量名称	增长率（%）	变量名称	增长率（%）
实际 GDP	0.0047	农村居民总储蓄	0.0704
名义 GDP	0.4111	城镇居民总储蓄	0.3799
GDP 平减指数	0.4064	政府总收入	1.6133
第一产业增加值（名义值）	0.2946	政府总储蓄	-2.72E-05
第二产业增加值（名义值）	0.5507	居民研发总收入	19.8389
第三产业增加值（名义值）	0.3027	煤炭二氧化碳排放量	-1.7358

续表

变量名称	增长率（%）	变量名称	增长率（%）
总储蓄	0.1027	焦炭二氧化碳排放量	-1.3897
固定资产总投资	0.1038	原油二氧化碳排放量	1.5259
总进口	0.0670	精炼石油二氧化碳排放量	0.6403
总出口	0.0598	天然气二氧化碳排放量	-1.1602
汇率	0.2357	燃气二氧化碳排放量	0.1333
农村居民总收入	0.0704	二氧化碳总排放量	-1.2473
城镇居民总收入	0.3799	二氧化碳排放强度	-1.252
社会福利变量增长量（水平 Value 值）			
社会福利增加额　-47.6547			

表 9—5 显示，在提高企业所得税税率 10%，保持政府储蓄不变，即增加税收用来增加政府 R&D 研发支出，但若研发政策不能有效地激发研究人员的创新激情，或者理论研究与现实需求相脱节，研究成果不能转化为实际生产力的假设条件下，我国实际 GDP 几乎保持不变，由于 GDP 价格指数提高 0.41 个百分点，导致名义 GDP 提高 0.4 个百分点，这说明该政策并不利于我国的经济增长，而且还会导致我国物价上涨；从产业上看，第一产业、第二产业和第三产业的名义增加值分别提高 0.29%、0.55% 和 0.30%，但第三产业的增加值增度最小，这说明仅仅依靠提高增值税和政府研发支出的政策并不能有效地改善产业结构。

从贸易上看，我国进口和出口分别略微增加约 0.07 个和 0.06 个百分点，说明该政策对我国的国际贸易影响甚微；又由于模型中设定贸易顺差固定不变，虽然进口和出口均有所增加，但出口和进口基数的差别，从而使得我国货币相对国际货币有所贬值，即人民币相对美元略微贬值约 0.24%。

从居民收入和消费上看，农村和城镇居民的总收入分别增加 0.07 个和 0.38 个百分点，而农村居民的总收入几乎没有变化，其原因主要在于政府增加的研发支出主要用于科研研发支出，剩余部分主要被城镇居民以研发报酬获得（科技研发属于高智力活动，模型假设科技研发人员都是城镇居民），因此，在政府增加研发支出的模拟政策下，城镇居民收入远大于农村居民收入。由于居民消费是其收入的比例函数，因此，农村居民和城镇居民消费也分别增长0.07%和0.38%。

从二氧化碳排放上看，该政策下，来自煤炭、焦炭、天然气的二氧化碳排放量分别下降1.74、1.39和1.16个百分点，而原油、精炼石油和燃气的二氧化碳排放量则分别增加1.53、0.64和0.13个百分点，整体而言，全国二氧化碳排放总量下降1.24个百分点，而二氧化碳排放强度则下降1.25个百分点。这说明该政策不仅会改善石化能源消费结构，有利于清洁石化能源的消费，而且使得二氧化碳排放强度也有所降低（二氧化碳排放总量相对GDP下降幅度更大），从而有利于我国的节能减排。

另外，该政策下，社会福利水平减少47.65，说明该政策总体有损于社会总福利，不利于我国的社会和谐发展。综上所述，若是研发政策没有有效地激发研究人员的创新激情，或者理论研究与现实需求相脱节，研究成果不能转化为实际生产力，那么在这种条件下不应该增加行业增值税，“不折腾”似乎更有利于国家宏观经济发展，以及社会的和谐稳定。

政策模拟五

模拟假设：调整政府支出结构：减少政府消费、增加政府R&D研发支出。假设政府消费分别减少5%、10%、15%、20%、25%、30%，相应增加政府R&D研发支出，保持政府储蓄不变，并假定全要素生产率随着居民研发收入的增加而提高，其他条件不变，对国内生产总值、产业结构、居民收入和消费、政府收入和消费、进出口、二氧化碳排放总量、二氧化碳排放强度、社会福利等宏观经济变量的影响，于是：

模拟结果如图9—1至图9—4所示。

图9—1描述了在假设政府消费分别减少5%、10%、15%、20%、25%和30%，相应增加政府R&D研发支出，并假定全要素生产率随着居民研发收入的增加而提高，而其他条件不变条件下，名义GDP、

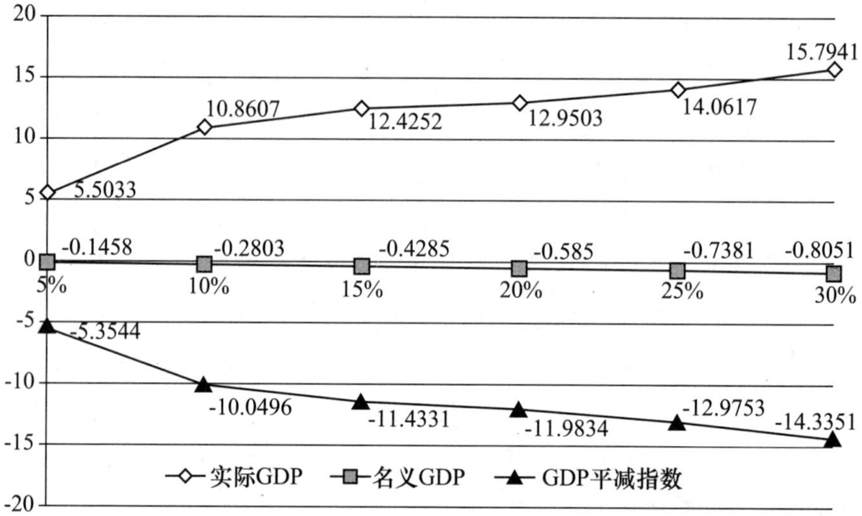

图9—1　不同降幅情况下名义 GDP 和实际 GDP 以及 GDP 平减指数变化率

实际 GDP 和 GDP 平减指数的变化趋势，从中可以看出，该假设方案下，实际 GDP 增长率随着政府消费降幅的增加而增加；与此同时，GDP 平减指数也随着政府消费降幅的增加而减少，其绝对降幅略小于实际 GDP 增幅；而名义 GDP 变化不大，几乎呈现微幅逐渐减少的趋势。这样说明政策方案可以有效地增加我国经济的增长率，并且显著地降低物价水平。其内在的经济学逻辑在于：虽然政府消费减少，但是增加的政府研发支出有效地提高了全要素生产率，从而使得产出进一步增加，增加值有所扩大，从而带动农村居民消费、城镇居民消费、研发支出，从而带来相对更大的产业增加值。

图 9—2 描述了在假设政府消费分别减少 5%、10%、15%、20%、25%、30%，相应增加政府 R&D 研发支出，并假定全要素生产率随着居民研发收入的增加而提高，其他条件不变条件下，第一产业、第二产业和第三产业增加值的变化趋势，从中可以看出，该政策方案下，第一产业和第三产业增加值均有所降低，并随着政府消费降幅的增加而减少；而第二产业增加值增幅为正，并随着政府消费降幅的扩大而升高；这说明该政策会进一步加大第二产业的经济比重，第一产业和第三产业的比重将不断降低，从而不利于我国的经济结构调整。

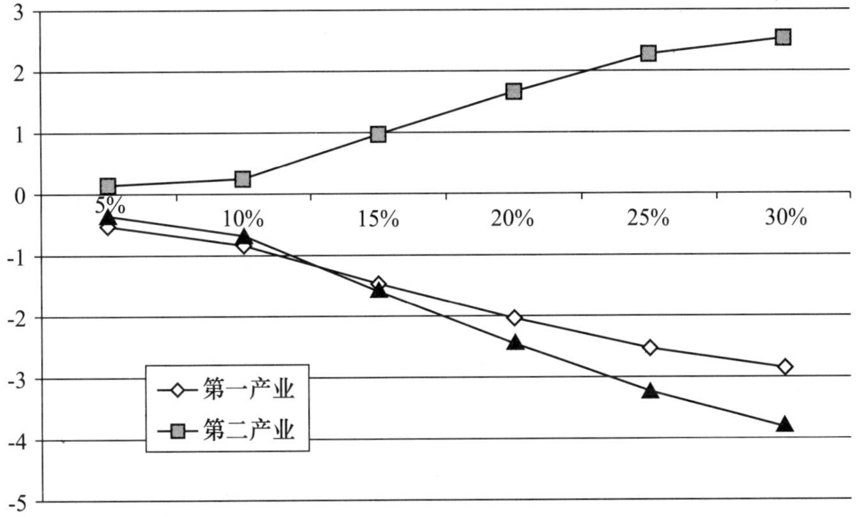

图 9—2　政府消费不同降幅情况下三次产业增加值变化率

图 9—3 描述在假设政府消费分别减少 5%、10%、15%、20%、25% 和 30%，相应增加政府 R&D 研发支出，并假定全要素生产率随着居民研发收入的增加而提高，而其他条件不变条件下，总储蓄、固定资产总投资以及进口和出口的变化趋势，从中可以看出，该假设方案下，进口和出口均随着政府消费降幅的增加而增加，其中，进口增幅稍大于出口增幅；另外，总体而言，固定资产总投资和总储蓄逐渐上升。这说明该假设方案有利于我国的国际贸易，有利于我国的投资和储蓄。

图 9—4 描述在假设政府消费分别减少 5%、10%、15%、20%、25% 和 30%，相应增加政府 R&D 研发支出，并假定全要素生产率随着居民研发收入的增加而提高，而其他条件不变条件下，二氧化碳排放总量及其排放强度的变化趋势，从中可以看出，该假设方案下，二氧化碳排放总量及其排放强度均随着政府消费降幅的增加而增加，其中，二氧化碳排放强度的增幅稍大于二氧化碳排放总量的增幅；这说明该假设方案将进一步加大我国的石化能源的消耗量，也不利于我国的节能减排，因此，若有效地节能减排政策，还需要在提高石化能源使用效率上下功夫。

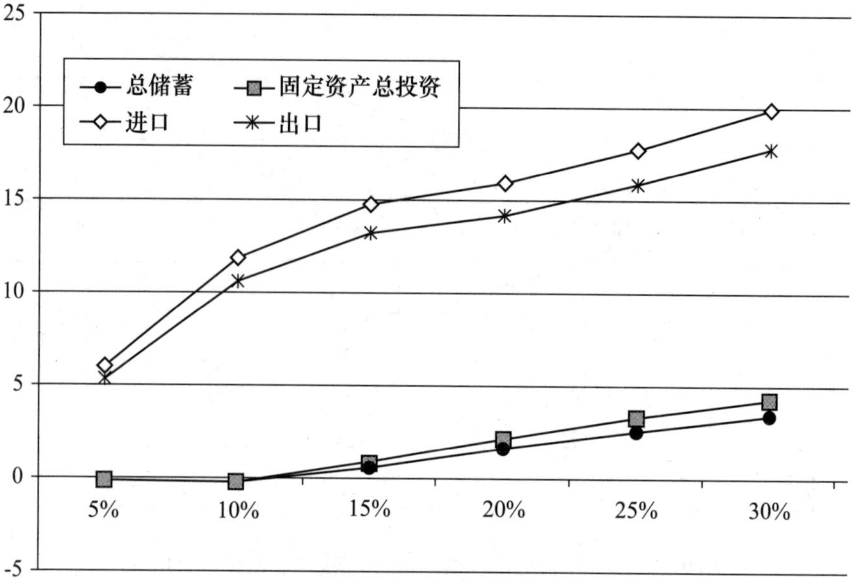

图9—3　不同降幅情况下投资、储蓄以及进口、出口变化率

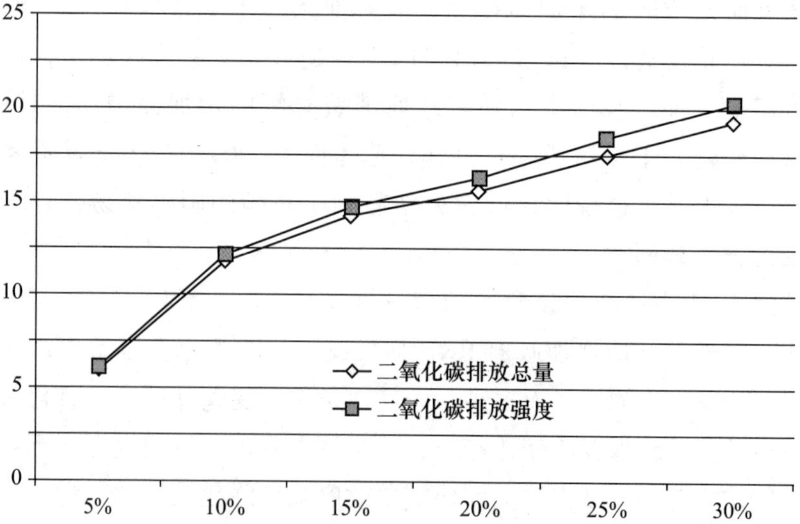

图9—4　不同政府消费降幅下的二氧化碳排放总量及其强度变化率

表9—6　　不同政府消费降幅条件下的主要宏观经济变量变化率

	5%	10%	15%	20%	25%	30%
实际GDP	5.5033	10.8607	12.4252	12.9503	14.0617	15.7941
名义GDP	－0.1458	－0.2803	－0.4285	－0.585	－0.7381	－0.8051
GDP平减指数	－5.3544	－10.0496	－11.4331	－11.9834	－12.9753	－14.3351
第一产业增加值(名义值)	－0.5257	－0.8314	－1.4424	－2.0319	－2.5193	－2.8463
第二产业增加值(名义值)	0.1508	0.2666	0.9773	1.6624	2.2736	2.534
第三产业增加值(名义值)	－0.3478	－0.685	－1.5549	－2.4232	－3.2355	－3.7746
总储蓄	－0.1385	－0.2532	0.5796	1.6546	2.5856	3.4068
固定资产总投资	－0.1474	－0.277	0.774	2.1248	3.2946	4.2855
总进口	5.9838	11.8649	14.757	15.9219	17.7807	19.8852
总出口	5.3461	10.6003	13.1842	14.2249	15.8856	17.7658
汇率	－5.3523	－10.0549	－11.6819	－12.3171	－13.3933	－14.6907
农村居民总收入	－0.3513	－0.6795	－0.921	－1.1613	－1.4078	－1.5232
城镇居民总收入	0.5416	1.0766	1.0264	0.7911	0.652	0.7515
农村居民总储蓄	－0.3513	－0.6795	－0.921	－1.1613	－1.4078	－1.5232
城镇居民总储蓄	0.5416	1.0766	1.0264	0.7911	0.652	0.7515
居民研发总收入	54.3203	106.9948	121.8147	126.0672	136.1106	152.4439
煤炭二氧化碳排放量	6.0083	11.825	14.2103	15.6019	17.4935	19.2321
焦炭二氧化碳排放量	6.1288	12.0082	14.6417	16.586	18.9289	20.8897
原油二氧化碳排放量	5.8256	11.5726	14.5154	15.8315	17.8018	19.7919
精炼石油二氧化碳排放量	5.8509	11.6019	14.0885	15.143	16.8224	18.6337
天然气二氧化碳排放量	5.9364	11.7269	13.9389	15.1013	16.7885	18.585
燃气二氧化碳排放量	7.0073	13.9433	15.9718	16.4717	17.7677	19.9478
二氧化碳总排放量	5.9896	11.8	14.2454	15.6372	17.5436	19.3225
二氧化碳排放强度	6.1444	12.1143	14.7371	16.3176	18.4176	20.291
社会福利变量增长量	11926.17	23715.96	26611.95	27026.29	28836.63	32975.01

从表9—6可以看出，在不同的政府消费降幅条件下，社会福利均有所增加，而且随着政府消费降幅的增加而增加，说明该政策可以提升我国整体社会福利水平，有利于我国社会的和谐发展。

政策模拟六

模拟假设：改革科研经费制度，调整科技研发支出结构：保持科研经费总额基本不变，增加科技人员的科研劳动合理报酬（即增加科研经费中的“劳动报酬”比例①），减少相应硬件支出比例。假设科研经费中的“劳动报酬”分别增加10%、20%、30%、40%、50%、60%，并假定全要素生产率随着科研人员研发收入的增加而提高②，其他条件不变，对国内生产总值、产业结构、居民收入和消费、政府收入和消费、进出口、二氧化碳排放总量、二氧化碳排放强度、社会福利等宏观经济变量的影响，于是：

模拟结果如表9—7所示：

表9—7　不同政府消费降幅条件下的主要宏观经济变量变化率

	10%	20%	30%	40%	50%	60%
实际 GDP	1.004	2.0078	2.9489	4.0183	5.0228	6.0409
名义 GDP	-0.0004	-0.0009	-0.007	-0.0288	-0.0315	-0.099
GDP 平减指数	-0.9945	-1.9675	-2.8576	-3.8907	-4.8126	-5.7901
第一产业增加值(名义值)	-0.084	-0.1478	-0.374	-0.6608	-0.7671	-1.3761
第二产业增加值(名义值)	0.0274	0.0552	0.0813	0.1752	0.2067	0.2563
第三产业增加值(名义值)	-0.0091	-0.0191	0.0178	-0.088	-0.1012	-0.1642
总储蓄	0.0979	0.1964	0.2747	0.3704	0.4630	0.4938
固定资产总投资	0.1154	0.2306	0.3328	0.4486	0.5586	0.6327
总进口	1.0603	2.1409	2.4755	4.3093	5.3745	5.7319
总出口	0.9473	1.9127	2.2117	3.8500	4.8017	5.1210

① 同时需要加强科研成果管理，严格课题结题评审制度，公开科研成果，接受社会大众监督，但只要科研课题顺利获得结项，取得较好科研成果，科研人员可以直接从课题的“劳动报酬”中领取较高的报酬。

② 这样假设的前提是：提高科研人员的合理收入，使得科研人员能够从科研研发活动中获得较高收益，则可以提高科研研发人员的研发积极性和创造力，取得更好更优更有实际价值的科研成果，从而提高各行业的全要素生产率。

续表

	10%	20%	30%	40%	50%	60%
汇率	－1.0098	－2.0037	－2.7865	－3.9782	－4.915	－5.7877
农村居民总收入	－0.0053	－0.0073	－0.0187	－0.066	－0.075	－0.2056
城镇居民总收入	0.1514	0.3061	0.4521	0.5623	0.7102	0.7404
农村居民总储蓄	－0.0053	－0.0073	－0.0187	－0.066	－0.075	－0.2056
城镇居民总储蓄	0.1514	0.3061	0.4521	0.5623	0.7102	0.7404
政府 R&D 研发总支出	0.0239	0.0489	0.0314	0.0807	0.1024	0.0283
煤炭二氧化碳排放量	1.0305	2.0523	3.206	4.2742	5.3204	6.5923
焦炭二氧化碳排放量	1.0164	2.0126	3.3624	4.2758	5.3136	6.8599
原油二氧化碳排放量	1.0642	2.1467	2.4854	4.3913	5.4684	6.2023
精炼石油二氧化碳排放量	1.0389	2.0877	2.6898	4.26	5.3086	6.1417
天然气二氧化碳排放量	1.0117	2.0165	3.028	4.1909	5.2169	6.3459
燃气二氧化碳排放量	1.2286	2.4652	3.4578	4.9152	6.1529	7.2383
二氧化碳总排放量	1.0319	2.0578	3.1189	4.2779	5.3251	6.5386
二氧化碳排放强度	1.0324	2.0569	3.1117	4.3079	5.3583	6.6441
社会福利变量增长量（水平值变化量）	2232.511	4481.569	6301.953	8777.029	11010.83	12843.87

从表9—7可以看出，改革科研经费制度，调整科技研发支出结构，增加科技人员的科研劳动合理报酬10%、20%、30%、40%、50%、60%，并假定全要素生产率随着科研人员研发收入的增加而提高，其他条件不变的条件下，我国的实际GDP增长率随着增加科技人员的科研劳动合理报酬的增加而增加；与此同时，GDP平减指数也随着增加科技人员的科研劳动合理报酬的增加而减少，而名义GDP变化不大，几乎呈现微幅逐渐减少的趋势。这说明该政策方案可以有效地增加我国GDP增长率，不仅有利于我国的经济发展，并且显著地降低物价水平。导致这种变化的内在经济学逻辑在于：改革科研经费制度，虽然政府科技研发支出总量几乎不变，但是由于提高了科研人员的合理劳动报酬，从而极大地调动和激发了科研人员积极性和创造性，在现实中也使科研工作变得更加简便和灵活，科研人员可以把更多的时间和精力放在科研上，而不是各种经费管理条条框框，各种规章制度，

从而有效地提高了全要素生产率，从而使得产出进一步增加，增加值有所扩大，从而带动农村居民消费、城镇居民消费、投资和储蓄，从而带来相对更大的产业增加值。

从产业上看，该政策方案下，第一产业和第三产业增加值均有所降低，并随着政府消费降幅的增加而减少；而第二产业增加值增幅为正，并随着政府消费降幅的扩大而升高；这说明该政策会进一步加大第二产业的经济比重，第一产业和第三产业的比重将不断降低，从而不利于我国的经济结构调整。或者说，该政策不能在促进我国经济总量增长的同时，还取得经济产业结构调整的功效，要进行经济结构调整，还需要其他政策相配合。

另外，从总储蓄、固定资产总投资以及进口和出口的变化趋势上可以看出：进口和出口均随着政府消费降幅的增加而增加，其中，进口增幅稍大于出口增幅；另外，总体而言，固定资产投资和总储蓄逐渐上升。这说明该假设方案有利于我国的国际贸易，有利于我国的投资和储蓄。

该假设方案下，社会福利均有所增加，而且随着增加科技人员的科研劳动合理报酬的增加而增加，说明该政策可以提升我国整体社会福利水平，有利于我国社会的和谐发展。

第四节　中国科技 CGE 动态模拟分析

一　中国科技 CGE 模型动态方程作用机理

动态均衡稳态下，k 作为状态变量，r 作为控制变量，令 $\bar{E} = \frac{E}{M}$

将式（9—11）、（9—14）、（9—19）代入式（9—23）有

$$\dot{r} = r\left(\frac{(1-\alpha_3)^2}{\alpha_3{}^2}\frac{MC_k}{\hat{P}_m}r^{1/(1-\alpha_3)}k - \frac{(1-\alpha_3)}{\alpha_3}r\right) \qquad (9—25)$$

其中 $\hat{P}_m = P_y^{1/(1-\alpha_3)}(P_z/P_y)^{[\theta\alpha_1+(1-\theta)\alpha_2]/[(\alpha_1-\beta_1)(1-\alpha_3)]}(\alpha_3/MC_k)^{\alpha_3/(1-\alpha_3)}$。

将式（9—14）与（9—20）代入式（9—22）有

$$\dot{k} = (\frac{r}{\alpha_3{}^2} - g)k - \frac{MC_k}{} \tag{9—26}$$

将式（9—14）与（9—20）代入式（9—21）有

$$g = \tilde{V} - \frac{(1-\alpha_3)}{\alpha_3{}^2}\frac{MC_k}{}r^{1/(1-\alpha_3)}k \tag{9—27}$$

将式（9—27）代入式（9—26）有

$$\dot{k} = \left[\frac{r}{\alpha_3^2} - \bar{V} + \frac{(1-\alpha_3)}{\alpha_3^2}\frac{MC_k}{\hat{p}_m}r^{1/(1-\alpha_3)}k\right]k - \frac{MC_k}{} \tag{9—28}$$

根据消费者最优条件式（9—24）、（9—27），我们可得到 $\bar{E}$ 的定义式，为

$$\dot{\bar{E}} = \bar{E}\left[\frac{1}{\sigma}(r-\rho) - \bar{V} + \frac{(1-\alpha_3)}{\alpha_3^2}\frac{MC_k}{\hat{p}_m}r^{1/(1-\alpha_3)}k\right] \tag{9—29}$$

竞争均衡体系归纳为三个微分方程式（9—25）、（9—28）、（9—29）（利用一阶条件 k（0）＝k_0）和两个横截性条件。

令 $\dot{r} = 0$，有

$$\frac{(1-\alpha_3)}{\alpha_3^2}\frac{MC_k}{\hat{p}_m}r^{*\ 1/(1-\alpha_3)}k^* = \frac{r^*}{\alpha_3} \tag{9—30}$$

将式（9—30）代入式（9—29），并令 $\dot{\bar{E}}$ 为0，则可得到 r^* 的一个特殊解，为

$$r^* = \frac{\alpha_3(\sigma\bar{V} + \rho)}{\alpha_3 + \sigma} \tag{9—31}$$

若将式（9—31）代入式（9—30），则可得到 k^* 的一个特殊解。令 $\dot{k} = 0$，式（9—28）赋值 r^*，k^*，则可得到 $\bar{E}^*$ 的一个特殊解。

联立式（9—27）、（9—30）、（9—32），可得经济增长率的稳态解为

$$g^* = \frac{\alpha_3\bar{V} - \rho}{\alpha_3 + \sigma} \tag{9—32}$$

$$g^{*}=\frac{\frac{\alpha_3(1-\delta)}{1-\alpha_3}\bar{V}-\rho}{\frac{(\sigma-1)\alpha_3(1-\delta)}{\delta(1-\alpha_3)}+\frac{1-\alpha_3\delta}{1-\alpha_3}} \tag{9—33}$$

二　动态模拟方案设计及实证结果分析

（一）模拟方案设计

为了全面衡量中国科技投入对全国宏观经济运行和地区经济结构的影响，本章运用前面构建的中国科技投入动态 CGE 模型在基准方案的基础上，设计了相应的模拟方案，定量分析模拟方案所产生的宏观经济冲击效应，并对比这两种方案对中国地区的宏观经济以及各产业产生的影响和作用。考虑到科技投入是一种长期的科研投资以及数据的可用性，因此本报告研究的基于最新的 2012 年中国投入产出表，基准年为 2012 年，动态模拟了 2013—2020 年每一年的宏观经济运行情况。在基准方案模型的模拟过程中，设定了其中的一些重要变量和参数的动态更替。2013—2020 年，假设①如下：

（1）劳动力供给量每年增加 0.63%；

（2）固定资产投资名义增长率为 10.72%；

（3）中国 R&D 经费投入年增长率保持 1999—2012 年的平均增长率 16.3%；

（4）各部门的研究与试验发展（R&D）经费支出的比例保持不变；

（5）政府对居民的转移支付、侨汇、国外储蓄、省外储蓄年增长率设为 10%；

（6）其他参数保持不变。

（二）模拟方案

为研究中国科技投入对中国宏观经济及各行业的冲击和影响，因此设计如下模拟方案：在基准方案的基础上，假设中国加大 R&D 经费

① 本假设参考了沈利生“北京市宏观经济与科技模型预测”。

投入，增长率增加50%，即年增长率为18.3%×1.5=27.45%；其他假设同基准方案，模拟对中国国内生产总值、居民收入、居民消费(包括城镇居民、农村居民消费)、政府消费、进出口以及行业增加值的影响。

（三）模拟结果及分析

表9—8　中国R&D经费增长率多增加50%对中国科技经济发展影响

年份	基准情景GDP，当年价，亿元	模拟情景GDP，当年价，亿元	GDP变化（%）	居民收入变化（%）	居民消费变化（%）	进口变化（%）	出口变化（%）
2013	588019	590962	0.50	1.20	1.11	0.64	0.74
2014	636139	639691	0.56	1.28	1.21	0.68	0.80
2015	676713	680804	0.60	1.36	1.30	0.73	0.85
2016	720209	724842	0.64	1.42	1.36	0.76	0.88
2017	765399	770550	0.67	1.48	1.43	0.79	0.91
2018	812570	818235	0.70	1.53	1.47	0.81	0.95
2019	861487	867663	0.72	1.56	1.51	0.83	0.96
2020	912229	918889	0.73	1.59	1.54	0.85	0.98

根据表9—8可知：（1）当中国科技研发与试验发展（R&D）经费增长率多增加50%，即R&D经费年增长率从18.3%增加到27.45%时，中国国内生产总值、居民收入、居民消费、政府消费、中国科技进口和出口均增加，这说明中国科技研发（R&D）投入对中国科技宏观经济的发展有正向促进作用。（2）从图形上看，各变量随着时间的增加其增长率逐年增加，但其增长幅度逐年下降，即说明科技投入对中国科技宏观经济的影响是正向、边际递减的，这与国际相关文献一致，也符合经济理论。（3）从数值上看，中国科技R&D经费年增长率多增加50%时，到2020年，可以使得中国科技地区生产总值多提升0.73个百分点；可以使得中国科技居民收入多增加1.59个百分点；可以使得居民消费多增加1.54个百分点；可以使得进口和出口分别多增加0.85个和0.98个百分点。

表 9—9 中国科技 R&D 经费支出增长率多增加 50% 所带动的行业增加值比较表

行业名称	2012 年，当年价，亿元	2020 年，基准值，当年价，亿元	2020 年，模拟值，当年价，亿元	2020 年增加值变化率/平均增加值变化率	排名
金融业	35188	100957	102182	1.0064	1
信息传输、计算机服务和软件业	11800	33104	33477	1.0055	2
石油加工、炼焦及核燃料加工业	7442	21578	21816	1.0053	3
通信设备、计算机及其他电子设备制造业	11033	31991	32292	1.0037	4
电气、机械及器材制造业	8322	24132	24354	1.0035	5
通用、专用设备制造业	15649	45377	45775	1.0030	6
综合技术服务业	7200	20877	21058	1.0030	7
研究和试验发展	1977	5731	5780	1.0027	8
文化、广播、体育和娱乐业	3530	9902	9985	1.0027	9
电力、热力生产和供应	12554	35221	35507	1.0024	10
租赁和商务服务业	11215	31465	31709	1.0020	11
卫生、社会保障和社会福利业	9306	26107	26279	1.0009	12
农林牧渔业	52359	151822	152815	1.0008	13
交通运输设备制造业	12858	37283	37512	1.0005	14
仪器仪表及其他制造业（含废品废料回收）	5218	14640	14729	1.0004	15
房地产	31248	87668	88016	0.9983	16
建筑业	36805	103256	103824	0.9998	17
交通运输及仓储业	21920	63560	63903	0.9997	18
化学工业	23201	65092	65437	0.9996	19
邮政业	1015	2847	2862	0.9995	20
非金属矿物制品业	11774	33033	33204	0.9995	21
非金属矿及其他矿采选业	2802	7861	7901	0.9994	22
造纸印刷及文教体育用品制造业	6983	19592	19689	0.9993	23
水利、环境和公共设施管理业	2555	7168	7203	0.9991	24
煤炭采选产品	11095	32172	32321	0.9989	25
食品制造业	15915	44649	44849	0.9988	26

续表

行业名称	2012年，当年价，亿元	2020年，基准值，当年价，亿元	2020年，模拟值，当年价，亿元	2020年增加值变化率/平均增加值变化率	排名
教育	16172	45371	45560	0.9985	27
服装鞋帽皮革羽绒及其制品业	6347	18405	18481	0.9985	28
木材加工及家具制造业	4256	11940	11987	0.9983	29
公共管理和社会组织	19771	57328	57527	0.9978	30
其他服务业	8157	23652	23729	0.9976	31
金属制品业	6389	18525	18585	0.9976	32
纺织业	6932	20100	20162	0.9974	33
金属冶炼及压延加工业	19848	55683	55852	0.9974	34
燃气生产和供应	677	1898	1904	0.9973	35
水的生产和供应	781	2192	2199	0.9972	36
金属矿采选业	4864	14104	14141	0.9970	37
其他制造业	1359	3942	3952	0.9969	38
住宿和餐饮业	9537	27654	27697	0.9959	39
批发和零售业	49831	144493	144676	0.9956	40
总计	525883	1502373	1510931		

注：由于2012年中国投入产出表中废品废料业的R&D经费投入均为零，故本表不包括这个行业。

表9—9中国科技R&D经费支出增长率增加50%所带动的行业增加值比较结果，设定本情景的目的是寻找中国科技地区由于研发投入增加而带动行业增加值增加较大的行业。从中可以看出：

（1）R&D经费支出增加对行业增加值拉动明显，2020年总的行业增加值可以多增加9067亿元；各行业增加值均有所增加。

（2）中国科技CGE模型42个行业中，当R&D经费增长率增加50%时，行业增加值增长率大于行业平均增加值增长率的行业有：①金融保险业；②信息传输、计算机服务和软件业；③石油加工、炼焦及核燃料加工业；④通信设备、计算机及其他电子设备制造业；⑤电气、机械及器材制造业；⑥通用、专用设备制造业；⑦综合技术服务业；⑧研究和试验发展；⑨文化、体育和娱乐业；⑩电力、热力的生产和供应业。当中国科技 R&D 支出增长率增加 50% 时，可以带动这十个行业的增加值分别多增加 1225 亿元、373 亿元、238 亿元、301 亿元、222 亿元、398 亿元、181 亿元、48 亿元、83 亿元、286 亿元。说明这十个行业是可以通过研发（R&D）投入增加而带动行业增加值增加较大的行业，是将来中国科技研发投入的重点行业。

（3）其中，金融保险业、信息传输计算机服务和软件业、石油加工炼焦及核燃料加工业的增加值增加率最大，其行业增加值增长率相比平均增长率分别为 1.0064%、1.0055% 和 1.0053%，说明金融保险业、信息传输计算机服务和软件业、石油加工炼焦及核燃料加工业三个行业受益 R&D 经费增加最为明显。

第五节　结论及政策建议

本章根据经济学理论，在考虑中国科研经费发展现状及其支出特征的基础上，构建出中国科技研发可计算一般均衡模型，然后进行六种政策模拟分析，得到主要以下结论。

（1）若是提高行业增值税率 20%，保持政府储蓄不变，即扩大税收用来增加政府 R&D 研发支出，并假定全要素生产率随着居民研发收入增加而提高，则总体有利于我国的经济增长，可以使得我国名义 GDP 和实际 GDP 分别提高 1.11 个和 5.33 个百分点；有利于有效促进我国的国际贸易水平，使得我国进口和出口分别提高 5.7 个和 5.1 个百分点；有利于提高居民（尤其是城镇居民）的收入和消费，使得农村和城镇居民的总收入分别增加 0.23 个和 1.09 个百分点；有利于我国的节能减排，使得我国二氧化碳排放强度则下降 2.69 个百分点；可以有效提高社会总福利，有利于我国的社会和谐发展，使得社会整体福利水平增加 10640.18。

（2）若是提高行业增值税率（所有行业增值税税率均提高 20%），用于增加政府 R&D 研发支出（保持政府储蓄不变，即增加税收用来增加政府 R&D 研发支出），假定全要素生产率不变，则不仅不利于我国的经济增长，使得我国实际 GDP 下降约 0.2 个百分点，而且会导致我国物价上涨，使得通货膨胀水平提高 1.3 个百分点；不利于我国的对外贸易，使得我国进口和出口分别下降 0.47 个和 0.42 个百分点；不利于我国的经济结构优化调整；有利于提高居民的收入和消费，使得农村和城镇居民的总收入分别增加 0.25 个和 1.10 个百分点；有利于我国的节能减排，使得我国二氧化碳排放强度则下降 2.75 个百分点；有损于社会总福利，使得社会整体福利水平减少 380.85，从而不利于我国社会和谐发展。

（3）若是提高企业所得税税率 10%，保持政府储蓄不变，即增加税收用来增加政府 R&D 研发支出，并假定全要素生产率随着居民研发收入增加而提高，则有利于我国的经济增长，使得我国实际 GDP 和名义 GDP 分别提高 2.03 个和 0.38 个百分点；有利于第二、第三产业发展，使得第二产业和第三产业的名义增加值分别提高 0.56%、0.33%，但不利于第一产业的发展，使得第一产业名义增加值下降 0.18%，不利于我国的经济结构调整和优化；可以有效促进我国的国际贸易水平，使得我国进口和出口分别提高 1.88 个和 1.68 个百分点；有利于城镇居民的收入和消费，使得城镇居民收入增加 0.32 个百分点，但农村居民的总收入几乎没有变化；有利于我国的节能减排，使得二氧化碳排放强度下降 1.13 个百分点；可以有效提高社会总福利，使得社会福利水平增加 3773.73，有利于我国的社会和谐发展。

（4）若是提高企业所得税税率 10%，保持政府储蓄不变，即增加税收用来增加政府 R&D 研发支出，但若研发政策不能有效地激发研究人员的创新激情，或者理论研究与现实需求相脱节，研究成果不能转化为实际生产力，则我国实际 GDP 几乎保持不变，但会导致我国通货膨胀提高 0.41 个百分点，从而加剧我国物价上涨压力；不利于我国的经济结构调整和优化；对我国的国际贸易影响甚微，进口和出口分别略微增加约 0.07 个和 0.06 个百分点，几乎保持不变；使得城镇居民收入和消费提高约 0.38 个百分点，但农村居民收入和消费几乎不变；有利于我国的节能减排，使得二氧化碳排放强度下降 1.25 个百分点。有损于社会总福利，使得社会福利水平减少 47.65，不利于我国的社会和谐发展。因此，综合结论二和结论四，若是研发政策没有有效地激发研究人员的创新激情，或者理论研究与现实需求相脱节，研究成果不能转化为实际生产力，那么在这种条件下不应该增加行业增值税或者所得税，“不折腾”似乎更有利于国家宏观经济发展，以及社会的和谐稳定。

（5）若减少政府消费，相应增加政府 R&D 研发支出，并假定全要素生产率随着居民研发收入的增加而提高，则可以有效地增加我国经济的增长率，并且显著地降低物价水平；会进一步加大第二产业的经济比重，第一产业和第三产业的比重将不断降低，从而不利于我国的经济结构调整；有利于我国的国际贸易，有利于我国的投资和储蓄；进一步加大我国的石化能源的消耗量，也不利于我国的节能减排；可以提升我国整体社会福利水平，有利于我国社会的和谐发展。

（6）若是改革科研经费制度，调整科技研发支出结构，增加科技人员的科研劳动合理报酬，并假定全要素生产率随着科研人员研发收入的增加而提高，则可以有效地增加我国 GDP 增长率，不仅有利于我国的经济发展，并且显著地降低物价水平；会进一步加大第二产业的经济比重，从而不利于我国的经济结构调整；有利于我国的国际贸易，有利于我国的投资和储蓄可以提升我国整体社会福利水平，有利于我国社会的和谐发展。根据上述政策模拟结论，提出如下建议。

一　切实提高科技研发成果转化为社会生产力

科技研发促进经济发展和社会和谐稳定的前提是切实提高科研人员研发积极性、主动性和创造性，切实提高科技研发成果转化为社会生产力，鼓励科技研发与现实需求相结合，使得科技研发能够切实提高行业的全要素生产率，简化科研过程管理，提高科研人员对科研经费支出的主动权，增加科研经费中的“劳动报酬”比例；同时，严格课题结题评审制度，公开科研成果，接受社会大众监督，强化科研弄虚作假行为惩罚力度。

二　增强自主创新能力，改善科技创新的机制和环境

现代企业的竞争核心实质上是技术的竞争，企业唯有重视科研和科技创新，才能拥有自己的核心技术，从而真正掌握自己的命运，才能在各种顺逆环境下长期生存和发展。当前，我国经济发展处于产业结构调整升级的关键时期，出口面临的环境也日益严峻，这种环境下迫切要求加强和依靠科技创新。一方面，结合“供给侧结构性改革”的发展契机，制定和完善提升企业自主创新能力和意愿的相关规划和产业政策，建立健全创新风险投资机制，促进风险投资机构发展，优化财税改革和企业科技研发管理法律，出台真正能够鼓励、引导企业加大研发投入力度和自主创新意愿的科技政策，切实解决目前困扰企业研发投入的后顾之忧；同时，完善投融资政策，通过对知识产权质押担保，多路技术，科学和科技保险，高新区债券，风险投资基金来解决融资难的问题，企业的技术创新。另一方面，强化知识产权保护力度、完善科技成果转化和产业化的支持体系、技术服务体系、技术产权交易体系，真正在我国建立起知识产权保护的企业外部环境，使企业自主创新的经济利益和社会效益得到充分保障。让科技人员富起来，使激发企业和人才投身科研、积极创新的直接而有效手段。

三　简化政策限制性条款，多角度鼓励企业增加研发投入

研发经费是科技创新活动得以开展的重要前提，从国际上的成功经验来看，各国政府也普遍重视对研发活动的支持。而研发投入比重偏低是我国科技创新能力不足的一个重要因素，通过税收政策来激励企业增加研发投入是我国支持科技创新财政政策的重要内容。自1993年10月5科技进步法6实施以来，到2006年国务院发布的“实施《国家中长期科学和技术发展规划纲要》的若干配套政策”，我国已颁布多项政策支持企业的研发投入，虽然几经修改，一些限制性条款仍然影响着政策效果的发挥。如规定“亏损企业不得实行加计抵扣”和“当年应纳税所得额不足抵扣的加计扣除部分不得结转”的规定，使亏损企业或微利企业在进行研发投入的时候无法得到风险补偿，而对

于盈利的企业如果加大研发投入而使企业亏损时反而不能得到政府的支持，使国家的扶持政策难以达到设计的执行效果。对于亏损企业或微利企业的研发投入可以适当允许结转到以后年限中使用，以长期的激励机制来鼓励企业的创新研发。此外，我国的现行对研发的税收激励工具多限于对研发费用的加计扣除，可借鉴国际经验适当扩大优惠范围，如对于研发经费投入比例较高的企业适用于较低税率，对研发产品予以免税，积极鼓励企业成立研发机构，对于非营利的研发机构给予税收支持，强化对研发人员的激励，在费用扣除、个税所得税等方面予以优惠。

四　质量和效率替代数量，提高资本利用率和劳动生产率

在加强科技创新和努力提高全要素生产率的同时，“供给侧结构性改革”也需要着力提升传统生产资源要素的供给效率和供给质量。一方面基于我国人口增长趋势短期内难以有效改变的事实，以及为适应现代经济发展需求，需要加大人力资本投资，推进人口红利向人才红利转变，提高劳动力素质以抵消基于人力资源意义上“人口红利”之后的负效应，同时通过构建统一的劳动力市场，优化劳动力配置，降低劳动力自由流动成本，促进劳动力在城乡、企业、高校、科研机构之间有序流动，适当延长科技人才和管理人才的退休年龄，鼓励老龄人口继续发挥余热，挖掘社会劳动力供给潜力，将控制人口增长战略向优化提升人口素质、提高人口质量战略转变，强化教育培训的质量和水平、稳步提升劳动者素质，建议“十三五”时期推广实施十二年制义务教育，推进产学研战略联盟，提升产业核心竞争力，促使我国经济发展阶段平稳有效转换。另一方面，加快实施金融领域改革，提升资本利用效率，改变金融企业垄断暴利行为，加快构建与实体经济相匹配的多层次金融体系，多样化组织体系、立体化服务体系，有效整合各种金融资源，加快推进金融市场化改革，切实降低企业，尤其是中小企业的资金使用成本。

五　切实提高科技研发成果转化为社会生产力

科技研发促进经济发展和社会和谐稳定的前提是切实提高科研人员研发积极性、主动性和创造性，切实提高科技研发成果转化为社会生产力，鼓励科技研发与现实需求相结合，使得科技研发能够切实提高行业的全要素生产率，简化科研过程管理，提高科研人员对科研经费支出的主动权，建立大幅提高科研经费中的“劳动报酬”比例；同时，严格课题结题评审制度，明确结题条件和前提（比如在国内外权威期刊发表几篇学术论文，出版几本专著），只有达到结题条件才予以结题申请；公开科研成果，接受社会大众监督，加大对科研弄虚作假行为的惩罚力度（一旦查出成果抄袭和作假，全额追回科研经费，10 年内不能再申请等）；鼓励成果转化社会生产力，在课题匿名评审过程中，减少高校学术界的专家教授评审名额，增加实际生产企业一线技术专家评审名额。

六　积极利用外部环境与创新网络，促进技术转移和技术创新

根据网络新时代特征和优势，充分利用民间资本和公共资本，组建和转型一批“独立运转、服务企业”的（合作创新或创新联盟）产业技术研究所/院，通过资金支持和税收政策优惠等手段鼓励和资助这些产业技术研究所/院致力于低成本、集成化、网络化和智能化的共性技术研究开发，以能集供需信息收集、信息咨询、技术咨询与技术服务、为企业寻求合作伙伴、交易项目的受理与评估、专利保护咨询等多种服务功能于一身，重点促进创新成果的转移与转化，并结合设备推广和工程管理服务推广，实现共性技术的突破和推广共性实用技术平台建设。

七　简化政策限制性条款，多角度鼓励企业增加研发投入

研发经费是科技创新活动得以开展的重要前提，从国际上的成功经验来看，各国政府也普遍重视对研发活动的支持。而研发投入比重偏低是我国科技创新能力不足的一个重要因素，通过税收政策来激励

企业增加研发投入是我国支持科技创新财政政策的重要内容。对于亏损企业或微利企业的研发投入可以适当允许结转到以后年限中使用，以长期的激励机制来鼓励企业的创新研发。此外，我国的现行对研发的税收激励工具多限于对研发费用的加计扣除，可借鉴国际经验适当扩大优惠范围，如对于研发经费投入比例较高的企业适用于较低税率，对研发产品予以免税，积极鼓励企业成立研发机构，对于非营利的研发机构给予税收支持，强化对研发人员的激励，在费用扣除、个税所得税等方面予以优惠。

第十章

中国科技税收政策对我国经济社会影响模拟分析：基于中国科技动态 CGE 模型

第一节 研究背景和意义

进入 21 世纪，随着世界经济一体化进程的加快，国际经济竞争日趋激烈。“科技是第一生产力”，世界各国都把科技资本作为战略性的投资，把发展科技创新作为提升本国竞争能力的重要手段，大力增加科技投入，超前部署和发展创新型技术和产业。

改革开放以来，我国通过“市场换技术”的发展战略促进传统产业的技术改造和结构调整，实现了较高的经济增长水平，但也带来了资源的大量投入与消耗，环境、资源与经济发展的矛盾加剧，尤其是在后国际金融危机的背景下，转变经济增长方式成为我国目前经济发展过程中最为重要的问题。我国“十二五”发展战略提出，坚持自主创新、重点跨越、支撑发展、引领未来的方针，增强共性、核心技术突破能力，促进科技成果向现实生产力转化；重点引导和支持创新要素向企业集聚，加快建立以企业为主体、市场为导向、产学研相结合的技术创新体系；强化支持企业创新和科研成果产业化的财税金融政策，加大政府对基础研究的投入，推进重大科技基础设施建设和开放共享，促进科技和金融结合，培育和发展创业风险投资。

理论与实践均证明，税收政策是影响科技创新的主要因素之一。科学的税收政策和管理体系，不仅有助于支持和促进科技创新的建立，而且有助于健全有效的税收政策激励机制，从而促进我国和地区的科技自主创新的快速发展，有效地增强和提升我国科技国际竞争力。

中国拥有国内最优秀的科研人才和最雄厚的科研资源，科研院所林立，优秀人才集聚。虽然中国在过去的30年中经济得到迅猛发展，但总体而言，其增长方式上主要是依赖于资源投入型的粗放式增长，科技进步对经济增长的贡献率较小，经济增长方式转变比较缓慢。因此，如何全面提升科技创新能力，使首都经济在新的层次、新的轨道上实现高速运转，实现中国丰富的科技资源与经济社会发展需求的有效对接，使产业发展、城市建设切实转变到依靠科技进步提升核心竞争力的轨道上来，是决策者和理论研究工作者面临的一项严峻问题。

本章在论述中国地区科技自主创新的税收政策存在的问题及国际比较的基础上，应用国际主流政策模拟模型——可计算一般均衡（CGE）模型，实证模拟分析中国相关科技税收政策及其影响，并提出对完善我国鼓励科技自主创新的税收政策提供一些参考性建议。报告第一部分是研究的背景和意义；第二部分是国内外相关研究文献综述，并对现有研究总结和简要评价；第三部分对中国及OECD国家主要的R&D投资税收政策进行梳理和比较，并对比分析其中存在的问题；第四部分是分析税收政策对科技研发（R&D）投入的理论作用机理；第五部分是中国科技税收可计算一般均衡模型的SAM表的编制和部分划分；第六部分是实证模拟分析六种科技税收政策及其影响；第七部分是总结和建议。

第二节　国内外科技税收政策的相关文献综述

一　国外相关研究综述

税收激励在许多国家的创新激励政策中占有重要地位，其对创新的激励作用也得到了多方面验证。Bloom等（2002）通过对OECD国家中9个成员国1979—1997年的数据进行实证分析，得出了税收激励对提高R&D强度有效的结论。他们发现，税收激励对于R&D支出有一个负的价格弹性（税收激励价格弹性为私人R&D支出变动的百分比与税收变动的百分比的比值，即税收激励价格弹性＝私人R&D支出变动的百分比/税收变动的百分比)，税收激励促进了 R&D 活动，税收改变对 R&D 水平的影响弹性不高（刚超过 -0.1)，但就长期而言影响会更大。

OECD（2002）的实证研究表明，企业 R&D 支出对生产力具有显著的正向影响，即企业 R&D 支出产生大量溢出效应，并且这一正向影响自 1980 年以来随着时间的推移而持续增长。因此，政府对 R&D 支出给予税收优惠，其收益将远远大于企业和政府所付出的成本。

Bernstein（1986）根据加拿大数据，采用生产结构分析法发现，税收支出每增加 1 美元，将带来超过 1 美元的新增 R&D 资本。Estache、Caspar（1995）根据巴西数据，采用边际有效税率分析法发现，不少税收优惠措施，并不能明显降低边际有效税率，广泛运用税收优惠可能导致税收制度的严重扭曲。Shah（1995）根据墨西哥、巴基斯坦、土耳其数据，采用生产结构分析方法研究发现，税收激励政策措施仅对化工等部分行业有效。Hall，Van Reenen（1999）根据西方七国数据，采用价格弹性估计法研究发现，1 美元的税收抵免，可以增加企业 1 美元的研发支出。Lach（2000）根据以色列数据，采用价格弹性估计法研究发现，1 美元的税收补贴，可以增加企业 0.41 美元的研发支出。

目前，越来越多的国家开始运用税收措施鼓励创新，如 OECD 成员国中 1996 年仅有 12 国采取 R&D 税收激励措施，而 2006 年采取 R&D 税收激励措施的国家上升到了 19 个（OECD，2005)。税收激励的优惠规模也相当可观，20 世纪 90 年代前期，欧盟成员国每年仅 R&D 税收激励就达 1 万亿美元（EuropeanConnnission，1995)，而据 Gravelle 的估计，1997—2002 年，美国的 R&D 税收抵免会达 2.24 万亿美元（Griffith，Reenen，2002)。

二　国内相关研究综述

国内不少学者对税收与科技研发的作用进行了探讨和分析，主要有：

陈晓、方保荣（2001）根据中国 30 个省、自治区和直辖市的数据，采用线性回归方法研究认为，现行有关采用增值税激励的措施（如减免税优惠、转型改革），效果可能并不明显。

孙敬水（2002）通过对各国税收激励的研究，从税种上来看，目前各国主要税种中增值税是一个相对中性的税种，其收入功能性强，对资源配置的调节功能较弱；消费税侧重于对特殊消费品生产、消费以及相关收入分配的调节，有一定的局限性；个人所得税和社会保障税则主要用来解决社会效率和公平问题，它一般较少承担对资源配置和收入分配的调节作用；企业（公司）所得税是对公司经营纯利（应纳税所得额）征税，它可以通过对成本费用列支的范围、标准、方式等规定来影响税基的大小，进而影响企业的投资方向和生产行为，因此其资源配置功能更强一些。

吴秀波（2003）通过比较1991—1999年我国企业R&D投入强度及增长率，认为R&D投资的税收抵扣政策效果不明显。同时，他使用1998年全国30个省、自治区和直辖市的截面数据来检验现行增值税对R&D投入是否有不利影响，研究表明，增值税收入对R&D投入并无显著的负面影响，所以，现行有关采用增值税激励的措施（如增值税减免、增值税转型）效果可能不明显。

苏启林（2003）认为税收激励不需要进行年度评审，因而可以获得企业界的积极响应。而且，与其他方法比较，税收激励具有更大的可预期性，因而具有长期稳定性。他还认为直接补贴容易诱发腐败，掌握拨款权力的人有可能大大增加在R&D补贴方面的寻租机会，从而导致政府有限资源的低效配置。

朱平芳、徐伟民（2003）根据上海市大中型企业数据，采用随机效应模型研究认为，税收减免对于大中型工业企业增加自筹的研发投入具有积极效果。

杨志安（2004）分析了韩国税收政策对于技术创新的推动作用，在深入探讨韩国“江汉奇迹”的基础上，剖析了韩国科技创新的立体税收网络支持、注重技术创新税收政策的原发性功效、税收政策模式的大胆创新以及消费型增值税对创新的促进作用，并结合我国的具体情况提出了我国促进科技创新的税收政策发展方向。

吴晓晖、程华（2005）认为税收激励导致了一些不公平，对于本打算进行 R&D 的企业，税收激励是横财，而且，税收激励占用了国家财富，对于一些 R&D 活动，税收激励效果甚微。

史耀斌（2006）认为，目前很多科技税收优惠政策受制于各种因素没有得到落实，如加速折旧、投资抵免等，因此，发挥税收调控作用，促进企业自主创新的关键还在于充分利用好这些政策。

李丽青（2006）根据中国 103 家企业数据，采用公司调查法研究认为，现行税收优惠政策与企业研发投入关系不明显，税收激励作用很小。

蒋建军、齐建国（2007）根据中关村科技园区企业数据，采用价格弹性分析法研究认为，政府为企业提供 1 元的税收优惠，企业将增加 0. 617 元的研发支出，从而说明税收激励效果明显。

以丁学东（2007）为课题组长的创新型国家支持科技创新的财政政策课题组分析了国际上创新激励政策体系的主要特点，对政府科技投入政策、支持创新的政府采购政策、科技创新的税收支持以及支持创新的政策性金融政策等方面进行详尽的归纳与梳理，为我国的理论研究以及政策体系的完善提供了政策建议。

黄辉煌（2007）选取了福建省 2002—2006 年 5 年的数据，以线性回归分析说明了高新技术产业内部研究和开发投入与减免税政策间的相关性。进而从体系设计、作用环节对象、政策工具选择和税制因素等方面分析现行税收政策体系中存在的一些问题，并提出了改进和完善建议。

悦红日（2007）研究认为，在税收征管中如何落实好各项税收优惠政策，是政策真正发挥出效应的关键，在税收优惠政策的落实中，仍然可能存在大量需要解决的操作性问题。

范宝学（2007）分析中国科技税收政策与增强科技创新之间的主要矛盾，结合科技税收政策现状分析提出了中国税收政策应从增强自主创新能力的战略出发，建立以增值税和所得税为主体优惠税种，以研发环节税收激励为重点，直接优惠和间接优惠并用，全方位的科技税收政策体系。

邓晓兰、唐海燕（2008）重点以增值税与企业所得税为例，分析企业研发投入与国家税收政策之间的关系，研究发现我国现行税收政策对企业研发投入的激励作用有限，指出我国研发税收政策存在的不足，并提出改进与完善研发税收政策的建议。

匡小平、肖建华（2008）实证分析的初步结论表明，在影响企业自主创新能力的诸多外部影响因素中，税收具有显著作用；而在各税收制度之中，企业自主创新活动对所得税的反应更为敏感。

龚征旗、曾繁华（2009）分析了税收政策促进科技创新的作用机理，并分析了我国目前政策体系中存在的问题，从税制结构以及税收优惠管理等方面提出了政策建议。

石英华（2009）认为，西方学者分析自主创新税收优惠政策的有效性，主要使用三种模型，包括边际有效税率模型、生产结构模型和可计算一般均衡模型。但是，由于在我国税收税政管理中，优惠政策透明度低、缺乏税式支出预算，难以对促进自主创新的税收政策进行及时评估，难以为政策调整提供可靠的决策依据。

方重（2010）以往企业自主创新与税收政策相关性研究思路，围绕政策层面的局限性，将研究重点置于税收制度与企业自主创新的关系上，研究认为由于我国税收制度本身的不完善或改革不到位，从而形成一种阶段性的扭曲，而税收政策对于企业自主创新的激励机制设置则相对先行，其结果反而使一些重要税种的制度对企业的自主创新形成了约束。

许秋花、杨九铃（2010）提出，税收在科技发展中发挥着越来越重要的作用，但目前我国的科技税收优惠政策主要集中在所得税优惠政策上，流转税优惠政策不足。

贾康、刘军民等（2011）认为政策支持是增强自主创新能力的重要手段，体制变革与机制创新则是重要的制度性保障。无论是政府财政科技投入政策，还是税收优惠、政府采购、科技投融资政策等，对提高国家的科技发展水平以及企业的创新能力均具有至关重要的作用。

李贺、胡承龙（2011）提出，自主创新根本在人，应当对研究开发人员以技术入股取得的股权收益（红利、转让收入、股票期权转让收入）免征个人所得税，提高科研人才成果转化的积极性；对研发活动做出突出贡献的科研奖金和发明提成免征个人所得税，鼓励各类科研人员进行创新探索；对知识产权转让收入或特许权使用费收入给予优惠政策。

杨明（2011）认为，我国现行促进高新技术产业自主创新的税收政策不适应各个发展阶段要求，研发初期和中间扩大试验时，资金缺口大、风险高、收益少，应作为扶持关键；科技成果一经产品化之后，企业的风险小、收益大，却给予税收优惠，这有悖于税收政策目标。

范金、赵彫等（2011）在 2008 年 12 月至 2009 年 3 月，开展了“江苏省企业研发费用加计扣除政策实施情况”专题调研。发放问卷 300 份，收回有效问卷 157 份。从政策管理层面分析调查结果统计显示，28.5% 的企业人员知道政策但对具体规定不了解，13.4% 的企业人员认为政府没有制定简明有效的实施细则。由此可见，政策的透明度和政策稳定性影响了政策的有效实施。该文还提出，企业研发费用加计扣除政策，作为一项国家通过税收杠杆来支持和鼓励企业进行 R&D 投入的优惠措施，由于在实际操作中的执行不力以及相关职能管理部门在权衡部门和公共利益、短期和长远利益时的功利态度，这一政策并未得以充分落实。

韩雪（2011）认为，我国当前增值税征税范围较窄。现行增值税主要是在工业制造环节和商业批发及零售环节实行，转让无形资产、销售不动产及大量的服务和劳务被排除在征收范围之外。企业在自主创新过程中会发生大量的研究开发费、科技咨询费等，同时会发生引进和购买专有或者专利技术的支出，这些支出往往大于有形资产的投入，但这些开支项目目前都不属于进项税额的抵扣范围，使企业的实际税负偏高，成为制约企业科技创新的因素之一。

尽管有关税收政策激励作用效果的争论不断，但人们已对税收政策有了一定的认识，虽然在影响的程度上很难得出关于 R&D 税收刺激效果的一般结论，但各项经验研究都表明税收刺激能够增加私人对 R&D 的投入，而且，税收政策的长期效果要优于其短期效果。

第三节　科技税收优惠激励政策比较

税收优惠政策是世界各国激励企业加大 R&D 投入的主要政策工具之一。税收政策发达国家激励 R&D 发展的税收政策优惠主要以所得税优惠为主，具体的优惠形式有税收抵免、采用低税率、加速折旧、额外费用扣除、投资抵免、亏损结转、提取科研开发准备金等。

一　各国政府激励科技研发的税收政策

（一）美国

美国是最早对R&D实施税收激励政策的发达国家之一，美国的税收优惠侧重于税收抵免和加速折旧。根据1981年经济恢复法案中的规定，企业R&D现金支出在发生年度予以100%的税前支出扣除，凡是当年R&D开支超过前3年R&D支出平均值的，其增加部分给予25%的税收抵免；企业用于技术更新改造的设备投资，可按其投资额的10%抵免当年应纳所得税额，企业可实行加速折。1958年，美国国会通过“小企业投资法”，规定由美国小企业管理局颁布执照的专门从事风险投资的民营公司，除了可用自筹资金投资外，还被允许申请软贷款用于投资，这种投资可享受相应的特殊税收优惠。20世纪七八十年代，美国政府两次缩短了固定资产的法定使用年限并简化折旧计算方法，汽车、科研设备等固定资产的折旧年限缩短至3年，机器设备缩短至5年，厂房、建筑物缩短至10年。1996年，美国政府为扶持创业企业的R&D投入，推出一种根据企业当年符合条件的R&D经常性支出超过基准数额（企业前4年的平均销售额）之百分比的不同，来决定税收抵免额的全新的税收优惠计算方法。新方法规定：如果企业当年的R&D经常性支出超过基准数额的1%而小于基准数额的1.5%，则企业当年的R&D税收抵免额为当年R&D经常性支出的2.65%；如果企业当年的R&D经常性支出超过基准数额的1.5%而小于基准数额的2%，则当年的R&D税收抵免额为3.2%；如果企业当年的R&D经常性支出超过基准数额的2%，则企业当年的R&D税收抵免额为3.75%；企业税收R&D抵免可以往后结转20年，往前结转2年。美国各州也有不同的R&D，如费用税收激励政策最为著名的是创新活动最活跃的加利福尼亚州，给予符合条件的R&D费用增加部分以11%的税收豁免，对基础研究支出则给予24%的税收豁免；此外，加州对纳税人购置个人有形资产用于R&D的支出，当年就给予6%的税收豁免。另外，美国增加了试验研究费减税制度，对于高出企业过去 3 年研究开发支出平均额的部分，减税 25%；企业向高等院校赠送供研究用的新设备时，减税范围扩大；对跨国公司的研究开发型的小企业，在税制上采取优惠措施。

（二）英国

英国对 R&D 投入实行较为宽松的额外费用扣除的税前扣除政策。1945 年起，英国政府就规定企业用于 R&D 投入的经常性支出和资本性支出（土地费用除外），可以从企业当年的应税所得额中全部扣除。2000 年 4 月 1 日，英国政府开始对中小企业的 R&D 投入，实行更优惠的税收政策，规定中小企业不仅可以将 R&D 投入中的资本性支出全部扣除，而且对 R&D 投入中符合要求的经常性支出，可按照 150% 的折扣率抵扣当年的应纳税所得额。两年后，英国政府将额外费用抵扣政策扩展到大型企业，用以鼓励大型企业增加研发投入，规定大型企业可以将研发投入中符合要求的经常性支出，按照 125% 的折扣率抵扣当年的应纳税所得。

（三）日本

日本的优惠政策较为全面，主要采取税收抵免及特别折旧制度。在“增加实验研究经费的纳税减征办法”中规定，日本法人当年发生的 R&D 费用，如果同基准年度以后各年 R&D 费用的最高金额相比，超过的部分可以按照 20% 抵免所得税。日本 R&D 费用指同产品制造、技术改进、设计、发明有关的费用，也包括原料费、人工费以及工业技术研究组织等承担的费用。1985 年在“加强中小企业技术基础税制”中规定，对于中小企业当年符合要求的 R&D 投入，不计增量实行“全额抵免”，全部按照 6% 的比例计算税收抵免数额（最高为法人税的 15%）；对输出技术专利所得收入的 18% 免征所得税，对于企业购入的从事基础研究的设备，可按其购入价格的 7% 抵免企业当年的应纳所得税额，但企业如有未被使用的税收抵免，则不能向后或向前结转；国家财政对进入开发区的企业、科研机构，实行经费补助，对企业进行研究与开发活动，政府给予 50% 的补贴；日本对技术先进的机器设备及高科技企业的主要设备实行短期特别折旧制度，规定在科技开发区内总资产超过 10 亿日元的高科技公司，用于 R&D 活动的新固定资产，除进行正常折旧外，在第一年可根据购置成本按规定的特别折旧率实行特别折旧，对某些特定产业和项目，加提的特别折旧率最高可达55%，凡属国家规定的重点产业部门或行业引进和购买的技术设备，第一年可折旧其价值的一半，从利润总额中予以扣除，形成企业内部的税额。日本政府还允许企业提取科研专项准备金用来进行R&D等活动，日本"促进基础技术研究开发税制"规定，对于先进技术（包括机器人、电子、生物技术等）相关费用以及研究开发机器设备折旧，均可按照R&D费用发生额享受5%的附加基础技术税收豁免；"促进特别试验研究税制"针对1995年日本由私人资助的高校R&D比重尚不足1%的情况做出规定，与国立研究机构、外国研究机构与大学合作开展的研究可按照实际发生的R&D费用享受6%的税收豁免。

（四）韩国

韩国关于科技自主创新的税收政策主要体现在"技术开发促进法"和"鼓励外资法"中，在鼓励科技开发方面规定：（1）实行技术开发准备金制度，有关行业的企业可按收入总额的3%—5%提取技术开发准备金，并允许在3年内用于技术开发、技术培训、技术革新及引进研究设施等；（2）研究试验用设备投资享受税前扣除或快速折旧；（3）技术及人才开发费扣除；（4）进口学术研究用品减免关税；（5）企业附属研究所及企业的专职研究开发机构和产业技术研究合作组开发新产品或新技术所需试验、研究用样品和非营利法人研究机构直接用于研究所需的物品，因国内难以生产而从国外进口的，免征特别消费税；（6）为国内服务的外国技术人员，从其提供劳动之日起5年内的劳动所得，免征个人所得税。在利用税收优惠促进科技成果转化，规定：（1）对新技术企业化的资产投资实行税前扣除或快速折旧；（2）对技术转让收入减免税收；（3）对技术开发先导物品在进入市场的初级阶段，给予一定期间的减免特别消费税；（4）对符合条件的工程技术项目和信息行业，自开工后有收入年度起6年内对该项目所获收入减半征收法人税。

（五）加拿大

加拿大对于R&D的税收激励政策是发达国家中力度最大的。例如规定：符合条件的R&D现金支出与资本支出均可以在发生年度予以扣除；若出现未能使用和尚未用完的免税额度；允许企业 3 年内逐步冲减。加拿大的这项政策具有两个显著的特点：一是 R&D 资本支出（购买机器设备）允许在发生年度当年扣除，而其他资本支出则只能通过一定期限的折旧来扣除。二是 R&D 现金支出允许向后顺延抵税，但最长期限不得超过 7 年，而一般现金支出不得向后顺延抵税。加拿大各省也有自己的 R&D 税收激励政策，最具代表性的是安大略省的“R&D 超额税收补贴计划”，这份计划包括：（1）所有在安大略省实施 R&D 活动的公司均可以按照 R&D 费用发生额享受一定比例的税收减免，R&D 费用当年发生额的减免比例是25%（大公司）和35%（小公司）；（2）R&D 费用增加部分（超过上三个纳税年度平均额并符合条件的部分 R&D 费用），减免比例则为 37.5%（大公司）和 52.5%（小公司）。

（六）法国

20 世纪 80 年代，法国制定了一系列有关 R&D 的税收减免计划。1983 年法国规定：凡工商企业当年研究开发（R&D）费用高于前两年平均数的，可免缴相当于其 R&D 费用增加额 25% 的所得税，但每年最高限额为 300 万法郎。1985 年，免缴所得税的比例上升到了 50%，最高限额也随之提高到了 500 万法郎。1988 年，法国企业则可以选择以下任意一种优惠方法：一是对超过上一年度 R&D 费用的增加部分按照 50% 比例免缴所得税，最高限额为 500 万法郎（但部分案例减免税收金额达到 1000 万法郎）；二是 1988 年、1989 年、1990 年可以按照超过 1987 年 R&D 费用的增加部分以 30% 的比例免缴所得税，但最高限额为 300 万法郎。1991 年，又改为按实际增加部分 50% 比例免缴所得税。为鼓励小企业增加 R&D 投资，从 1991 年起，减免基点由原来（上年 R&D 投资值）改为“前两年 R&D 投资平均值”。但法国税收当局对 R&D 费用的定义较为狭窄，符合条件的 R&D 费用只包括 R&D 计划执行过程中直接参加人员的薪资开支、所购买机器设备的折旧金额以及专利技术的登记和保有（不含设计、实用新型及商标）。另外，法国还允许企业在 3 年内逐步实现其过去未能使用和尚未用完的 R&D 免税额度，若在最后期限内还未用完，将给予现金返还。1999 年，规定的最高抵免额为 4000 万法郎；政府还设立了总额达 7 亿法郎的“国家启动资金”，资助生物技术、电信和多媒体领域的高新技术企业；

对于购买技术开发融资公司，而且是经政府批准以研究开发项目融资为特点的公司股票的投资，可在期初扣除50%税收；对于软件以及其他符合条件的设备，可按100%在期初扣除；对于公司出让技术获得符合条件的技术转让收入，作为长期资本利得，按19%的税率征税，否则实行33.33%的标准税率；个人的技术转让所得，也视同长期资本所得，按16%（若包括社会保障税，税率为18.4%）的低税率征税。

二 各国激励科技研发税收政策的特点

1. 税收优惠政策以法律的形式实施。发达国家制定的税收优惠政策大多体现在相关的法典中，而且对优惠对象都有非常明确的定义。比如美国在税收法典中，对基础研究和产品的开发都有严格的区分；基础研究的成本可以申请税收抵免和其他的税收利益，而只有在实验室进行过程中发生的开发成本才可以享受特别的税收待遇，其他的开发费用必须资本化。对科学研究与试验开发也有严格的定义，对技术的内涵也都有非常详细的解释和说明，以法律形式来体现的税收优惠政策更具有权威性、稳定性和可操作性。

2. 税收优惠对象主要针对科技创新活动。从国外的经验看，绝大多数国家实行的税收优惠措施针对有利于科技进步、科技创新的项目和活动。科技进步与科技创新活动覆盖整个经济领域，从边际效用的角度考虑，针对科技进步的具体项目的税收优惠措施，更有利于达到效用最大化。而从公平与效率的关系看，这既有利于促进一国科技实力的整体提高，符合效率原则，也对从事科技进步的项目一视同仁，符合公平的原则，真正体现了公平与效率的统一。很多基础研究开发在尚未市场化，没有发展成为高新技术企业之前，也在从事促进科技进步的活动，这一阶段属于起步阶段，更需要得到国家的税收政策刺激。

3. 政策重点在于研究与开发阶段。从各国的实践看，把鼓励科技自主创新的重点都放在了研究与开发阶段，总体来说，虽然其政策措施有所不同，但目的非常明确，在实践中取得了很好的效果。

4. 税收优惠方式简便易行。从发达国家所采取的税收优惠方式看，主要有费用扣除、加速折旧、税额减免、投资抵免等，而且具体的优惠标准及幅度都有非常明确的规定，这样操作上简便易行，而且效果明显。

5. 注重税收优惠项目的预算控制与效益考核。为防止税收优惠支出过多过滥，很多对科技创新活动实施税收扶持政策的国家，都非常重视税收优惠的预算控制与效益考核，即将税收优惠所减少的税收收入作为一项税式支出来加强管理，设立税式支出统一账目，规范税式支出预算；而对具体资助的科研成果进行鉴定，并对其所形成的经济与社会效益进行预测与考核，连同税式支出成本的估价，一同附于年度预算报表之后。

6. 鼓励企业和公共科研院所之间的科研合作。鼓励企业和公共科研院所之间的科研合作是许多国家设计其 R&D 税收激励措施时考虑的，在美国，如果公司企业委托大学或科研机构进行某些基础研究，根据合同所支付的研究费用的 65% 可直接从公司所得税中抵免；在加拿大，直接以纳税人利益开展 R&D 活动的学会、大学、研究院所所用的符合税收激励政策的支出享受公司所得税税收抵免。

7. 注重与财政、产业政策的配合。由于高科技产业一般都带有高风险性，许多国家还常常通过财政拨款、投资补贴、风险投资等方法，直接介入高新技术产业的研究开发工作。美国对国防和宇航、农业科学研究、基础科学研究采取了直接研究与开发投资的政策。最近几年，美国政府的科研投入占全美科研投资的一半。美国是世界上风险资本最发达的国家，风险投资对于高新技术产业发展有着特别重要的意义。日本政府极为重视高科技产业的发展，在早期就制定了对有利于推动国民经济发展的重大技术的研究开发提供补助金，政府对一般项目的补贴可达 50%，环保节能项目可达 75%；对中小企业有利于产业发展的高新技术开发费用，由中央和地方财政进行补助等规定。

8. 重视对高科技人才的税收优惠。高科技企业的发展最终还是取决于人才，对科技人才实施优惠的税收政策，制定以人为本的税收政策，成为世界各国的共同选择。

三　中国科技税收激励政策

当前我国已初步建立起较为完整的支持科技创新的法律体系。我国先后颁布实施了《中共中央、国务院关于加速科学技术进步的决定》、《中华人民共和国科学技术进步法》（1993）、《中华人民共和国促进科技成果转化法》、《中共中央国务院关于加强技术创新，发展高科技，实现产业化的决定》、《中华人民共和国中小企业促进法》、《中华人民共和国科学技术进步法》（2007）等一系列政策法规，体现了政府不断加大对科技发展的支持力度。为了配合这些法律的贯彻落实，税务部门出台了一系列鼓励措施，给予企业创新活动一系列的税收激励政策。

目前，我国的科技税收优惠政策涉及企业所得税、个人所得税、增值税、营业税、消费税、关税等13个税种，从鼓励科技投入、鼓励科研活动、鼓励高新技术产业发展等方面给予科技创新活动有力的支持，已基本形成了一套支持科技自主创新的税收政策体系，如表10—1所示。

表10—1　　中国现行促进科技创新税收政策体系

税种类型	政策内容	政策出处
营业税	1. 对单位和个人从事技术转让、技术开发业务和与之相关的技术咨询、技术服务业务取得的收入和转让股权所得，免征营业税。（2012年1月1日，上海试点营业税改征增值税改革，该优惠政策进行了平移）	《财政部、国家税务总局关于贯彻落实〈中共中央、国务院关于加强技术创新，发展高科技，实现产业化的决定〉有关税收问题的通知》（财税〔1999〕273号）、《财政部、国家税务总局关于股权转让有关营业税问题的通知》（财税〔2002〕191号）
	2. 自2010年7月1日起至2013年12月31日，对注册在北京等21个中国服务外包示范城市的企业从事离岸服务外包业务取得的收入免征营业税。（2012年1月1日，上海试点营业税改征增值税改革，该优惠政策进行了平移）	《财政部、国家税务总局关于示范城市离岸服务外包业务免征营业税的通知》（财税〔2010〕64号）
	3. 进一步落实和完善相关营业税优惠政策，对符合条件的软件企业和集成电路设计企业从事软件开发与测试，信息系统集成、咨询和运营维护，集成电路设计等业务，免征营业税，并简化相关程序。具体办法由财政部、税务总局会同有关部门制定（暂未出台）。	《国务院关于印发进一步鼓励软件产业和集成电路产业发展若干政策的通知》（国发〔2011〕4号）

续表

税种类型	政策内容	政策出处
增值税	4. 直接用于科学研究、科学试验和教学的进口仪器、设备免征增值税。	《中华人民共和国增值税暂行条例》(国务院令第538号)
	5. 符合规定条件的内资研发机构和外资研发中心采购国产设备,全额退还增值税。	《关于继续执行研发机构采购设备税收政策的通知》(财税〔2011〕88号)
	6. 增值税一般纳税人销售其自行开发生产的软件产品或将进口软件产品进行本地化改造后对外销售,按17%的法定税率征收增值税后,对其增值税实际税负超过3%的部分实行即征即退政策。	《关于软件产品增值税政策的通知》(财税〔2011〕100号)
	7. 自2011年11月1日起,对国家批准的集成电路重大项目企业因购进设备形成的增值税期末留抵税额准予退还。购进的设备应属于《中华人民共和国增值税暂行条例实施细则》第二十一条第二款规定的固定资产范围。	《关于退还集成电路企业采购设备增值税期末留抵税额的通知》(财税〔2011〕107号)
国际贸易税	8. 自2010年7月15日起,对承担《国家中长期科学和技术发展规划纲要(2006—2020年)》中科技重大专项项目(课题)的企业和大专院校、科研院所等事业单位使用中央财政拨款、地方财政资金、单位自筹资金以及其他渠道获得的资金进口项目(课题)所需国内不能生产的关键设备(含软件工具及技术)、零部件、原材料,免征进口关税和进口环节增值税。	《财政部、科技部、国家发展改革委、海关总署、国家税务总局关于科技重大专项进口税收政策的通知》(财关税〔2010〕28号)
	9. 对国家鼓励发展的投资项目,对企业为生产《国家高新技术产品目录》中的产品而进口的自用设备及按照合同随设备进口的技术及配套件、备件,除《外商投资项目不予免税的进口商品目录》和《国内投资项目不予免税的进口商品目录》中所列商品外,免征关税。	《关于对部分进口税收优惠政策进行相应调整的公告》(财政部、海关总署、国家税务总局2008年第43号公告)
	10. 符合条件的外资研发中心进口科技开发用品,免征进口关税和进口环节增值税、消费税。	《关于继续执行研发机构采购设备税收政策的通知》(财税〔2011〕88号)

续表

税种类型	政策内容	政策出处
企业所得税	11. 国家需要重点扶持的高新技术企业，减按15%的税率征收企业所得税。	《中华人民共和国企业所得税法》；《中华人民共和国企业所得税法实施条例》（国务院令第512号）
	12. 在一个纳税年度内，居民企业技术转让所得不超过500万元的部分，免征企业所得税；超过500万元的部分，减半征收企业所得税。	
	13. 企业为开发新技术、新产品、新工艺发生的研究开发费用，未形成无形资产计入当期损益的，在按照规定据实扣除的基础上，按照研究开发费用的50%加计扣除；形成无形资产的，按照无形资产成本的150%摊销。	
	14. 创业投资企业采取股权投资方式投资于未上市的中小高新技术企业2年以上的，可以按照其投资额的70%在股权持有满2年的当年抵扣该创业投资企业的应纳税所得额；当年不足抵扣的，可以在以后纳税年度结转抵扣。	
	15. 企业拥有并用于生产经营的主要或关键的固定资产，由于技术进步、产品更新换代较快，或常年处于强震动、高腐蚀状态的，可以缩短折旧年限或者采取加速折旧的方法。	
	16. 自2009年1月1日起至2013年12月31日止，对经认定的技术先进型服务企业，减按15%的税率征收企业所得税。其发生的职工教育经费按不超过企业工资总额8%的比例据实在企业所得税税前扣除；超过部分，准予在以后纳税年度结转扣除。	《财政部、国家税务总局关于技术先进型服务企业有关税收政策问题的通知》（财税〔2009〕63号）
	17. 软件生产企业实行增值税即征即退政策所退还的税款，由企业用于研究开发软件产品和扩大再生产，不作为企业所得税应税收入，不予征收企业所得税。	《财政部、国家税务总局、海关总署关于鼓励软件产业和集成电路产业发展有关税收政策问题的通知》（财税〔2000〕25号）；《国务院关于印发进一步鼓励软件产业和集成电路产业发展若干政策的通知》（国发〔2011〕4号）
	18. 以境内、境外全部生产经营活动有关的研究开发费用总额、总收入、销售收入总额、高新技术产品（服务）收入等指标申请并经认定的高新技术企业，其来源于境外的所得可以享受高新技术企业所得税优惠政策，即对其来源于境外所得可以按照巧%的优惠税率缴纳企业所得税，在计算境外抵免限额时，可按照15%的优惠税率计算境内外应纳税总额。	《关于高新技术企业境外所得适用税率及税收抵免问题的通知》（财税〔2011〕47号）

续表

税种类型	政策内容	政策出处
企业所得税	19. 新办软件生产企业、集成电路设计企业和集成电路线宽小于 0. 8 微米(含)的集成电路产品生产企业,经认定后,自获利年度起,第一年和第二年免征企业所得税,第三年至第五年减半征收企业所得税。	《财政部、国家税务总局关于企业所得税若干优惠政策的通知》(财税〔2008〕1 号)
	20. 国家规划布局内的重点软件生产企业,如当年未享受免税优惠的,减按 10% 的税率征收企业所得税。	
	21. 软件生产企业的职工培训费用,可按实际发生额在计算应纳税所得额时扣除。	
	22. 企事业单位购进软件,凡符合固定资产或无形资产确认条件的,可以按照固定资产或无形资产进行核算,经主管税务机关核准,其折旧或摊销年限可以适当缩短,最短可为 2 年。	
	23. 集成电路生产企业的生产性设备,经主管税务机关核准,其折旧年限可以适当缩短,最短可为 3 年。	
	24. 投资额超过 80 亿元人民币或集成电路线宽小于 0. 25um 的集成电路生产企业,可以减按 15% 的税率缴纳企业所得税,其中,经营期在 15 年以上的,从开始获利的年度起,第一年至第五年免征企业所得税,第六年至第十年减半征收企业所得税。	
	25. 国家规划布局内的集成电路设计企业符合相关条件的,可比照国发 18 号文件享受国家规划布局内重点软件企业所得税优惠政策。具体办法由发展改革委会同有关部门制定。	《国务院关于印发进一步鼓励软件产业和集成电路产业发展若干政策的通知》(国发〔2011〕4 号)
	26. 为完善集成电路产业链,对符合条件的集成电路封装、测试、关键专用材料企业以及集成电路专用设备相关企业给予企业所得税优惠。具体办法由财政部、税务总局会同有关部门制定。	

续表

税种类型	政策内容	政策出处
个人所得税	27. 省级人民政府、国务院部委和中国人民解放军军以上单位，以及外国组织、国际组织颁发的科学、教育、技术等方面的奖金免纳个人所得税。	《中华人民共和国个人所得税法》（中华人民共和国主席令第四十八号）
	28. 自1999年7月1日起，科研机构、高等学校转化职务科技成果以股份或出资比例等股权形式给予个人奖励，获奖人在取得股份、出资比例时，暂不缴纳个人所得税；取得按股份、出资比例分红或转让股权、出资比例所得时，应依法缴纳个人所得税。	《财政部、国家税务总局关于促进科技成果转化有关税收政策的通知》（财税〔1999〕45号）
车船税	29. 对节约能源、使用新能源的车船可以减征或者免征车船税。	《中华人民共和国车船税法》（中华人民共和国主席令第四十三号）
其他税	30. 对符合条件的国家大学科技园和科技企业孵化器自用以及无偿或通过出租等方式提供给孵化企业使用的房产、土地，免征房产税和城镇土地使用税；对其向孵化企业出租场地、房屋以及提供孵化服务的收入，免征营业税，执行期限至2012年12月31日。	《财政部、国家税务总局关于国家大学科技园有关税收政策问题的通知》（财税〔2007〕120号） 《财政部、国家税务总局关于科技企业孵化器有关税收政策问题的通知》（财税〔2007〕121号） 《关于延长国家大学科技园和科技企业孵化器税收政策执行期限的通知》（财税〔2011〕59号）

在配套措施方面，科技部、财政部和国家税务总局联合制定了《高新技术企业认定管理办法》（国科发火字〔2008〕172号）和《高新技术企业认定管理工作指引》（国科发火字〔2008〕362号），进行高新技术企业认定管理工作，对认定合格的办理免税手续，每三年认定一次。

总体而言，从2006年至今，我国促进自主创新的税收政策陆续出台，并不断丰富完善，如新企业所得税法、新个人所得税法、新车船税法、新增值税暂行条例、新营业税暂行条例等法律法规也体现了促进自主创新的精神。

四　我国政府激励科技研发税收政策存在的问题

我国现行税收政策对促进企业科技自主创新，推动高科技产业化，发挥了一定的积极作用，但是从整个税制结构和我国关于科技自主创新的税收政策看，现行的有关税收政策存在着一定缺陷。

（一）优惠对象针对性不强。现行的税收优惠主要是针对单位、科研成果，而不是针对具体的科技开发活动及项目，这直接导致税收激励政策的产出低下。科技税收优惠政策缺乏针对性，不能完全体现国家的科技政策导向，不能反映创新型国家的发展方向，其促进科技创新的作用自然就大打折扣。简单的税收优惠方式便于操作，但也很容易被企业和个人钻空子，从而导致税源的流失：优惠政策重点不明确，直接导致企业重产品、轻投入、重成果、轻转化；税收优惠格局的不合理，直接导致经济建设偏重于新建项目，走外延式发展的道路；操作手法简单，直接导致了大量的滥用税收优惠的问题，使许多并不是真正意义上的高新技术企业（如电脑装配公司）享受到了税收优惠，使高新技术企业中的非高新技术收入和非技术性收入享受了税收优惠。由于企业是我国的科技税收政策的主要优惠对象，因此能否得到税收优惠的关键并不是企业的科技创新能力，而是企业性质的认定。因此许多企业对提高科技创新能力缺乏热情，却在钻政策的空子方面大下功夫，煞费心机取得“新产品”“高科技企业”“先进企业”等称号的认定，这种与科技税收政策背道而驰的做法，自然降低了科技创新的效率。

（二）对科技税收的优惠方式重直接优惠，轻间接优惠。我国现行科技税收政策形式比较单一，税率式优惠和税额减免等直接优惠构成了科技税收政策的主要内容，这种优惠方式属于投资后的鼓励，并不能激励企业进行持续的创新行为，随着高新技术企业的发展和成熟，这种激励方式的有效性大大降低。到目前为止，我国依然较少使用研究开发费用超额扣除、技术开发基金、科研用固定资产加速折旧、税收信贷、投资税收减免、亏损结转、延迟支付、提取风险基金等间接优惠方式。但是近年来这种情况出现了一些积极变化，研究开发费用超额扣除、科研用固定资产加速折旧等间接优惠方式正在逐步被使用。这些税基式优惠侧重于税前对企业的优惠，可以调动企业从事科研和技术开发的积极性，并能够持久保持这种激励作用的发挥，有助于提高充实技术开发主体的资金来源，体现出政府促进科技创新的政策取向。

（三）R&D 活动中需要税收政策扶持的领域还存在一定的政策真空。高投入、高风险、高收益是高技术产业区别与其他产业的显著特点，但在我国税收政策设计上却忽略了其所特有的高风险性，当前我国的税收政策只是对企业开发的新产品所带来的利润予以一定的税收扣除，对企业 R&D 活动可能的失败，在税收上没有给予更多的考虑，这在很大程度上阻碍了企业 R&D 活动。此外，我国现阶段也没有形成卓有成效的风险投资机制。企业在科技创新过程中，面临包括市场风险、开发风险和技术风险在内的多种风险的挑战，因此高新技术企业面临比一般企业大得多的经营风险。而当前我国的税收政策重视对研发创新成功的鼓励，却忽视了对失败的宽容：对企业技术创新和产品创新所带来的利润予以一定的税收优惠，但对研发失败企业应享受的优惠，政策上依然处于空白等，这很大程度上打击了企业科技创新活动的积极性。

（四）现行增值税加重了高新技术企业发展的负担。科技企业的一个显著特点就是资本有机构成普遍较高，无形资产和开发过程中的智力投入往往占高新技术产品成本的绝大部分，但这些投入并不能作为增值税进项税额进行抵扣；另外，科技企业前期投资比较大，所需固定资产较多，特别是设备购置较大。我国目前实行的是生产型增值税，其特点是只允许企业抵扣购进的直接材料成本中所含的增值税，固定资产负担的税款不能抵扣，造成资本货物的双重征税，加重了科技产业的增值税负担，加重了企业的经营成本，在一定程度上不利于企业加大 R&D 投入；而且，增值税实行发票抵扣制度，很多研究开发费用支出不属于增值税征税范围，不能开具增值税发票，企业这些项目的支出不能取得发票进行抵扣，也在无形中加重了企业的税收负担。而那些伪高新技术产业资本有机构成低，能充分享受到增值税抵扣的好处，并建立特殊的竞争优势，这种增值税负担的偏差，增加了真正意义上的高新技术企业的科技投入负担，挫伤了企业技术创新投入的积极性。

（五）存在一些具有明显制度缺陷的税收政策。如我国实行以区域优惠为导向的税收优惠政策，直接导致了经济技术开发区、高新技术产业开发区以及经济特区的区内外企业适用完全不一样的税收政策；过分倚重所得税减免优惠，直接导致企业重“果”轻“源”的思维方式。这些显失公平的政策导致大量的税收优惠滥用，不但没有起到促进企业科技创新的作用，还使税收严重流失。

（六）税收政策对科技人员缺乏激励效应。国际竞争实际上是人才的竞争。美国哈佛大学教授詹姆斯对人力资本的激励做过研究：没有激励的情况下，一个人的能力发挥只有 20%—30%；而在激励的情况下，则可以达到 80%—90%，若激励得当，则 1 个人可以顶 4 个人。企业的研发活动的成功也取决于企业是否有高技术的研发人才，而我国的税收政策对科技人员的激励明显不足。另外，职工教育经费提取比例过低。虽然目前的职工教育经费提取比例为应税所得的 2.5%，这一比例对一般的企业可能够用，但对于技术要求高、知识更新快的研发企业而言，远远不能满足其用于科技人才培养和员工培训方面的需要。还有，我国税法规定仅对软件开发企业发放的职工工资可在税前扣除，而对其他研发企业没有这种优惠。事实上研发企业的员工大多是高学历的人才，必须支付其高薪，否则企业很难留住高科技人才。目前研发企业的计税工资标准同一般企业相同，必然会加重企业的负担。

第四节　税收政策对科技研发（R&D）投入的作用机理分析

（一）*激励效应分析*

税收不仅是一国取得财政收入的主要手段，同时也是政府调控经济的重要杠杆。政府运用税收手段直接调节纳税人的收入，间接影响纳税人的行为，进而引起社会经济活动的变化，以实现政府调控目标的活动。R&D 活动由于具有外部性、不确定性，社会收益大于私人收益，R&D 市场存在失灵等，这都为政府税收的合理介入提供了理由。

税收激励主要是鼓励企业增加研究开发投入的税收优惠和鼓励企业采用先进技术设备的税收政策等。由于税收优惠是对国家本应收取的税收收入的一种让渡，根据公共财政的相关定义，这部分豁免的税收也常被称作为税式支出。通过税收激励，政府将一部分应收的税款让渡给企业，从而使企业有更多的资金用于科技开发，这实质上是政府增加投资科技的另一渠道。与其他政策工具相比，税收政策具有影响面更广，针对性强，作用效果持续时间长的特点，因此成了各国普遍采用的促进科技进步与创新的政策措施。

（二）降低创新风险、提高创新收益

科技自主创新活动具有高度的风险和不确定性，这种风险与不确定性是客观存在的、不可回避的。市场主体的科技投入水平是影响科技进步的决定性因素之一，而市场主体的投资水平取决于税后收益水平与风险水平。在资产税前收益率一定的情况下，税收成为调节风险投资者税后收益水平的决定性因素，在其他条件一定的情况下，税收的优惠程度正比于投资水平。政府通过充当隐性合伙人降低研发投资者的风险，通过优惠的税收政策提高其税后收益率，能显著提高研发与技术引进的投资水平。

充分利用税收政策，营造激励创新的环境，推动企业成为创新的主体，提高经济增长的质量与效率。运用税收政策激励企业增加科技投入和技术改造，开发具有自主知识产权的关键技术，提升企业自主创新能力，贯彻国家中长期科学和技术发展规划纲要的涉税配套政策。制定鼓励创业投资企业发展的税收政策，提供税收优惠方式主要包括税收豁免、优惠税率或低税率、免税期、纳税扣除、盈亏互抵、准备金制度、税收抵免、优惠退税、延期纳税、加速折旧等。税收优惠工具不同，产生的效果也不同。

第五节　全要素生产率与潜在经济增长关系

本文首先应用道格拉斯生产函数估计中国国内生产总值方程，该方程为生产函数的长期均衡方程：

$$LOG(GDPC_t/LTOT_t) = -0.686914 + 1.019899 \times (TKC_t/LTOT_t)$$

其中，$GDPC_t$ 为 t 年中国国内生产总值（1980 年不变价），$LTOT_t$ 为 t 年就业总人数，TKC_t 为 t 年资本存量（1980 年不变价）。

根据经济学理论，以 GDP 历史值减去 GDP 长期均衡估计方程中非常数项部分，即可得到全要素生产率（TFP）的时间序列，然后以此序列为被解释变量，构造出全要素生产率方程：$LOG(TFP_t) = 0.76184 \times LOG(TFP_{t-1}) + 0.14461 \times RFDI_t + 0.54392 \times LOG(RUB_t)$

(6.00168)　　(2.99705)　　(5.16536)

$$+0.06352 \times LOG(RD_t) + 0.028 \times RFEDUGDP_t \qquad (10—1)$$

(2.69136)　　(4.94032)

$(\bar{R}^2 = 0.988074, AIC = -3.59563, DW = 2.02623)$

其中，TFP_t 为 t 年全要素生产率，RUB_t 为 t 年城镇化率，即城镇人口与总人口的比值，该解释变量的经济内涵在于：根据中国实际情况，第一产业的劳动生产率远低于第二产业和第三产业的劳动生产率，随着城镇化比率的不断提高，越来越多的农村人口会不断转移到城镇，从第一产业转向第三产业或第二产业，这样，总的劳动生产率将趋向于继续提高；RD_t 为 t 年研究与试验发展（R&D）经费实际支出额，根据经济学理论，研发投入是提高全要素生产率的有效途径，是影响全要素生产率的显著因素；$RFDI_t$ 为 t 年外商直接投资在总投资中的比重，一般说来，外商直接投资在给东道国提供资金的同时，也会从管理和技术两个途径对东道国产生“正向溢出”效应，从而提高东道国的全要素生产率，外商直接投资占比越大，这种“正向溢出”往往越强，因此，本章用该变量用来反映国外资本技术对中国全要素生产率的影响；$FEDUGDP_t$ 为 t 年财政性教育经费在 GDP 中的比重，根据人力资本理论，教育是提高劳动者素质、增加人力资本的有效途径，一个国家的教育经费在GDP中的比重往往可以衡量该国的人力资本的强弱，而人力资本是影响生产率的显著因素，但由于中国缺乏家庭教育经费的可靠数据，因此，本章用中国财政性教育经费在地区GDP中的比重来衡量教育对全要素生产率的影响。方程（1）说明：研究与试验发展（R&D）经费支出平均增加1%，会使得全要素生产率（TFP）增加0.08653%，方程（1）建立了研究与试验发展（R&D）经费支出与全要素生产率（TFP）之间的关系函数。

第六节 模拟实证分析

本报告根据中国科技税收可计算一般均衡模型，进行以下六种税收政策模拟，结果如下。

科技税收政策模拟一

营改增税收方案1：即保持增值税和营业税之总和不变，营业税全部转征增值税，且各行业增值税税率增长相同倍率。即：

$$\sum GBUS(i)+\sum GVAT(i)=\sum GBUSOO(i)+\sum GVATOO(i);$$

$$rbus(i)=0;\ rvat(i)=rvat(i)\times alphax$$

模拟结果如表10—2所示。

表10—2　模拟一中的主要宏观经济变量增长率　单位：%

变量名称	增长率	变量名称	增长率
第一产业增加值	8.8732	进口总额	-1.4071
第二产业增加值	-56.0656	出口总额	-2.1165
第三产业增加值	4.7419	居民收入	-0.2738
实际GDP	-0.4448	居民消费	-4.9749
名义GDP	-0.6842	政府消费	-3.2041
GDP平减指数	-0.2405	政府总收入	0.9811
投资	0.1592	总产出	-1.7701
总消费	-4.2451		

表 10—2 显示，在保持增值税和营业税之总和不变，营业税全部转征增值税，且各行业增值税税率增长相同倍率的假设情况下，第一产业和第三产业的增加值有所增加，但第二产业的增加值大幅下降，同时中国国内生产总值的实际和名义增长率均有所下降，这说明营改增税收方案虽然有利于我国第一产业和第三产业的发展，但是明显不利于第二产业的发展，也不利于北京的总体经济发展。从支出法 GDP 来看，在该营改增税收方案下，固定投资有微弱上升，但消费和净出口均明显下滑，这也反映了该税收方案对地区经济发展的不利影响。

另外，在税收方案下，居民收入和消费均有所下降；虽然政府收入小幅上升，但政府消费仅仅在农业、研究与试验发展及综合技术服务业和其他服务业单个行业上进行消费，而此时该三个行业的商品价格上升明显高于政府收入的增幅，因此，政府的实际消费仍然小幅减少。

表 10—3　　模拟一中的主要经济变量分行业增长率　　单位:%

	居民消费	政府消费	进口	出口	国内产出
农林牧渔业	-2.3885	-3.7148	-2.7631	-0.362	-1.6619
采掘业	-5.1748	NA	-6.5911	-33.3055	-18.1678
食品烟草家具制造业	-5.7708	NA	6.6755	-21.8905	-6.2568
化学及石油加工业	-7.5607	NA	24.7382	-56.2724	-23.0823
金属和非金属制品业	-5.8395	NA	11.8891	-18.6676	-2.4805
通用、专用设备及电气机械制造业	-5.9721	NA	10.4199	-23.9303	-3.9903
交通运输设备制造业	-6.4331	NA	1.4584	-44.2655	-19.6858
通信设备、计算机及其他电子设备制造业	-6.5163	NA	11.4256	-37.516	-15.826
其他制造业	-5.2508	NA	2.4095	-12.1607	-3.4825
电力、热力、燃气和水的生产和供应业	-5.4384	NA	3.8958	-12.7863	-2.2181

续表

	居民消费	政府消费	进口	出口	国内产出
建筑业	-3.8085	NA	-4.3064	28.954	8.9721
交通运输仓储及邮政业	-5.3612	NA	-4.4441	11.5916	2.5022
信息传输、计算机服务和软件业	-5.4994	NA	-0.742	6.6246	2.1743
批发和零售业	-7.5502	NA	11.3917	-30.1439	-6.781
住宿和餐饮业	-4.2712	NA	-11.0477	27.4177	1.0195
金融业	-3.6188	NA	-14.593	40.9086	2.3143
房地产业	-1.2146	NA	-19.4446	117.0504	13.6156
租赁和商务服务业	-4.8201	NA	-6.1072	25.6321	12.7923
研究与试验发展及综合技术服务业	NA	-3.0658	-3.098	2.5615	-1.153
其他服务业	-5.6009	-3.2294	-3.4695	1.3972	-1.7441

从表 10—3 的行业角度上看，在该营改增税收方案情景下，居民在各行业的消费均有所减少，其中在化学及石油加工业和批发和零售业的消费降幅最大，分别减少 7.5607% 和 7.5502%；政府在其消费的行业减幅基本相当。出口在工业各行业均大幅下降，其中化学及石油加工业降幅最大，为 56.2724%，其他制造业降幅最小，也达到了 12.1607%；类似地，工业各行业的国内产出均大幅下降，同时进口却明显增加，说明该税收方案明显不利于工业的发展，严重地减少工业各部门的国内产出，由此造成的空缺只能由进口来填补。

科技税收政策模拟二

营改增税收方案 2：即保持各行业增值税和营业税之和不变，营业税全部转征增值税，各行业增值税税率内生。即：

$GBUS(i) + GVAT(i) = GBUSOO(i) + GVATOO(i)$；

$rbus(i) = 0$；$rvat(i)$ 由外生变为内生。模型变量增加 $RVAT(i)$，同时增加方程（条件 1）

模拟结果如表 10—4 所示。

表 10—4　　模拟二中的主要宏观经济变量增长率　　单位:%

变量名称	增长率	变量名称	增长率
第一产业	-5.9016	进口总额	1.4213
第二产业	-7.1378	出口总额	2.138
第三产业	0.6874	居民收入	0.069
实际 GDP	0.0032	居民消费	-0.1767
名义 GDP	0.4075	政府消费	1.3365
GDP 平减指数	0.4043	政府总收入	1.4698
投资	0.1727	总产出	1.3513
总消费	0.4469		

表 10—4 显示，在保持各行业增值税和营业税之和不变，营业税全部转征增值税，各行业增值税税率内生的假设情况下，第三产业的增加值略有增加，但第一产业和第二产业的增加值明显下降。总体来看，中国国内生产总值实际增长率微弱上升，但由于 GDP 缩减指数（可以理解为综合物价水平）有所上升，因而中国国内生产总值名义增长率增幅更为明显。这说明营改增税收方案虽然不利于我国第一产业和第二产业的发展，但是有利于第三产业的发展，也有利于中国的总体经济发展。从支出法 GDP 来看，在该营改增税收方案下，固定投资、消费和净出口均有所增加。虽然居民收入有微弱增加，但相对物价而言，其实际收入有所下降，因此居民实际消费略有减少。另外，该税收方案下，政府收入和消费均有所增加，国内总产出小幅上升。

表 10—5　　模拟二中的主要经济变量分行业增长率　　单位:%

	居民消费	政府消费	进口	出口	国内产出
农林牧渔业	-0.0682	1.3155	0.5034	1.6014	1.0083
采掘业	-0.1535	NA	1.6578	2.4263	1.9638
食品烟草家具制造业	-0.1244	NA	0.7883	1.8285	1.2269

续表

	居民消费	政府消费	进口	出口	国内产出
化学及石油加工业	-0.1138	NA	1.3506	2.8099	2.0861
金属和非金属制品业	-0.1302	NA	1.1104	1.9566	1.4828
通用、专用设备及电气机械制造业	-0.1273	NA	0.6873	1.6308	1.0446
交通运输设备制造业	-0.1303	NA	1.1557	2.1307	1.5456
通信设备、计算机及其他电子设备制造业	-0.108	NA	0.8566	2.3627	1.6257
其他制造业	-0.1327	NA	1.1907	2.1031	1.5443
电力、热力、燃气和水的生产和供应业	-0.1381	NA	1.6576	2.2515	1.863
建筑业	-0.2804	NA	0.4158	-2.4587	-0.8179
交通运输仓储及邮政业	-0.164	NA	1.9465	2.9259	2.3832
信息传输、计算机服务和软件业	-0.1532	NA	-0.2226	0.6436	0.1257
批发和零售业	-0.1535	NA	1.2128	2.1169	1.5631
住宿和餐饮业	-0.1997	NA	1.5022	1.4243	1.4747
金融业	-0.2123	NA	1.5781	1.2478	1.4597
房地产业	-0.5726	NA	1.5262	-5.6524	-1.0228
租赁和商务服务业	-0.1362	NA	1.6775	3.2209	2.619
研究与试验发展及综合技术服务业	NA	1.3039	1.5354	2.1151	1.7379
其他服务业	-0.1543	1.3453	1.0486	1.9442	1.3701

从表10—5的行业角度上看，在该营改增税收方案情景下，居民在各行业的消费均小幅减少，其中在房地产业和建筑业的消费降幅最大，分别减少0.5726%和0.2804%，总体影响甚微；政府在其消费的行业增幅基本相当。出口、进口和国内产出在各行业增幅基本相差不大，总体均有所增加（个别行业除外）；这说明该税收方案总体有利于国内产出和国际贸易，总体有利于中国的经济发展。

科技税收政策模拟三

保持总税收不变，调整税制结构，降低流转税，提高居民所得税率（分别提高 10%、20%、30%、40%、50%、60%、70%、80%、90%、100%）。即：

$rihtax = (1.1 \rightarrow 2.0) \times rihtax$

$rpro(i) = (0.8213276 \rightarrow 0.9822289) \times rpro(i)$

模拟结果如图 10—1 所示。

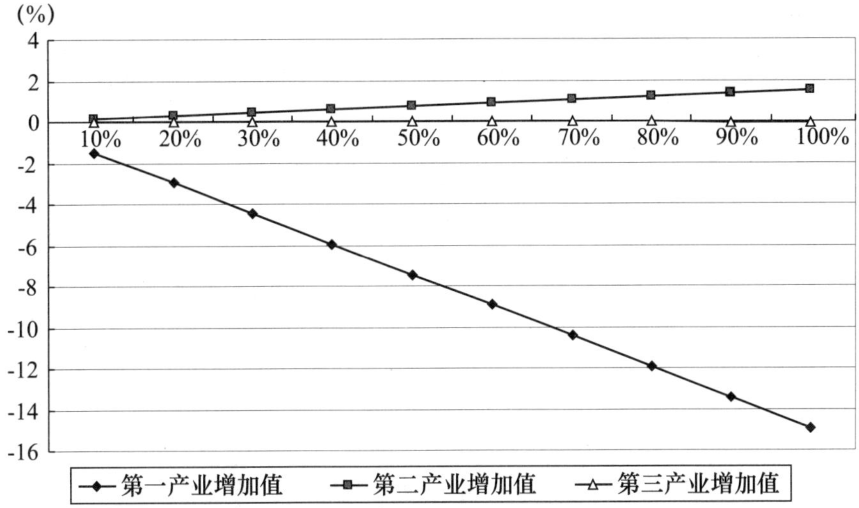

图 10—1　不同税率情况下三次产业增加值变化率

图 10—1 描述了在保持总税收不变、调整税制结构、降低流转税、居民所得税率提高 10%—100% 的假设条件下，第一产业、第二产业和第三产业增加值的变化趋势，从中可以看出，该税收方案下，第三产业增加值基本维持不变，基本不受居民所得税税率变化的影响；第二产业增加值随着居民消费税税率的增加而线性上升；第三产业增加值随着居民消费税税率的增加而线性减少。这说明，该税收方案明显不利于第一产业的发展，有利于第二产业的发展，对第三产业基本不产生影响。

图 10—2 描述了在保持总税收不变、调整税制结构、降低流转税、居民所得税率提高 10%—100% 的假设条件下，名义 GDP、实际 GDP 和 GDP 平减指数的变化趋势，从中可以看出，该税收方案下，名义 GDP 随着居民消费税税率的增加而线性减少；与此同时，GDP 平减指数也随着居民消费税税率的增加而线性减少，降幅略小于名义 GDP；因此，实际 GDP 随着居民消费税税率的增加而增加，变化幅度明显小于名义 GDP 和 GDP 平减指数的变化幅度。这样说明该税收方案对中国实际 GDP 的影响甚微。

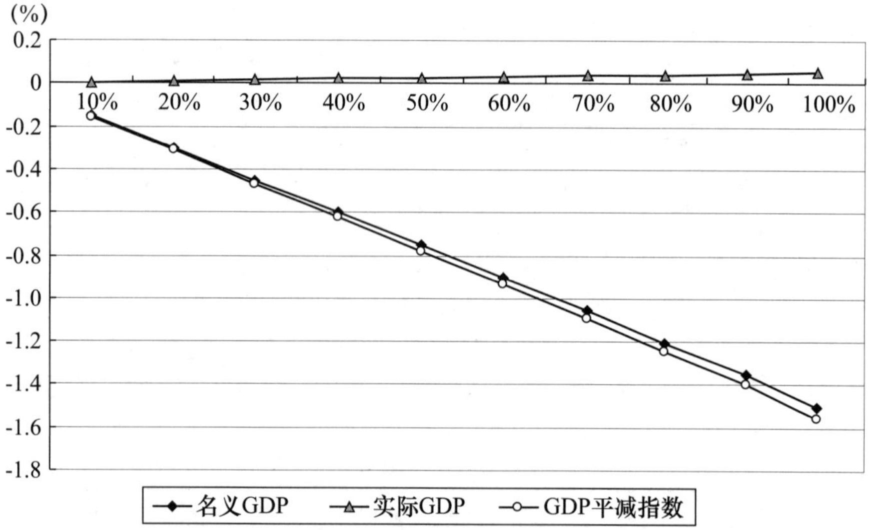

图 10—2　不同税率情况下名义 GDP 和实际 GDP 以及 GDP 平减指数变化率

图 10—3 描述了在保持总税收不变、调整税制结构、降低流转税、居民所得税率提高 10%—100% 的假设条件下，总投资、政府消费和居民消费的变化趋势，从中可以看出，该税收方案下，总投资和居民消费随着居民消费税税率的增加而减少；与此同时，政府消费随着居民消费税税率的增加而增加，从变化幅值上看，总投资的变化幅度最大，其次是政府消费，居民消费的变化幅度最小，但总体来说，三者的变化幅度相差不大。这说明该税收方案有利于政府消费，但不利于居民消费和总投资。

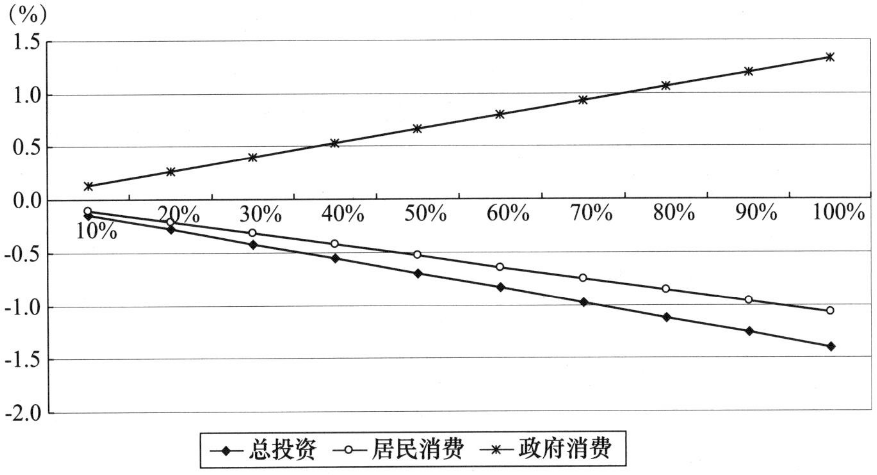

图 10—3　不同税率情况下投资、居民消费以及政府消费变化率

图 10—4 描述了在保持总税收不变、调整税制结构、降低流转税、居民所得税率提高 10%—100% 的假设条件下，进口、出口和国内总产出的变化趋势，从中可以看出，该税收方案下，进口、出口和国内总产出均随着居民消费税税率的增加而增加；其中，出口的增幅最大，然后是进口，最后是国内总产出。这说明该税收方案有利于国际贸易，

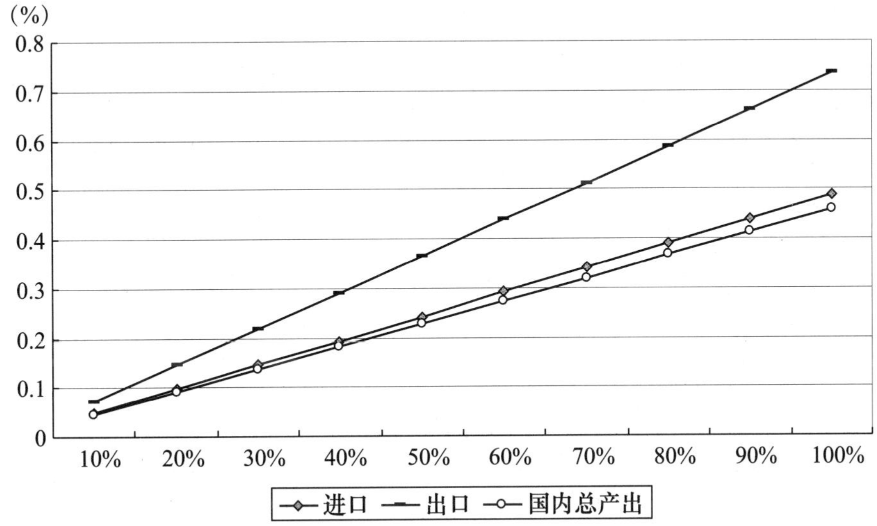

图 10—4　不同税率情况下进口、出口以及国内总产出变化率

有利于中国的出口，有利于中国的国内产出。

表 10—6　　不同税率情景下主要宏观经济变量变化率　　单位：%

	第一产业增加值	第二产业增加值	第三产业增加值	实际 GDP	名义 GDP
10%	-1.4849	0.1491	-0.0041	0.0055	-0.1504
20%	-2.9716	0.2987	-0.0083	0.011	-0.3008
30%	-4.4598	0.4489	-0.0127	0.0163	-0.4512
40%	-5.9498	0.5997	-0.0171	0.0217	-0.6016
50%	-7.4415	0.751	-0.0217	0.0269	-0.752
60%	-8.9348	0.9029	-0.0264	0.0321	-0.9024
70%	-10.4299	1.0554	-0.0312	0.0372	-1.0527
80%	-11.9268	1.2085	-0.0362	0.0423	-1.2031
90%	-13.4254	1.3621	-0.0413	0.0472	-1.3534
100%	-14.9258	1.5164	-0.0465	0.0522	-1.5037

从表 10—6 可以看出，在该税收方案假设条件下，居民所得税税率每增加 1%，第一产业增加值将减少 0.1485%；第二产业增加值将增加 0.0149%；第三产业增加值将减少 0.0004%；实际 GDP 将增加 0.0006%；名义 GDP 将减少 0.0150%。

表 10—7　　不同税率情景下主要宏观经济变量变化率　　单位：%

	GDP 平减指数	总投资	出口	政府消费	政府收入
10%	-0.1559	-0.1399	0.0723	0.1311	1.19E-06
20%	-0.3118	-0.2798	0.145	0.2625	-1.9E-06
30%	-0.4675	-0.4197	0.2178	0.3942	2.68E-06
40%	-0.6231	-0.5595	0.291	0.5262	-1.5E-06
50%	-0.7787	-0.6993	0.3644	0.6585	5.33E-07
60%	-0.9342	-0.8391	0.4381	0.7911	-1.8E-06
70%	-1.0895	-0.9788	0.512	0.924	6.99E-07
80%	-1.2448	-1.1186	0.5862	1.0572	1.67E-07
90%	-1.4	-1.2583	0.6607	1.1907	1.74E-07
100%	-1.5551	-1.398	0.7355	1.3245	-1.5E-06

从表 10—7 可以看出，在该税收方案假设条件下，居民所得税税率每增加 1%，GDP 平减指数将减少 0.0156%；总投资将减少 0.0140%；出口将增加 0.0072%；政府消费将增加 0.0131%；政府收入维持不变。

表 10—8　　不同税率情景下主要宏观经济变量变化率　　单位：%

	进口	居民收入	居民消费	国内总产出
10%	0.0481	0.0003	-0.1058	0.0454
20%	0.0964	0.0007	-0.212	0.0909
30%	0.1448	0.001	-0.3186	0.1365
40%	0.1934	0.0013	-0.4256	0.1822
50%	0.2422	0.0017	-0.5332	0.228
60%	0.2912	0.002	-0.6411	0.2739
70%	0.3404	0.0024	-0.7495	0.3198
80%	0.3897	0.0028	-0.8583	0.3659
90%	0.4393	0.0031	-0.9676	0.412
100%	0.489	0.0035	-1.0774	0.4582

从表 10—8 可以看出，在该税收方案假设条件下，居民所得税税率每增加 1%，进口将增加 0.0048%；居民收入将增加 0.00003%；居民消费将减少 0.0106%；国内总产出将增加 0.0045%。

科技税收政策模拟四

提高居民所得税率，多征收的居民所得税全部补给企业研发，并根据居民 R&D 研发支出与全要素生产率的函数关系，确定出 TFP 的增长倍数。即：

$rihtax = 1.5 \times rihtax$

$transgte = 1.084307E + 6$

$Lambdakl(i) = 1.06 \times lambdakl(i)$

模拟结果如表10—9所示。

表10—9　　模拟四中的主要宏观经济变量增长率　　单位:%

变量名称	增长率	变量名称	增长率
第一产业	-5.1846	进口总额	5.3539
第二产业	3.9347	出口总额	8.0533
第三产业	6.1730	居民收入	0.4378
实际GDP	5.9551	居民消费	5.0809
名义GDP	-0.1730	政府消费	6.4577
GDP平减指数	-5.7837	政府总收入	3.7025
投资	-1.4139	总产出	6.0531
总消费	5.6483		

表10—9显示，在提高居民所得税率，多征收的居民所得税全部补给企业研发，并相应提高全要素生产率（TFP）的假设情况下，第一产业增加值下降5.1846%，但第二产业和第三产业的增加值分别增加3.9347%和6.1730%。整体来看，实际GDP增长5.9551%，这说明该税收方案虽然不利于我国第一产业的发展，但有利于第二产业和第三产业的发展，并有利于中国的总体经济发展。从支出法GDP来看，在该税收方案下，实际固定投资有微弱下降，但总消费和净出口均明显增加，这也反映了该税收方案有利于地区的经济发展。另外，在该税收方案下，居民名义收入微弱下降，但由于物价水平大幅下降，因此，居民实际消费增长明显。政府名义收入、政府实际消费和国内总产出均有所增加。

表10—10　　模拟四中的主要经济变量分行业增长率　　单位:%

	居民消费	政府消费	进口	出口	国内产出
农林牧渔业	2.3376	6.3573	3.6684	6.0643	4.7676
采掘业	4.6315	NA	5.7374	7.3443	6.376
食品烟草家具制造业	4.7115	NA	4.6693	7.1112	5.6961

续表

	居民消费	政府消费	进口	出口	国内产出
化学及石油加工业	4.7078	NA	5.4444	8.0393	6.7503
金属和非金属制品业	4.6946	NA	4.5231	6.4631	5.3751
通用、专用设备及电气机械制造业	4.7149	NA	4.4321	6.9006	5.3632
交通运输设备制造业	4.6980	NA	5.4038	7.7591	6.3426
通信设备、计算机及其他电子设备制造业	4.7710	NA	4.7562	8.6907	6.7588
其他制造业	4.7002	NA	5.0033	7.4257	5.9387
电力、热力、燃气和水的生产和供应业	4.7233	NA	5.0175	7.4118	5.8411
建筑业	4.7100	NA	3.5289	5.7499	4.4717
交通运输仓储及邮政业	5.6178	NA	5.8200	8.2014	6.8793
信息传输、计算机服务和软件业	5.6952	NA	3.6114	6.5807	4.7995
批发和零售业	5.6758	NA	5.0103	7.7633	6.0723
住宿和餐饮业	5.6537	NA	5.4502	7.6808	6.2323
金融业	5.6879	NA	5.1201	7.9267	6.1169
房地产业	5.6877	NA	3.5899	6.2937	4.5196
租赁和商务服务业	5.7004	NA	5.2547	9.1483	7.6253
研究与试验发展及综合技术服务业	NA	6.4905	5.3114	7.588	6.1028
其他服务业	5.6433	6.4513	5.6618	7.8331	6.4385

从表 10—10 行业角度上看，在该税收方案情景下，居民在各行业的消费均所有增加，其中在租赁和商务服务业，信息传输、计算机服务和软件业增幅最为明显，分别为 5.7004% 和 5.6952%。进口、出口和国内总产出在各行业均有所增加，其中进口在交通运输仓储及邮政业的上升幅度最大，为 5.82%；出口和国内产出在租赁和商务服务业的增幅均最大，分别为 9.1483% 和 7.6253%。

科技税收政策模拟五

提高石油行业的增值税率，将多征收的石油行业增值税全部补给企业研发，并根据居民 R&D 研发支出与全要素生产率的函数关系，确定出 TFP 的增长倍数。即：

$$rvat(\text{"imini"}) = 1.5 \times rvat(\text{"imini"})$$

$$transgte = 42800$$

$$Lambdakl(i) = 1.0024 \times lambdakl(i)$$

模拟结果如表 10—11 所示。

表 10—11　　模拟五中的主要宏观经济变量增长率　　单位：%

变量名称	增长率	变量名称	增长率
第一产业	-0.1038	进口总额	0.1824
第二产业	-0.4873	出口总额	0.2744
第三产业	0.3085	居民收入	0.0177
实际 GDP	0.2395	居民消费	0.2409
名义 GDP	0.0282	政府消费	0.261
GDP 平减指数	-0.2107	政府总收入	0.1685
投资	-0.0351	总产出	0.2241
总消费	0.2492		

表 10—11 显示，在提高石油行业的增值税率，将多征收的石油行业增值税全部补给企业研发，并相应提高全要素生产率（TFP）的假设情况下，第一产业和第三产业的增加值有所减少，第二产业的增加值有所增加。从总体来看，中国国内生产总值的名义增长率微幅增加，但由于 GDP 平减指数下降，因此，中国国内生产总值的实际增长幅度高于名义 GDP，这说明该税收方案虽然不利于我国第一产业和第二产业的发展，但是有利于第三产业的发展，并有利于中国的总体经济发展。从支出法 GDP 来看，在该税收方案下，实际固定投资有微弱下降，但消费、净出口和总产出均所有上升，这也反映了该税收方案有利于中国总体的经济发展。

另外，在该税收方案下，居民收入、居民消费、政府收入和政府消费均有所上升，同样由于物价为负的因素，居民和政府的实际消费均高于居民和政府的名义收入的增幅。

表 10—12　　模拟五中的主要经济变量分行业增长率　　单位：%

	居民消费	政府消费	进口	出口	国内产出
农林牧渔业	0. 1107	0. 2528	0. 1656	0. 2638	0. 2108
采掘业	0. 1767	NA	0. 1229	－3. 0539	－1. 1548
食品烟草家具制造业	0. 2229	NA	0. 2085	0. 3138	0. 2530
化学及石油加工业	0. 2131	NA	0. 2311	0. 0647	0. 1470
金属和非金属制品业	0. 2064	NA	0. 3150	0. 0038	0. 1777
通用、专用设备及电气机械制造业	0. 2215	NA	0. 2187	0. 2851	0. 2439
交通运输设备制造业	0. 2227	NA	0. 2206	0. 3308	0. 2647
通信设备、计算机及其他电子设备制造业	0. 2262	NA	0. 2410	0. 4360	0. 3408
其他制造业	0. 2208	NA	0. 2132	0. 2676	0. 2343
电力、热力、燃气和水的生产和供应业	0. 2201	NA	0. 1539	0. 1816	0. 1635
建筑业	0. 2153	NA	0. 2555	0. 1678	0. 2181
交通运输仓储及邮政业	0. 2665	NA	0. 1861	0. 3007	0. 2373
信息传输、计算机服务和软件业	0. 2730	NA	0. 1964	0. 4032	0. 2797
批发和零售业	0. 2721	NA	0. 1874	0. 3831	0. 2634
住宿和餐饮业	0. 2692	NA	0. 2280	0. 3581	0. 2739
金融业	0. 2732	NA	0. 2022	0. 4090	0. 2762
房地产业	0. 2725	NA	0. 2002	0. 3881	0. 2653
租赁和商务服务业	0. 2721	NA	0. 2068	0. 4423	0. 3507
研究与试验发展及综合技术服务业	NA	0. 26	0. 2133	0. 3166	0. 2494
其他服务业	0. 2684	0. 2614	0. 2281	0. 3481	0. 2712

从表 10—12 行业角度上看，在该税收方案情景下，居民在各行业的实际消费均所有增加，其中在金融业与信息传输，计算机服务和软件业的增幅最大，分别为 0. 2732% 和 0. 2730%；政府在其消费的行业增幅基本相当；除采掘业的出口减少外，其他行业的出口均增加，其中租赁和商务服务业与通信设备、计算机及其他电子设备制造业的增幅最大，分别为 0. 4423% 和 0. 4360%；各行业的进口均由所增加；除采掘业的国内产出减少外，其他行业的国内产出均增加，其中租赁和商务服务业与通信设备、计算机及其他电子设备制造业的增幅最大，

分别为0.3507%和0.3408%。

科技税收政策模拟六

提高金融行业的其他税税率，将多征收的金融行业其他税全部补给企业研发，并根据居民R&D研发支出与全要素生产率的函数关系，确定出TFP的增长倍数。即：

$rpro("sfina") = 1.5 \times rpro("sfina")$

$transgte = 763431$;

$Lambdakl(i) = 1.04 \times lambdakl(i)$

模拟结果如下表所示：

表10—13　　模拟六中的主要宏观经济变量增长率　　单位：%

变量名称	增长率	变量名称	增长率
第一产业	0.2359	进口总额	3.5388
第二产业	3.7904	出口总额	5.3231
第三产业	3.9815	居民收入	0.31
实际GDP	3.9563	居民消费	3.8654
名义GDP	0.4377	政府消费	4.2536
GDP平减指数	-3.3847	政府总收入	2.7251
投资	-0.5381	总产出	4.0024
总消费	4.0254		

表10—13显示，在提高金融业其他税税率，将多征收的金融行业其他税全部补给企业研发，并相应提高全要素生产率（TFP）的假设情况下，第一产业、第二产业和第三产业的增加值均有所增加。从总体来看，中国国内生产总值的名义增长率微幅增加，但由于GDP平减指数下降，因此，中国国内生产总值的实际增长幅度高于名义GDP，这说明该税收方案不仅有利于我国第一产业、第二产业和第三产业的发展，而且有利于中国的总体经济发展。从支出法GDP来看，在该税收方案下，实际固定投资有微弱下降，但消费、净出口和总产出均大

幅上升，这也反映了该税收方案有利于中国总体的经济发展。另外，在该税收方案下，居民收入、居民消费、政府收入和政府消费均有所上升，同样由于物价为负的因素，居民和政府的实际消费均高于居民和政府的名义收入的增幅。

比较模拟五，对比发现，模拟六的结果无论从产业、行业、居民收入还是消费、国内产出、政府收入还是消费等各方面明显好于模拟五，这说明，对国内的垄断行业，采用提高其他税税率的方式优于提高其增值税税率的方式。

表 10—14　　　模拟六中的主要经济变量分行业增长率　　　单位:%

	居民消费	政府消费	进口	出口	国内产出
农林牧渔业	1.8324	4.1765	2.3415	5.2456	3.6725
采掘业	3.6088	NA	3.8716	5.4984	4.5181
食品烟草家具制造业	3.6829	NA	3.0591	5.4005	4.0438
化学及石油加工业	3.6827	NA	3.5035	6.0720	4.7960
金属和非金属制品业	3.6586	NA	2.7954	4.4622	3.5278
通用、专用设备及电气机械制造业	3.6857	NA	2.5949	4.9467	3.4822
交通运输设备制造业	3.6718	NA	3.7108	6.0124	4.6283
通信设备、计算机及其他电子设备制造业	3.7236	NA	2.9390	6.3210	4.6616
其他制造业	3.6746	NA	3.1307	5.5105	4.0496
电力、热力、燃气和水的生产和供应业	3.6556	NA	3.3939	4.8687	3.9026
建筑业	3.6783	NA	1.9184	3.9757	2.7920
交通运输仓储及邮政业	4.3839	NA	3.7249	5.9533	4.7163
信息传输、计算机服务和软件业	4.4670	NA	1.9421	4.9451	3.1435
批发和零售业	4.4051	NA	3.3051	5.2632	4.0619
住宿和餐饮业	4.3973	NA	3.5970	5.3230	4.2030
金融业	3.6449	NA	7.9740	-3.7494	3.6268
房地产业	4.3961	NA	2.2280	3.8513	2.7880
租赁和商务服务业	4.3814	NA	3.5189	5.3292	4.6229
研究与试验发展及综合技术服务业	NA	4.2465	3.2303	5.3964	3.9835
其他服务业	4.4258	4.257	3.5322	5.9234	4.3869

从表10—14行业角度上看，在该税收方案情景下，居民在各行业的实际消费均所有增加，其中在信息传输、计算机服务和软件业与其他服务业的增幅最大，分别为4.4670%和4.4258%；政府在其消费的行业增幅基本相当；出口在各行业均有所增加，其中通信设备、计算机及其他电子设备制造业和化学及石油加工业的增幅最大，分别为6.3210%和6.0720%；各行业的进口均有所增加，其中金融业的进口增幅最显著，为7.9740%；各行业的国内产出均增加，其中化学及石油加工业和通信设备、计算机及其他电子设备制造业的增幅最大，分别为4.7960%和4.6616%。

第七节　完善我国科技税收政策的对策建议

一　科技税收政策要主动对接国家科技发展战略

科技税收政策制定的目的是促进技术创新，实现高新技术产业和其他相关产业的快速发展。因此，在制度设计时，不应把某个企业主体作为政策倾斜对象，而应把所有实施的创新项目或创新行为作为优惠的主要对象。要改变企业一经认定就长期享受优惠的现状，只要企业的行为，有利于促进科技进步和实现创新，该行为就可以享受税收优惠待遇。当然，政策也要根据高新技术产业的特点进行针对性的考虑，如可以采取措施对一些项目进行激励；对基础性、公益性研究，给予强有力的永久性支持；对重大技术开发项目，可以考虑实行长期的税收倾斜政策；对一般企业所从事的有明显经济效益的技术开发项目，给予临时性的税收支持。

二　实现以地域优惠为主向以产业优惠为主转变

从“税收公平”的原则出发，我国鼓励科技自主创新的税收优惠，应尽量少用区域性税收优惠，而要以产业性优惠为导向，以项目优惠为主。对一个企业是否该给予税收优惠，首先看其是否从事高新技术产业，然后看企业所从事的研究开发项目、科技开发投入等。凡是符合条件（技术先进程度、对社会的贡献程度等）的企事业单位，不论是否处于高科技园区，不论属于何种经济成分，只要达到国家认定的指标，都可以享受税收优惠。

三　加大对科技人员的税收优惠力度

高新技术企业缺乏必要的人才激励机制，强化对高科技人才的优惠主要体现在个人所得税方面，具体可采取以下措施：一是放宽计税工资的扣除额，提高高科技人才个人所得税的免征额；二是对高科技人员在技术成果和技术服务方面的收入，可按应纳所得税额减征30%；三是对科研人员从事研究开发取得特殊成绩获得的各类奖励津贴，免征个人所得税；四是对从事科研开发人员以技术入股而获得的股权收益，实行免征个人所得税政策。

四　税收政策设计要针对科技创新特点和困难

目前，我国科技创新面临的主要困难有：一是研发资金投入不足。财政投入不足、国有大型企业研发投入不足、中小型企业以及民间投入不足同时存在。二是科研成果难以转化。很多科研成果难以产业化和规模化，也就不能为企业和个人带来实实在在的经济效益，从而挫伤了从事科研，尤其是基础研究的积极性。目前，我国每年科技成果成功转化率处于相当低的水平，为 10%—15%，与发达国家平均60%—80% 的水平相去甚远。三是科技人才不能满足创新的需要。主要表现在科技人才总量不足，结构性矛盾突出，高层次人才尤其匮乏。需要形成有利于培养科技人才和促进科研队伍相对稳定的长效机制，科技税收政策要在这些方面加大倾斜力度。四是创新前期阶段困难更为突出。从企业发展的特点来看，高新技术企业在科研成果市场化之前，即研发和转化阶段面临的困难最为突出，因此税收政策应将倾斜的重点放在研究开发和科学技术成果转让阶段。

五　要在税收政策上进一步加大对企业研发投入的倾斜力度

可以通过进一步扩大费用税前扣除的适用范围、加速折旧所有单位研究开发用固定资产、缩短所有研发设备的折旧期限等措施，进一步降低企业研发投入的成本。同时可以在科技税收政策中进一步考虑企业研发中所承担的风险，允许建立科技开发准备金制度并在税前列支，同时，还可以考虑对企业由于研发失败而导致的亏损实现向前结转或向后抵扣。此外，科技税收政策还要鼓励科技成果的转化，可考虑对企业购入的知识产权，缩短摊销年限，对企业购入的先进设备，实行加速折旧。

六　实现优惠税种以流转税优惠为主

增值税和流转税是我国现行税制最为重要的两个税种，但在两者中，我国又以流转税为税收收入的主要来源。相对来说，所得税收入占总税收的比重相对较低，但科技税收的优惠政策则以所得税为主，这种优惠结构和税制结构之间的不协调，既不利于税收政策促进科技创新作用的发挥，也不适应科技创新促进经济增长作用的相关机制。科技创新及其相关产业具有很多环节，不同的环节具有不同的特点，在实验室成果、中试阶段风险大、收益甚微的特点十分突出，同时这两个环节又是科技创新初期的、困难最大的两个环节。我国的科技税收政策对这两个阶段的优惠几乎处于空白，相反关注的重点停留在市场作用较为明显的产业化阶段，从而使得科技税收政策优惠的着力重点发生了严重的偏差。由于对研发活动缺少实际的鼓励措施，在一定程度上使企业将关注重点放在了科技成果的应用上，而对研发活动的投入缺乏足够的热情，这又进一步动摇了科技创新的基础。因此，应将科技税收的优惠惠及实验室成果和中试阶段，鼓励企业进行研发投入，同时在优惠手段上以流转税优惠为主，是今后一个时期我国科技税收改革的主要方向。

七　建立风险投资税收激励机制

第一，对各类风险投资公司（基金）实行优惠所得税率。风险投资公司和基金的收益主要来自其所投资的高新技术企业或新兴的中小企业，包括分红、股权转让收入、出售或变卖资产等收入，风险投资公司和基金的风险资本增值根本在于高新技术企业的经营活动和技术进步活动。对于从事高风险的技术研究开发活动的高新技术企业，国家已经有税收优惠政策，因此，同样从事高风险的高新技术企业资本经营活动的风险投资公司和基金可以比照高新技术产业，在同等条件下享受相同的税收优惠。各类创业投资公司与高科技企业享受同等税收待遇，以加倍提取风险准备金、延期纳税等方式降低风险，提高行业吸引力。第二，参与创业投资活动的个人、企业或机构，该项资本收益免征所得税，对创业投资公司的股权转让交易只征收印花税，对创业投资基金的转让交易免征印花税。第三，对于法人、个人投资于风险投资公司和基金的收益免征或减半征收所得税。目前我国风险资本的来源结构更加合理和多样化，吸收各种社会资本进入风险投资，除在相应的风险投资法律法规对法人和个人投资于风险投资公司给予必要的法律保护外，确有必要在税收方面给予优惠。从另一个方面看，风险投资公司与基金可能已经缴纳过所得税，向法人与个人分配的股东收益再次征税，有双重征税之嫌，即便风险投资公司与基金已经享受了税收优惠，作为股东的法人和个人投资者在同等条件下也享受相应的税收优惠，这样做有助于风险资本更快地发展，至少在风险资本的初创阶段十分有必要。

八　简化政策限制性条款，多角度鼓励企业增加研发投入

研发经费是科技创新活动得以开展的重要前提，从国际上的成功经验来看，各国政府也普遍重视对研发活动的支持。而研发投入比重偏低是我国科技创新能力不足的一个重要因素，通过税收政策来激励企业增加研发投入是我国支持科技创新财政政策的重要内容。自 1993 年 10 月 5 日科技进步法 6 实施以来，到 2006 年国务院发布的“实施《国家中长期科学和技术发展规划纲要》的若干配套政策”，我国已颁布多项政策支持企业的研发投入，虽然几经修改，一些限制性条款仍然影响着政策效果的发挥。如规定“亏损企业不得实行加计抵扣”和“当年应纳税所得额不足抵扣的加计扣除部分不得结转”的规定，使亏损企业或微利企业在进行研发投入的时候无法得到风险补偿，而对于盈利的企业如果加大研发投入而使企业亏损时反而不能得到政府的

支持，使国家的扶持政策难以达到设计的执行效果。对于亏损企业或微利企业的研发投入可以适当允许结转到以后年限中使用，以长期的激励机制来鼓励企业的创新研发。此外，我国现行的对研发的税收激励工具多限于对研发费用的加计扣除，可借鉴国际经验适当扩大优惠范围，如对于研发经费投入比例较高的企业适用于较低税率，对研发产品予以免税，积极鼓励企业成立研发机构，对于非营利的研发机构给予税收支持，强化对研发人员的激励，在费用扣除、个税所得税等方面予以优惠。

参考文献

[1] Angus C. Chu, R&D and economic growth in a cash-in-advance economy, International Economic Review, 2014 (2), 507 –524.

[2] Aghion P. , Howitt P. A model of growth through creative destruction [R]. National Bureau of Economic Research, 1990.

[3] Asafu-Adjayej, "The Relationship between Energy Consumption, Energy prices and Economic Growth: Time Series Evidence from Asian Developing Countries" . *Energy Economies*, 2000, (22): 615 –625.

[4] Atella Vincenzo, Quintieri Beniamino. Do R&D Expenditures Really Matter for TPF [J]. Applied Economics. U. S. 2001, (33): 1385 – 1389.

[5] Beaumont P. M. , 1990. "Supply and demand interaction: Integrated econometric and input-output models" . *International Regional Science Review*, 13: 167 –181.

[6] Bebczuk R. N. , R&D expenditure and the role of government around the world [J]. Estudios de Economia, 2002, 29 (1): 109 –121.

[7] Böhringer C. , Rutherford T. F. , "Combining Bottom-Up and Top-Down" . *Energy Economics*, 2008, Vol. 30 (2), pp. 574 –596.

[8] Canto J. G. D. , Gonza' lez, I. S. A resource-based analysis of the factors determining a firm' s R&D activities [J]. Research Policy, 1999, 28: 891 –905.

[9] Carla Oliveira, Carlos Henggeler Antunes, "A multiple objective

model to deal with economy-energy-environment interactions", *European Journal of Operational Research*, 2004 (153): 370 -385.

[10] Dervis K., J. D. Melo, S. Robinson. "Gerneral Equilibium Model for Development Policy", *Jounal of Econometrics*, 2000, 98: 203 -223.

[11] Dilling-Hansen M., Eriksson T. and Madsen E. S., The Impact of R&D on Productivity: Evidence from Danish Firm-Level Data, International Advances in Economic Research, 2006, 6 (2).

[12] Dixon P., Parmenter, B. R., "Computable General Equilibrium Modelling for Policy Analysis and Forecasting". In: H. M. Amman, D. A. Kendrick and J. Rust, eds., "Handbook of Computational Economics", Volume I. Amsterdam: North-Holland, pp. 3 - 85, 1996.

[13] Dixon P. B. and Jorgenson D. W., "Handbook of Computable General Equilibrium Modelling", Volume1A, Harvard University, 2013.

[14] Diao X., Elbasha E. H., Roe T. L. and Yeldan E., A Dynamic CGE Model: An Application of RD-Based Endogenous Growth Model Thoery, 1996. https://ideas.repec.org/p/ags/umedbu/7461.html.

[15] Gold B. Some key problems in evaluating R&D performance [J]. Journal of Engineering and Technology Management, 1989, 6 (1): 59 -70.

[16] Goulder L. H., Parry I. Williams III R. and Burtraw D., "The Cost Effectiveness of Alternative Instruments for Environmental Protection in a Second-Best Setting". *Journal of Public Economics*, 1999, 72, pp. 329 -360.

[17] Griliches. Productivity Puzzles and R&D: Another Non-explanation [J]. Journal of Economic erspectives, 1998, 2: 9 -21.

[18] Griliches Z., R&D and the Productivity Slowdown, American Economic Review, 1980 (70), 343 -348.

[19] Grossman G. M., Innovation and growth in the global economy

[M]. MIT Press, 1993.

[20] Harhoff D., R&D and Productivity in German Manufacturing Firms, Economics of Innovation and New Technology, 1998 (6), 28 - 49.

[21] Hall B. H. and Mairesse J., Exploring the Relationship between R&D and Productivity in French Manufacturing Firms, Journal of Econometrics, 1995 (65), 263 - 293.

[22] Hu Albert, Jefferson G. H. and Qian Jinchang, R&D and Technology Transfer: Firm-Level Evidence from Chinese Industry, Review of Economics and Statistics, 2005 (87), 780 - 786.

[23] Lichtenberg F. R., R&D investment and international productivity differences [R]. National Bureau of Economic Research, 1993.

[24] Inekwe, John. The Contribution of R&D Expenditure to Economic Growth in Developing Economis [J]. Social Indicators Research, 2015 (3), 727 - 745.

[25] Kerssens-van Drongelen I. C., Cooke A. Design principles for the development of measurement systems for research and development processes [J]. R&D Management, 1997, 27 (4): 345 - 357.

[26] Manuel Alejandro C. G., "Applied General Equilibrium: An Introduction", Springer-Verlag Berlin Heidelberg, 2012.

[27] Mansfield E., Industrial R&D in Japan and the United States: A Comparative Study, American Economic Review, 1988, 78 (2).

[28] Mary E. Burfisher, "Introduction to Computable General Equilibrium Models", Cambridge Unversity Press, 2011.

[29] Oliveira Carla, Antunes Carlos Henggeler, "A multiple objective model to deal with economy-energy-environment interactions". *European Journal of Operational Research*, 2004, Vol. 153, pp. 370 - 385.

[30] Romer P. M., Endogenous technological change [J]. National Bureau of Economic Research, 1991.

[31] Roy Rothwell. Towards the Fifth-generation Innovation Process [J]. International Marketing Review, 1994, 11 (1): 7 - 31.

[32] Sveikauskas C. D. and Sveikauskas L. , Industry Characteristics and Productivity Growth, Southern Economic Journal, 1982, 48 (3).

[33] Tadahisa, Koga. Firm size and R&D tax incentives [J]. Technovation, 2003 (23): 643 - 648.

[34] Wang E. C. , R&D efficiency and economic performance: A cross-country analysis using the stochastic frontier approach [J]. Journal of Policy Modeling, 2007, 29 (2): 345 - 360.

[35] Whalley J. , R. Wigle, "Cutting CO_2 Emissions: The Effects of Alternative Policy Approaches", Energy *Journal*, 1991, 12 (1): 109 - 124.

[36] 蔡翔、崔晓兰、熊静等:《我国地区 R&D 效率及其影响因素探究——基于"科研产出 - 成果转化"视角》,《软科学》2013 年第 27 卷第 3 期，第 80—84 页。

[37] 陈远燕:《支持高新技术企业自主创新的税收政策研究》,《金融经济》2010 年第 11 期。

[38] 曹泽、李东:《R&D 投入对全要素生产率的溢出效应》,《科研管理》2010 年第 2 期，第 18—25 页。

[39] 陈仲常、余翔:《企业研发投入的外部环境影响因素研究：基于产业层面的面板数据分析》,《科研管理》2009 年第 3 期，第 78—84 页。

[40] 邓金堂:《基于自主创新目标的国有高新技术企业激励机制研究》，经济科学出版社 2007 年版。

[41] 范柏乃:《面向自主创新的财税激励政策研究》，科学出版社 2010 年版。

[42] 樊维、王新红、冯套柱:《三大研发主体 R&D 投资结构效率比较分析》,《西安科技大学学报》2011 年第 31 卷第 2 期，第 241—247 页。

[43] 古利平、张宗益、康继军:《专利与 R&D 资源：中国创新的投入产出分析》,《管理工程学报》2006 年第 1 期，第 147—151 页。

[44] 国家税务总局政策法规司:《中国税收政策前沿问题研究》(第

六辑)，中国税务出版社 2011 年版。

［45］国务院：《关于印发实施〈国家中长期科学和技术发展规划纲要〉（2006—2020 年)》若干配套政策的通知，国发（2006）6 号。

［46］黄国斌、田志康：《促进科技创新的税收激励政策——英美等国的主要经验及其启示》，《经济管理》2008 年第 2 期。

［47］蒋建军、齐建国：《激励企业 R&D 支出的税收政策效应研究》，《中国软科学》2007 年第 8 期。

［48］李丽青：《企业 R&D 投入与国家税收政策研究》，西北大学，博士学位论文，2006 年。

［49］李胜文、李大胜：《我国全要素生产率增长的区域差异》，《数量经济技术经济研究》2006 年第 9 期，第 12—21 页。

［50］刘建翠：《R&D 和全要素生产率——基于高技术产业的实证分析》，《华东经济管理》2007 年第 9 期，第 45—49 页。

［51］刘笑霞、李明辉：《企业研发投入的影响因素：基于我国制造企业调查数据的研究》，《科技政策与管理》2009 年第 3 期，第 17—23 页。

［52］娄峰：《中国经济—能源—环境—税收动态可计算一般均衡模型理论及应用》，中国社会科学出版社 2015 年版。

［53］娄贺统：《企业技术创新的税收激励效应研究》，立信会计出版社 2010 年版。

［54］卢方元、靳丹丹：《我国 R&D 投入对经济增长的影响：基于面板数据的实证分析》,《中国工业经济》2011 年第 3 期，第 149—157 页。

［55］匡小平、肖建华：《我国自主创新能力培育的税收优惠政策整合——高新技术企业税收优惠分析》，《当代财经》2008 年第 1 期。

［56］米传民、刘思峰、杨菊：《江苏省科技投入与经济增长的灰色关联研究》，《科学学与科学技术管理》2004 年第 1 期，第 34—36 页。

[57] 莫燕：《区域 R&D 绩效评价》，《科研管理》2004 年第 25 卷第 1 期，第 114—117 页。

[58] 牛立全：《影响企业研发投入产出效率的因素分析》，《石油科技论坛》2009 年第 28 卷第 6 期，第 8—9 页。

[59] 潘文卿、李子奈、刘强：《中国产业间的技术溢出效应：基于 35 个工业部门的经验研究》，《经济研究》2011 年第 7 期，第 18—29 页。

[60] 孙敬水：《科技税收政策的国际经验及其对我国的启示》，《科学学研究》2002 年第 4 期。

[61] 席鹭军：《创新型国家自主创新财税政策经验及对我国的启示》，《求实》2010 年第 4 期。

[62] 谢伟、胡玮、夏绍模：《中国高新技术产业研发效率及其影响因素分析》，《科学学与科学技术管理》2008 年第 3 期，第 144—150 页。

[63] 吴延兵：《R&D 与生产率——基于中国制造业的实证研究》，《经济研究》2006 年第 11 期，第 60—71 页。

[64] 许庆瑞、郑刚、徐操志、刘景江：《研究与开发绩效评价在中国：实践与趋势》，《科研管理》2002 年第 23 卷第 1 期，第 46—53 页。

[65] 许晓雯、蔡虹：《区域 R&D 投入绩效评价测度体系研究》，《科学学与科学技术管理》2004 年第 24 卷第 12 期，第 5—8 页。

[66] 徐伟民：《科技政策与高新技术企业的 R&D 投入决策：来自上海的微观实证分析》，《上海经济研究》2009 年第 5 期，第 57—64 页。

[67] 杨明：《高新技术企业自主创新能力的税收政策研究》，《黑龙江对外经贸》2011 年第 3 期。

[68] 王任飞：《企业 R&D 支出的内部影响因素研究：基于中国电子信息百强企业之实证》，《科学学研究》2005 年第 4 期，第 225—231 页。

[69] 王英伟、成邦文：《我国研究与发展对全要素生产率影响的定量

分析》，《科技管理研究》2005 年第 6 期，第 39—42 页。
[70] 张小蒂、王中兴：《中国 R&D 投入与高技术产业研发的相关性分析》，《科学学研究》2008 年第 3 期，第 526—529 页。
[71] 钟卫：《中国区域 R&D 投入绩效的统计评价》，《统计与决策》2011 年第 7 期，第 91—93 页。
[72] 王玲：《高技术产业技术投入和生产率增长之间关系的研究》，《经济学》2008 年第 3 期，第 913—933 页。
[73] 周彩霞：《R&D 强度差异：基于产业结构的分析》，《南京大学学报》2006 年第 43 卷第 3 期，第 26—34 页。
[74] 朱春奎：《上海 R&D 投入与经济增长关系的协整分析》，《中国科技论坛》2004 年第 6 期，第 79—83 页。
[75] 朱平芳、徐伟民：《政府的科技激励政策对大中型工业企业 R&D 投入及其专利产出的影响》，《经济研究》2003 年第 6 期。
[76] 朱岩梅、吴霁虹：《我国创新型中小企业发展的主要障碍及对策研究》，《中国软科学》2009 年第 9 期。